自己啓発書を思想として読む

大学教授が解説

愛知教育大学教授
尾崎 俊介

自己啓発
必読
ランキング
60

JN191576

KADOKAWA

はじめに

　アメリカ文学研究者である私が、アメリカ発祥の文学ジャンルである「自己啓発本」の研究を始めて10年あまり。この間、この分野に関する本や論文を幾つも出してきました。しかし、それらはどれも自己啓発本の誕生経緯やその後の発展の紆余曲折を語ることに重点を置いていたため、絶対に触れておかなければならない重要作品には相応の目配りがしてあるものの、それ以外のものの解説についてはやや手薄になってしまったところがあります。膨大な作品群を抱えるこの文学ジャンルには注目すべき作品が山ほどあるのに、それらに十分な言及ができなかった。そうしたこともあって、自己啓発本の傑作の数々をセレクトして紹介する本を出したいという思いは、私の中で次第に強くなっていきました。

　その一方、そうした企画を押し進めることへのためらいがあったことも事実。と言うのも、自己啓発本の名著を紹介する類の本は既に何冊もあったから。『世界の自己啓発　50の名著』（ディスカヴァー・トゥエンティワン）や『自己啓発の名著30』（ちくま新書）などがその例ですが、ここでさらにもう一冊自己啓発本の名著を紹介する本を出しても、それは屋上屋を架すようなもので、あまり意味がないのではないか？　と、そう思ったんです。

　しかし、やはりどこか自分の中で諦めきれないところがあったのでしょう。先行する類書ではどのような自己啓発本をどのように紹介しているのか、ちょっと覗いてみたくなった。で、その種の本を取り寄せ、パラパラと読んでみた。すると……。

　ビックリしました。なぜなら、類書が紹介している自己啓発本のセレクションが、私の想定するものとは違っていたから。もちろん「この本は私も是非紹介したい」と思う自己啓発本が、既存の紹介本の中で取り上げられているケースも多々ありましたが、その紹介の仕方は私の思うところとだいぶ違っていた。

一言で言って、「無味乾燥」なんです。これらを読めば、当該の本の内容は分かる。その本のどこが読みどころなのかも一応は分かる。ただ、それらが起伏なく淡々と書かれているため、まるで教科書を読んでいるようで、「乗れない」んですね。

　自己啓発本の世界はこれほど面白く、熱があるのに、それを紹介している本がこんなに淡々としていていいの？

　私だったら、もっと面白い本を紹介したい。私だったら、その本を読んで自分が何をどう感じたか、その本を読んだおかげで自分がどう変わったか、というところまで書きたい。私だったら、私個人の読書体験を土台にして、読者と対話するような本が書きたい。

　そんな「私だったら……」が幾重にも積み重なるうちに、私が私なりのやり方で自己啓発本の傑作を紹介する本を書いてもいいのではないか？　という思いが募ってきたんです。

　と、そこまで気分が乗ってきたら、もうやるしかない！

　まあ、そんなわけで完成したのが本書です。

　本書では本場アメリカの自己啓発本を中心に、適宜日本の自己啓発本も取り混ぜながら、この文学ジャンルの傑作を60冊ピックアップしています。ただ、一口に自己啓発本と言ってもそこには様々なカテゴリーがありますので、本書では60冊の自己啓発本を9つのカテゴリーに分類し、かつ、それぞれのカテゴリーの中で第1位から順位付けする形でご紹介することにしました。ランキングをする際には、それぞれの本の発行年も考慮してありますから、必ずしもこの順位が個々の自己啓発本に対する私の価値判断を反映しているわけではありません。ただし各カテゴリーの第1位に挙げた本に関しては、そのカテゴリーを代表する最重要作品であると私が判断している本ですので、一つの見方として、参考にしていただければと思います。

　それでは、早速、私なりの自己啓発本傑作選、各カテゴリーのランキングを発表していきましょう。まずは新旧自己啓発本の傑作中の傑作、「必読自己啓発本カテゴリー」から！

Contents

第 1 章
これだけ読んでおけば間違いなし！　必読自己啓発本10選
— 5 —

第 2 章
これぞ王道！　自助努力系自己啓発本10選
— 67 —

第 3 章
アメリカ独自の自己啓発思想！　引き寄せ系自己啓発本10選
— 125 —

第 4 章
学術的な根拠あり！　心理学系自己啓発本10選
— 191 —

第 5 章
修行の果てに見えてくるもの！　マスタリー系自己啓発本3選
— 249 —

第 6 章
身体改善から精神改善へ！　フィジカル系自己啓発本3選
— 269 —

第 7 章
女性の、女性による、女性のための自己啓発！
フェミニン系自己啓発本5選
— 287 —

第 8 章
信じる者は救われる!?　スピリチュアル系自己啓発本5選
— 319 —

第 9 章
分類不能、でも面白い！　ノンジャンル4選
— 355 —

第 1 章

これだけ読んでおけば間違いなし！必読自己啓発本10選

自己啓発本の歴史はいつが始まりか？

　自己啓発本の歴史は18世紀の終わり頃、もう少し正確に言うと1790年に始まります。この年、アメリカの外交官にして科学者・文筆家でもあったベンジャミン・フランクリンの『フランクリン自伝』が完結するんです。

　後で詳しく説明するように、ベンジャミン・フランクリンは貧しい家の出ながら、日々の努力の積み重ねによって立身出世を繰り返し、晩年には国の最重要人物にまで成り上がりました。いわば徒手空拳の状態から、自助努力という武器一つで自らの運命を切り開いてみせたんですね。ですからフランクリンが自分の出世の秘訣を綴った『フランクリン自伝』は、アメリカ初の、そして世界初の、自己啓発本とみなされるようになりました。そう、俗に言う「自己啓発本」という文学ジャンルはすべてここから、この自伝から始まるのです。

　しかし、ならば1790年以前に自己啓発本は存在しなかったのかと言いますと、そういうわけではありません。一つの文学ジャンルが確立し、「この文学ジャンルは、こういうものだ」という定義ができた後で歴史を遡ってみると、もっと古い時代に同様のものがあったではないか、と気が付くことはよくあります。

　たとえば「登場人物一人一人の葛藤や心理、もしくは成長を描く『近代小説』という文学ジャンルは、17世紀初頭に書かれたセルバンテスの『ドン・キホーテ』に始まった」という見解は、文学史的見解として立派に成立すると思います。でも、この見解を認めた途端、「だったら平安時代に書かれた『源氏物語』だって、登場人物の葛藤や心理、成長を描いているのだから、これも近代小説ではないか」というような異説が出てくるであろうことは十分にあり得る。近代小説とはこういうもの、と定義した途端、日本だけでなく、世界中で「近代以前に書かれた近代小説」が次々に発見されることでしょう。

　ですから、特定の文学ジャンルの起源を決めるということと、それ以前に

も同様の作品が存在したと認めることを「矛盾している」と捉えてはいけないんですね。それはそれ、これはこれなんです。

「自己啓発的側面」を持つ本の中から選んだベスト10

　先に述べた通り、本書では『フランクリン自伝』が完結した1790年という年を便宜的に自己啓発本のスタート地点とする立場をとりますが、それはそれとして、実際にはそれよりもはるか以前に自己啓発本に類するものはあった、と考えています。つまり有史以降に書かれた本の中で、自己啓発的側面を持つ本をすべて「ノミネート作品」とし、その中から悩みに悩んだ結果、私が独断で定めた自己啓発本の傑作中の傑作を10点ご紹介しようというのが、「必読自己啓発本10選」の趣旨ということになる。

　では、その気宇壮大な試みとして、私が世のあらゆる自己啓発本の中のNo.1と認めた本は何なのか？

　それをご紹介するためには、まず皆さんをローマ時代にお連れしなければなりません。さあ、タイムマシンのシートベルトを締めて、いざ！

第1位 マルクス・アウレーリウス『自省録』

ちっぽけな存在である人間はいかに生きるべきか？
死を思ったときに読むべき本

岩波文庫、2007年
Marcus Aurelius Antoninus, 121–180　Τὰ εἰς ἑαυτόν, 1558

ありがたいローマ皇帝のお言葉

　著者のマルクス・アウレーリウスですが、この人は、ローマ帝国の第16代皇帝です。皇帝であるばかりか、この人はストア派の哲学者でもあって、哲学者が国を統べるという、人類の治世史上の理想が実現した唯一の例と言われている。実際、その治世は非常に優れたものだったようで、歴代ローマ皇帝の中でもネルウァ、トラヤヌス、ハドリアヌス、アントニヌスと共に「五賢帝」の一人に数えられています。そんな、今から1800年以上も前のローマ皇帝の手記が、日本語で読めるというのですから、その事自体、僥倖と言ってもいいのではないでしょうか。

ストア哲学の真髄

　で、この本でマルクスが――皇帝のことをファースト・ネームで呼び捨てにするのも若干気が引けるので、以下、「陛下」ってお呼びしましょうか――この本で陛下がおっしゃっているのは、宇宙や自然の在り様の肯定です。陛下はキリスト教にはあまり理解がなかったようなので、陛下の言う「神々」というのは、もちろん、キリスト教の神のことではないのですが、とにかくそういう創造主の神々がいると仮定して、その神々がすべてうまいこと塩梅

して宇宙や自然を作っているわけだから、それに何の不満も抱くべきではないと。

　そう、この「この宇宙の在り様に、人間ごときが文句をつけるんじゃない！」というのが、陛下の持論。そしてこの透徹した諦観、これこそがストア哲学の源であり、また「ストイックに生きる」ということの本質なんですね。

　たとえば、人間は死ぬ。だけど、そんなこと別にどうってことない。なぜなら、すべては神々の、つまりは宇宙の計画通りだから。人間というのは「全体の一部」であって、もともと宇宙内に存在した原子が組み合わさって人間となり、それが死んで原子に返り、それがまた次の命を育むようになっているのであって、そうして万事がうまく回っていく。それが宇宙の道理なのだから、人間が死ぬことに対して何ら不満を持つべきでないし、恐れることもない。

　第一、人間の世界なんて大昔から寸分も変わっていないし、これから先だって大して変わりもしないのだから、この世に10年生きていようと、100年生きていようと観るものは全部同じ。だから若くして死のうが、100歳になってから死のうが、何の変わりもない。そもそも人間というのは今、この瞬間しか生きていないので、死ぬというのは誰にとってもこの瞬間を失うだけ。長生きして得することなど何一つない。

　そういった陛下のストイックな宇宙観からすると、人間の毀誉褒貶などということも空しいことでしかありません。何となれば、褒められようが、けなされようが、宇宙の時間の流れからすれば一瞬のことだし、褒められたりけなされたりしたところで人間はすぐ死ぬし、自分のことを褒めてくれた人もけなした人もすぐに死んで、自分が存在したことなんてあっという間に忘れ去られてしまうから。だったら、そんな毀誉褒貶に悩むだけバカらしい。

人間、いかに生くべきか

　ならばそんな空しい人生をどうやって生きていけばいいのか。

　陛下曰く、人間は社会的な存在であるということを肝に銘じろと。**そして**

社会的存在であるということを理解すれば、「良き隣人」であることを心掛けるべきだということが分かってくる。良き隣人になるということは、要するに他人に親切で、社会に貢献するような人間になるということ。他人には誠実に接し、万が一、自分のことを攻撃してくる人がいたとしたら、そういう人に対しては「そうしない方がいいよ」と、そっと愛をもって諫め、それでも止めないときはただ静かに避ければいい。

で、そのようなことを心掛けていれば、あとは自分の中にある「ダイモーン」（要するに「良心」みたいなもの）に従って、なるべく恥じることの少ない人生を歩めばそれでいい。この点について陛下の言葉を引用してみましょう。

> もし君が目前の仕事を正しい理性に従って熱心に、力強く、親切におこない、決して片手間仕事のようにやらず、自分のダイモーンを今すぐにもお返ししなくてはならないかのように潔くたもつならば、またもし君がこのことをしっかりつかみ、何ものをも待たず、何ものをも避けず、自然に適った現在の活動に満足し、ものをいう場合にはいにしえの英雄時代のような真実をもって語ることに満足するならば、君は幸福な人生を送るであろう。誰一人それを阻みうる者はない。
>
> （45-46頁）

自己啓発本の元祖

人間なんてどうせすぐに死んでしまうのであるから、毀誉褒貶のことなど考えず、その日その日を、自分のダイモーンに恥ずることなく生きよ。たとえ特殊な才能がなくたって、真面目に、一生懸命、親切心をもって同胞に貢献しながら生きることはできる。何か不幸に見舞われたとしても、それは宇宙の計画のうちなので、その計画の中で、自分が果たすべき役割が回ってきただけなのだから、泣き言言わずにその役割を粛々と果たせ。そうやって生きている限り、恐れるものなど何もない——陛下がおっしゃっておられることは、そういうことです。

うむ、力強いお言葉！まさに史上最古にして最良の自己啓発本の趣！

それにしても、人生いかに生くべきか、ということに関する陛下のお言葉を拾っていくと、たとえば「人間というのは宇宙の、そして万物の一部だ」とか、「自分を苦しめるのは自分自身の内側から発する想像力なのだから、そんなものは無視して平静を保てばいい」とか、「今日を、人生最後の日であるかのように過ごせ」とか、19世紀末から現代にかけて、盛んに出版されている自己啓発本の主張に相当するようなことが沢山ある。否、それ以上に、なんと言えばいいのか、「タフな生き方」と言うのか、とにかくそういう生き方のコツを教えてくれているような気がする。実にクールです。

第一、ローマ皇帝直々に次のように語り掛けられる幸せって、すごくないですか？

> 「この胡瓜はにがい。」棄てるがいい。「道に茨がある。」避けるがいい。それで充分だ。「なぜこんなものが世の中にあるんだろう」などと加えるな。そんなことをいったら君は自然を究めている人間に笑われるぞ。　　　　　（160頁）

死を思ったときに読むべき本

ところで、私がマルクス・アウレーリウスの『自省録』を、ランキングの第1位に推す理由は、もう一つあります。それはこの本が、「死を思ったときに読むべき本」であるから。

自己啓発本というのは、現在の自分の在り様を自分自身の決意で変えて、その上で何か新しい人生が展開するのを期して待つことを促す働きがあるわけですが、そうである以上、それは人生の発展期に読むべきものということになります。

それはそれでいいのですが、しかし、そうやって色々な自己啓発本に頼りながら人生を切り拓いていくことに成功したとして、年老いて、そろそろ人生の終わりのことを考えるべきときが来たらどうなるか。

そう、もうすぐ死ぬのですから、従来型の自己啓発本、人生の先に期待さ

せるような自己啓発本では、もう対処できません。死という人生の一大事を前にして、そのことにどういう心の準備をすればいいかを教えてくれるような自己啓発本が必要になってくるわけです。本書ではエリザベス・キューブラー・ロスの『死ぬ瞬間』や、レオ・バスカーリアの『葉っぱのフレディ』なども取り上げますが、これら「死を論ず自己啓発本」というのは、その意味で、「自己啓発本界の最終形（ラスボス）」と言っていい。

　で、私が思うに、マルクス・アウレーリウスの『自省録』もまた、まさにこの種の自己啓発本であり、その中でも最良のものなのではないかと。

　そんな風に思った理由は、私自身、還暦になって、そろそろ自分の死を意識するようになったから。

　事実、少し前のことですが、人間ドックを受けたら腫瘍マーカーの結果が非常に悪く、肺がんの疑いがあるという判定を下されたことがありました。で、すぐに精密検査を予約したのですが、その少し前に私の大学院時代の二つ上の先輩が肺腺がんで亡くなったことがあったもので、私もかなり不安になってしまった。

　もし本当に肺がんであると言われたら、治る見込みも少ないだろうし、余命をどう過ごせばいいのか。すぐに大学を辞めて半年でも一年でも自分の好きなことだけして過ごそうか、それとも今まで通り粛々と公務をこなした方がいいのか、などと思いは千々に乱れ、日ごろの研究も手に付かず……。

　そんなとき、ふと思いついて、私はマルクス・アウレーリウスの『自省録』を読み返したんです。確かこの本の中に人間の死について言及したところがあったよな、と。そして実際読み直してみて、陛下が死を覚悟することについて様々な形で論じておられることを再確認しました。それはもう、陛下が直接私に向かって語られているのではないかと思うほどに。

　　一言にしていえば、肉体に関するすべては流れであり、霊魂に関するすべては夢であり煙である。人生は戦いであり、旅のやどりであり、死後の名声は忘却にすぎない。しからば我々を導きうるものはなんであろうか。一つ、ただ一

つ、哲学である。それはすなわち内なるダイモーンを守り、これの損なわれぬように、傷つけられぬように、また快楽と苦痛を統御しうるように保つことにある。またなにごともでたらめにおこなわず、なにごとも偽りや偽善を以てなさず、他人がなにをしようとしまいとかまわぬよう、あらゆる出来事や自己に与えられている分は、自分自身の由来するのと同じところから来るものとして、喜んでこれを受け入れるよう、なににもまして死を安らかな心で待ち、これは各生物を構成する要素が解体するにすぎないものと見なすように保つことにある。もし個々のものが絶えず別のものに変化することが、これらの要素自体にとって少しも恐るべきことでないならば、なぜ我々が万物の変化と解体とを恐れようか。それは自然によることなのだ。自然によることには悪いことは一つもないのである。

(33-34頁)

これを読んで、なるほど、自分が死ぬことなんて、宇宙にとっては当然の摂理なのであって、自分はその摂理に従うまで、あとは自分のダイモーンを清く保って、来るべき日が来るのを落ち着いて待てばいいのだという気に、私はなりました。本当にそういう気になったんです。そして「今の人生だって自然な流れで始めたのだから、この人生が終わったとしても、そのまま自然な流れであの世に足を踏み入れればいいではないか」と促す陛下の簡潔なお言葉（「君は船に乗った。航海した。着陸した。上陸し給え」(37頁)）を読んで思わず笑ってしまった。そうやってアハハと笑って、気が楽になりました。

　実際には、精密検査の結果、肺がんの疑いは晴れたのですが、しかし、死の恐怖に千々に乱れた心が、この本を読んだおかげで落ち着いたということだけは事実として私の中に残りました。

　ということで、ストイックに生きるとはどういうことなのか、ローマ皇帝に直接聴いてみたいという方は、是非一度、本書を繙いていただきたいと思います。絶対に一読の価値がある……否、二読三読を経て、一生の宝ものになること請け合いです。

第2位 ナポレオン・ヒル『新・完訳 成功哲学』

500人の成功者に取材して分かった「成功哲学13の法則」
まず自分の心をコントロールせよ

アチーブメント出版、2016年
Napoleon Hill, 1883–1970　*Think and Grow Rich!*, 1937

驚異のベストセラー

　自己啓発本について研究を始めて数年経った頃、ロスアンゼルスに2週間ほど滞在する機会を得たことがあります。そのとき、私はこの機を逃すまいと、当地の大きな書店に赴いては市場調査を繰り返したのですが、さすが自己啓発本の本場だけあって、書店内の「自己啓発本コーナー」の書棚には無数の本が所狭しと並んでいました。中でも目立っていたのはナポレオン・ヒルの著作の数々。代表作である『成功哲学』はどの書店でも山積みで、オーディオブックとしても絶賛発売中——まるで、つい数日前に発売されたばかりの話題の新作ででもあるかのように。

　しかし、実はこの本、初版が出たのは1937年のこと。そう、『成功哲学』は、世に登場してからすでに長い年月が経過した自己啓発本界の古株の一つなんです。しかもその売り上げたるや既に1億部の大台に到達していて、上のような状況から鑑みるに、この先もまだまだ売れそうな勢い。私がこの本を書いたヒルのことを「自己啓発本界のナポレオン」と呼んでいるのは、だから、ゆえなきことではありません。

アンドリュー・カーネギーとの出会いから500人への取材が始まる

　さて、そんな驚異のベストセラーである『成功哲学』ですが、この本の誕生秘話というのが抜群に面白い。

　ヒルは若い頃、法律家を目指していたのですが、大学進学のためのお金がなかった。そこで学資を貯めるためにとある雑誌社で働くことにするのですが、駆け出しの記者となったヒルに最初に課せられたのは、鉄鋼業で巨万の富を稼ぎ出した実業家アンドリュー・カーネギーのところに取材に行き、彼がいかにして事業で成功を収めたか、その秘訣を聴いてくるというミッションでした。

　ときは1908年秋のこと。25歳の若きヒルは、早速カーネギーの自宅に赴き、取材を始めるのですが、どういうわけか彼はカーネギーに気に入られるんですね。そして3時間で切り上げる予定だった取材が、結局三日三晩、膝を突き合わせて話し込むことになってしまった。

　その長い長い取材がようやく終わったとき、カーネギーはヒルに対して次のような話を持ち掛けます。曰く、今話したような自分の「成功哲学」を、誰にでも実践できるようなプログラムに体系化して欲しい。そのためには自分だけでなく、他の成功者にも取材しなければならないだろう。そのための紹介状は500人分用意する。この成功プログラムの体系化には20年くらい掛かるだろうし、その間、私から君への金銭的支援はしないが、どうだ、キミ、この仕事を引き受ける気はあるかね？　イエスかノーで答えたまえ……。

　ヒルは不意打ち的に人生の一大転機に直面させられたわけです。しかしそこが若者の無謀さというべきか、ヒルは一瞬の躊躇いの後、「やります」と答えてしまった。

　するとカーネギーは、ポケットからストップウォッチを取り出して言ったそうです。「君が答えを出すまでに29秒かかった。私は1分を越えたら君に仕事を託すのをあきらめるつもりだった。この種の決断を1分以内に出せる人間でなければ、大きな仕事は任せられないのだよ」と。カーネギーによれ

ば、ヒルの前に260人もの人にこの話を持ち掛けたものの、その全員がカーネギーのお眼鏡にかなわず落第したとのこと。ちなみに、カーネギーがヒルに「金銭的支援は一切しない」と前もって申し渡したのは、500人もの成功者に取材し、そこから成功哲学を引き出せば、ヒル自身もその哲学を応用して成功者になれるはずだから。まあ、一応、筋は通っているわけです。

成功哲学の体系化を目指す

かくしてヒルは成功哲学の体系化をすべく、カーネギーからの紹介状をもって500人の成功者への取材を開始するのですが、その手始めとして彼がまず会いに行ったのはヘンリー・フォードでした。そう、アメリカにモータリゼーションの波をもたらした自動車王。とはいえ、ヒルがはるばるデトロイトまでフォードを訪ねて行ったとき、フォードはまだ小さな自動車会社の経営者兼メカニックに過ぎなかった。彼と握手をしたとき、その手が油まみれだったので、ヒルの着ていたシャツの袖が汚れてしまったそうです。

しかし、ヒルとの会見の直後、フォードは安価で丈夫なＴ型フォードを開発して大成功を収め、フォード社を世界屈指の自動車メーカーに育て上げたばかりでなく、デトロイトを自動車産業の一大拠点に変えてしまった。まさにアンドリュー・カーネギーの見込んだ通りになったわけですね。

そしてそんなフォードの成功をつぶさに観察していたヒルには、いくつかの気づきがありました。**たとえばフォードが自動車開発の天才的な才能を持っていたわけではない、ということもその一つ。**フォードは自身に突出した才能があったのではなく、様々に才能のある部下を手元に置き、彼らを必要に応じて使いこなすことに長けていたんです。そしてもう一つ、フォードには非常に頑固なところがあり、才能のある部下たちがいくら「V8エンジンの開発は無理だ」と進言してもそれを一切無視し、「いいから作れ、さっさと作れ」の一点張りで、結局、V8エンジンを完成させてしまった。こういうフォードの仕事ぶりを観察した結果、「成功するには複数の人間の知恵と力を合わせる必要がある」とか「事業を成功させるためには執念が必要である」

といった教訓、すなわち「成功哲学」を得ていく。

とまあ、こんな感じでカーネギーから紹介された数多の成功者たちを取材していくうちに、ヒルは成功するための秘訣を「13の原則」に帰着させます。世の成功者たちはこれら13の原則のいずれか（または複数）を実行した結果として成功しているのであって、彼らを見習って13の原則を実行すれば、誰でも成功者になれる——これがヒルが目論んだ、というか、彼がアンドリュー・カーネギーから依頼された「成功哲学の体系化」であったわけ。

『 成 功 哲 学 』が 語 る 13 原 則

では『成功哲学』が明らかにした成功への13の原則とは何か。以下、その13原則を列挙してみましょう。

① 願望：あらゆる成果への出発点
② 信念：願望の達成を思い描き、信じること
③ 自己暗示：潜在意識に働きかける仲介者
④ 専門的な知識：個人的な経験、観察
⑤ 想像力：頭脳の作業場
⑥ 統合的・有機的な計画立案：願望から具体的な行動へ
⑦ 決断：優柔不断との決別
⑧ 忍耐力：信念を引き出すために必要な粘り強い努力
⑨ マスター・マインドの力：前進させる力
⑩ 性が発揮する方向転換の力の神秘
⑪ 潜在意識：つなげる輪
⑫ 頭脳：思考の放送兼受信局
⑬ 第六感：智恵の聖堂に続くとびら

成 功 へ の 螺 旋 階 段

この13原則に関して面白いのは、個々の原則の内容はもとより、その順番が重要であること。つまり、13原則の冒頭に「願望」があるのは、換言すれ

ば、「すべての成功の出発点には願望がある」ということなんですね。「何か
を成し遂げたい」という燃えるような願望があってはじめて、人は成功への
道を歩み始めると。

　しかし、その願望を実現するためには、「それは実現可能である」という
「信念」がその人の心になければならない。そしてその信念を自分の心の中に
植え付けるには、「自己暗示」をかけるに如くはない。しかしまた、願望実現
のためには信念だけではダメなのであって、それを実現するのに必要な「専
門的な知識」も獲得しておかなければならない……とまあ、そういう具合に、
これら13の原則をその順番通り一つずつマスターしていけば、誰でも、例外
・
なく、成功を摑み取ることができる──この「誰でも、例外なく」というと
ころが、成功哲学の成功哲学たる所以なんですね。

　しかもこの13原則をさらに仔細に見ていくと、この13原則が非常に有機的
につながっていることが分かります。たとえば第2原則の「信念」を学んだ
後、第7原則の「決断」の中でもう一度願望実現への執念の重要性を学ぶと
か、あるいは第3原則の中で「自己暗示」を学んだ後、第11原則の「潜在意
識」でもう一度同系統の、しかしもう一段上のレベルの学びを積むことにな
っていることなど、常に読者のレベルを螺旋状に引き上げるような工夫がな
されているんです。そう、ヒルの指南する成功への13ステップは、まっすぐ
な階段ではなく、螺旋階段なんです。だからこの本を読む人は、段階を踏み
ながら進歩しつつ、その過程のところどころで前に学んだことを復習するこ
とができ、かつ、自分のレベルが上がったことをその都度、確認できるよう
にもなっている。これは面白い。

至 高 の 思 考

　しかし、そうした細かい工夫の数々に感心しつつも、やはり私がこの本を
読んで最も感銘を受けるのは、ヒルが「考えること」の重要性を繰り返し説
いている点。

　なぜか。それは、この世の中で人間はありとあらゆる環境に左右され、自

分で決められることなど殆どないけれども、ただ一つ自分で決められるもの
があるとすれば、それは自分自身の思考だから。この辺り、ヒル自身の言葉
を引用してみましょう。

> あなたが絶対的にコントロールできる対象はただひとつ、それはあなたの思
> 考だ。これは、あらゆる既知の事実の中で最も重要で気持ちを高揚させるもの
> だ！　人間性の天与の本質の反映だ。この天与の特権は、自分自身の運命をコ
> ントロールするためのただひとつの手段だ。もし自分の心のコントロールに失
> 敗しているなら、他のものはなにひとつコントロールしていないと思ったほう
> がよい。
>
> （398頁）

　まず、何はともあれ考えて、考えて、考え抜いて、自分の願望を明確に定
め、一旦それを定めたらその願望に執着し、その達成のためにあらゆる努力
を惜しむな、そうすればあなたは自分の望むだけの報酬を得られるだろう
──これがナポレオン・ヒルの成功哲学のアルファでありオメガであって、
本書の原題が *Think and Grow Rich*、すなわち『考えよ、そして金持ちにな
れ』であるのは、そういう意味だったんですね。

　**それにしても「もし自分の心のコントロールに失敗しているなら、他のも
のはなにひとつコントロールしていないと思ったほうがよい」という言葉
は、ヒルの「成功哲学」の到達点を表す、素晴らしい言葉だと思います。**「成
功哲学」から「成功」の文字を取っ払って、純粋な「哲学」として考えても
通用するのではないでしょうか。

　私はこの言葉を最初に読んだとき、これこそ「自己啓発本界のナポレオン」
の口から発せられるにふさわしい至言だと、深く首肯したのでした。

第3位 スティーブン・R・コヴィー『完訳 7つの習慣』

表面上のテクニックではなく、「人格」を高めよ
言わずと知れた、威風堂々たる自己啓発本

キングベアー出版、2020年
Stephen R. Covey, 1932–2012　*The 7 Habits of Highly Effective People*, 1989

自己啓発本研究者コヴィーの結論

　世に「横綱相撲」という言葉があります。スティーブン・R・コヴィーの『７つの習慣』という本を読む度に、私の脳裏にフワッと浮かんでくるのがまさにこの言葉。様々な悩みを抱えた世の人々に等しく胸を出し、彼ら／彼女らの悩みをまずはどんと受け止め、それぞれにふさわしい解答を与えてからやさしく土俵の外に送り出してあげる——そんな光景が目に浮かぶんです。まさに威風堂々。**自己啓発本を形容する言葉として通用するのであれば、私は『７つの習慣』に「威風堂々たる自己啓発本」という惹句を送りたい。**

　では、『７つの習慣』は、いかなる意味で威風堂々なのか？

　コヴィーさんは、今でこそ「世界一有名な経営コンサルタント」というイメージがありますが、元来、ユタ州にあるブリガムヤング大学の生え抜き教授として「経営管理」とか「組織行動学」の教鞭を執っていた人。つまり、アカデミックな研究者マインドを持った学徒です。だから学究肌というのか、自己啓発的なコンサル業に足を踏み入れるとなれば、その前にまずは自己啓発本の歴史そのものを研究してしまう。

　で、その自己啓発本研究の手始めとして、コヴィーさんはアメリカ建国（1776年）以来200年の間にアメリカで出版された自己啓発本を読み漁ったの

ですが、そうしてみたら一つ分かったことがあった。

コヴィーさん曰く、200年のタイムスパンの内、最初の150年間に出されていた自己啓発本は、例えばベンジャミン・フランクリンが書いた『フランクリン自伝』に代表されるように、「誠意・謙虚・誠実・勇気・正義・忍耐・勤勉・質素・節制」といった徳目を身につけることをアドバイスするものが多かった。つまり「人格陶冶こそが世俗的な成功のカギである」と教える自己啓発本が主流だった。

それに対してそれ以後に出版された自己啓発本は、少なくともコヴィーさんの目からすれば全部不合格。なぜなら、ここ50年ほどの間にアメリカで出版された自己啓発本は、どれも「積極的な態度を維持しろ」とか「好印象を与える自己イメージを作れ」、あるいは「まず自信を持て」といった表面的で軽薄なスキルしか教えないような、つまらない自己啓発本ばかりだったから。そして、そんな軽薄なスキルでは対処できないことが人生には沢山あるということを、ゴヴィーさんはよく知っていたんです。

インサイド・アウト

実はコヴィーさんの息子の一人には、ちょっとした問題があったんですね。学校での勉強についていけず、スポーツもからきしダメ、人間関係の構築も不得手で、学校生活に馴染めていなかった。無論、コヴィーさんは、息子を何とかしようと必死になりました。常に積極的な心構えを維持しながら、息子にはっぱをかけ続けたんです。たとえば野球があまりにも下手であるために、クラスメートから仲間外れにされている息子の状況を知ったコヴィーさんは、息子につきっきりで野球のコーチを始めたそうです。「お前ならきっとできる！　バッティングにはコツがあるんだ！　頑張れ！　いいぞ、その調子だ！」と啓発的な励ましの言葉をかけ続けたわけ。そしていくら練習してもちっとも上達しない息子を見てあざ笑う友達がいれば、「放っておいてくれ！　息子は今頑張っているんだから！」とムキになって追い払った。しかし、コヴィーさんが躍起になって息子の上達をサポートしようとす

ればするほど、当の息子の方は「僕なんか、どう頑張ったってうまくできっこない！」と泣き出す始末。そんな具合に、コヴィーさんが良かれと思ってすることがかえって息子さんを傷つけるようなことになって、親子ともども疲弊しきってしまった。

　で、そのとき、コヴィーさんはふと気づくんです。「息子のため」と言いながら、自分がやっていることは、息子という一人の独立した人間を、自分の「こうあれかし」と望むような方向に捻じ曲げようとしているだけなのではないかと。

　このことに気づいたとき、コヴィーさんは、息子さんを変えようとする努力をやめました。変わらなくてはならないのは、むしろ自分自身だということに気づき、息子さんに対する過保護な態度を改めたんです。「お前ならできる」という励ましのまなざしはそのままに、手取り足取りの指導はキッパリやめてしまった。その結果、息子さんは、はじめのうちこそパニックに陥ったものの、じきに自信を持ち始め、その後、学業成績・スポーツ・人間関係のすべての面で目を瞠（みは）るほどの成長を見せたといいます。またそれに伴って、コヴィーさんと息子さんの親子関係も改善した。要するに万事がうまく動き出したんですね。

　このときの経験から、コヴィーさんは「スキルを駆使して他人を変えようとしても意味がない」という悟りを得ます。他人はあくまで外部世界であって、自分の思い通りにはならない。自分の思い通りになるのは、自分だけ。しかし、自分自身の行動を改め、自分が変われば、それに伴って自分を取り巻く外部世界も変わり始める。換言すれば、自分自身（インサイド）の変革が、周囲の世界（アウトサイド）の変革につながるという発想ですね。

　この「自分が変われば、自分を取り巻く世界も変わる」という考え方、これをコヴィーさんは「インサイド・アウト」と名付けます。そしてこの「インサイド・アウト」の発想こそが、『フランクリン自伝』に端を発する古き良きアメリカ自己啓発本が伝統的に受け継いできた「人格主義」の本質であると、コヴィーさんは喝破するんです。

「７つの習慣」とは何か

　では、自分を変えるにはどうすればいいか。コヴィーさんは自分を変えるための最上かつ具体的な方法として、「７つの習慣」を提示します。「人間は繰り返し行うことの集大成である」というアリストテレスの言葉を引きながら、自己改善をするために心がけるべき習慣が７つある、というのです。その７つの習慣とは、

① 主体的である
② 終わりを思い描くことから始める
③ 最優先事項を優先する
④ Win-Win を考える
⑤ まず理解に徹し、そして理解される
⑥ シナジーを創り出す
⑦ 刃を研ぐ（＝人間の４側面〔肉体・精神・知性・社会との関係〕のグレードアップ）

　の７つ。これらの７つは、それぞれ人間の行動の「型」だと言っていいでしょう。例えば③の「最優先事項を優先する」という行動パターンが身についている人もいれば、「楽にできることから始める」という行動パターンでこれまでの人生をやり過ごして来た人もいる。④の「Win-Win を考える」にしても、自分と相手の双方が公平に繁栄することを願う人もいれば、自分だけうまく行けば他の人のことはどうでもいい、と考えがちな人もいる。⑤の「まず理解に徹し、そして理解される」は、もともと聞き上手な人ならばともかく、自分が一方的にしゃべりたい人からすると、なかなか採用するのが難しいかもしれません。

　しかし、コヴィーさんは、今、あなたがこれら７つとは異なる行動パターンで動いているのであれば、まずそこを改めて、７つの行動パターンを習慣化しなさいと言い切ります。そうやってまず自分（＝インサイド）を変えない

と、あなたをとりまく世界（＝アウトサイド）はあなたに向かって微笑まないよ、と。

で、この７つの習慣それぞれの意味や習得法について、コヴィーさんはこの本の各章の中で詳しく説明しているのですが、どの習慣も身につければ有効だろうなと思わされるものばかり。しかも、それらの多くは、コヴィーさん自身の経験談を踏まえて提示されるので、説得力もある。ですからそれらについては、興味のある方が個々に読んでいただければいいと思うのですが、この中で一つ、私が特に感銘を受けた章を挙げるならば、やはり「主体的である」という習慣について説明した冒頭の章、ということになるでしょうか。と言うのも、この章には本書全体に通底するある概念が語られているから。それは何かと言いますと、「刺激と反応の間には選択の自由がある」という概念です。

「選択」ということ

人は生きていく中で、様々なことを経験します。その一つ一つの経験は、ある意味、人間の反応を引き出す「刺激」でもある。人間以外の他の動物であれば、そうした刺激に対する反応は、本能に基づく画一的な行動です。ですから、「こういう刺激を与えれば、こういう反応が返ってくるだろう」というのは、あらかじめ予想がついてしまう。

しかし、人間には自覚（自分自身を客観的に見つめる能力）・想像（現実を超えた状況を頭の中に生み出す能力）・良心（心の奥底で善悪を区別し、自分の行動を導く原則を意識して、自分の考えと行動がその原則と一致しているかどうか判断する能力）・意志（他の様々な影響に縛られず、自覚に基づいて行動する能力）という４つの特異な能力が授けられているので、これらを総動員して、単なる刺激への反応以上の行動を主体的に選択することができる。そのことを自覚するかしないかは別として、人間というのは常にそういう具合に、刺激に対する反応を自ら主体的に選択しているんですね。

人間には「選択の自由」がある

　たとえば、いじめられっ子が他人の中傷で傷ついたとする。それは刺激（いじめ）に対する反応（傷つく）のように見えるけれども、実はそうではない。刺激は自分では選択できないけれども、反応は選択の結果である。つまり「いじめられて傷つく自分」を自ら選択した結果、その人は傷ついたわけです。

　だから、いじめられっ子が卑屈になったとしたら、その卑屈ないじめられっ子は、自らの選択の結果、そのような人間になった、ということになる。厳しい言い方のようですが、実際、それはその通りでしょう。その意味で、人間とは「過去の選択の産物」であると言っていい。

　しかし、この現実には希望的側面もあります。つまり、人間には自分の意志で「他の選択肢」を選び取ることもできる、ということです。**人間は他の動物とは異なって、刺激に対する反応を自分の意志で選べるのですから、その特権を活用すればいい。**

　では、具体的にはどうすればいいのか？　この点について、まず自分の身に降りかかる事柄、あるいは自分が関心を持つ事柄の中で、「自分にコントロールできること」と「コントロールできないこと」を分けなさい、と、コヴィーさんは言います。で、自分にコントロールできること、コヴィーさんの言葉では「影響の輪の中にあるもの」については、主体的に働きかけ、自分の力で良い方に変えればいい。そのちょっとした一歩を踏み出すことによって、状況というのはどんどん変わっていく。

　たとえば、天気が悪いと、気分が落ち込む。で、暗い顔をしていると、友人たちもどんどん離れていく、ということがあります。でも、それじゃダメ。天気は自分の意志では変えられないかもしれないけど、その代わりに、自分の頭の中に晴れやかな青空を思い浮かべることはできるでしょう。それは、あなたの選択の結果であるから、あなたの頭の中の青空は、誰にも奪うことができない。そして、その自分の中の快晴を見つめ、それに従って快活に行

動すれば、あなたの周りにいる人までつられて快活になるかもしれない。前とは異なって、あなたの周りに友人がどんどん集まってきて、それがあなたをさらにハッピーにする。

　これがインサイド・アウトの革命であり、主体的な選択をする生き方であると。

　結局、人間にとっての自由とは、究極的には「選択の自由」のことなのでしょう。それ以外に、人間に自由なんてない、とすら言えると私は思います。そのことを私は『７つの習慣』から学びました。もちろん、すべてが楽な選択であるはずはありません。主体的な選択を放棄して、月並みな反応（怒る、泣く、諦める、無視する等々）をする方向に流される方がよほど楽なことも多いでしょう。しかし、本当に自由な生き方をしたいのなら、先にコヴィーさんが挙げた「7つの習慣」を身につけ、自分の意思で自分自身を変える選択をするしかない。本物の自己啓発本が提示しうるこの究極の答えを、コヴィーさんは『７つの習慣』全巻を通じて堂々と読者に提示しています。だからこそ私は、この本を信用しているんです。

　というわけでコヴィーさんの『７つの習慣』という本、すごくいいと思います。まさに横綱相撲、「威風堂々」の自己啓発本。一読をおすすめする次第です。

第4位 岸見一郎・古賀史健『嫌われる勇気』

人は変われるのか？　誰もが幸福になれるのか？
アドラー心理学の一流の解説書

ダイヤモンド社、2013年
岸見一郎，1956- ・古賀史健，1973-

哲人と青年の対話

　バブル世代真っ只中に青春時代を謳歌した私は、手を振ってもタクシーが止まってくれないとき、1万円札を手にヒラヒラさせればいいという「知恵」を持っていました。ところが今日日、その知恵は知恵として何の役にも立たない。一方、現代のデジタルネイティブ世代の若者たちは、1万円札どころか現金そのものを持ち歩かず、タクシーを呼ぶにもスマホアプリを使う。今はアプリを使いこなすことが知恵であって、その知恵を持たぬ私は、なかなか来そうもないタクシーを待ちながら大通りで途方に暮れるのが関の山……。年配の人間の経験の中に蓄積された知恵が無価値となるのが現代という時代であるならば、現代というのは年寄りには何とも生き辛いものであると言えましょう。

　ところがそんな現代にも、年寄りの生き易い世界が一つだけ残っている。それは自己啓発本の世界。そう、自己啓発本の中には「老人と青年の対話」によって成り立つ「対話系自己啓発本」というサブジャンルがあり、このジャンルの自己啓発本に登場する「知恵ある老人」は実に生き生きと、悩める若者にとっての導きの星として活躍することができる。嗚呼、素晴らしきかな対話系自己啓発本！

2013年に出版されて以来、今日まで10年以上にわたって自己啓発本のベストセラー・リストに載り続けている『嫌われる勇気』もまた、対話系自己啓発本です。対話をするのは「哲人」と「青年」。しかも哲人はギリシャ哲学の専門家という設定なのですから、本書が対話系自己啓発本であることも納得。**何と言っても、対話を通じて真理を探究するという方法論は、ソクラテス以来の伝統ですからね。**

　とは言え、本書の哲人と青年の対話の中で中心的な話題になるのは、ギリシャ哲学ではなく、哲人のもう一つの専門である「アドラー心理学」の方。本書は青年の投げかける哲学的な問いに対し、哲人がアドラー心理学を用いて返答をするという形式で進行していきます。

　では、本書において青年は哲人に対して、いかなる問答を挑もうとしたのか？

青年の抱えた問題

　本書冒頭に書かれているように、青年が哲人に対して挑んだのは、「人は変われる、世界はシンプルである、誰もが幸福になれる」という哲人の主張を論破することでした。逆に言えば、青年は「人は変われないし、世界は複雑だし、誰もが幸福になれるわけではない」と頑なに考えていたんですね。実際、青年には、そのような頑なな思いを抱くだけの理由がありました。彼には３歳年上の優秀な兄へのコンプレックスがあり、自分の人生に口を出して来る父親への不満があり、その一方で親の期待を裏切り続ける自分自身の不甲斐（ふがい）なさもあり、そういうものが複雑に絡み合った状況の中で苦しみ続けてきたから。そんな不幸のど真ん中にいる青年にしてみれば、哲人の言う「人は変われる、世界はシンプルである、誰もが幸福になれる」という主張は、許しがたい冒瀆（ぼうとく）と思われたのでしょう。だから青年はわざわざ哲人のもとを訪れ、彼に論争を挑まざるを得なかった。

　ところがそんな青年の気負った挑戦に対し、哲人は非常に単純な言葉で痛打を浴びせます。青年が今感じている圧倒的な不幸感、それは青年自身が自

分を利するために自ら選び取ったものであると。

「悩むのは、悩んでいる方が都合がいいから」

　アドラーの同時代の心理学者にジグムント・フロイトという人がいます。日本ではアドラーよりフロイトの方がよほど知名度が高く、その学説も知れ渡っている。おそらく青年が自分の抱えている悩みを分析する際に依拠したのも、フロイトの原因説（＝トラウマ説）であったに違いない。つまり自分の現在の悩みには過去から複雑に積み上げられた原因があり、悲しいかな、おいそれとは解決できないと。

　ところが、そうしたフロイトの学説に支えられた青年の悩みを、哲人はアドラーの「目的論」を論拠に一刀両断してしまう。すなわち、「今、あなたが悩んでいるのは、悩んでいる方があなたにとって都合がいいからだ」と。アドラーの心理学では、ある人がある特異な行動をとるのは、その行動がその人にとって何らかのメリット（＝目的）があるからと解釈するんですね。で、この解釈を青年に当てはめれば、青年がコンプレックスに捉われ、いじけているのは、そうすることによって周囲の同情を買い、注目を集めようとしているからということになる。そういうメリットのために、悩んでいるふりをしているだけだと。

　また哲人は、人間の悩みというのはすべて対人関係のトラブルが原因であり、そのトラブルは「自分の課題」と「他者の課題」を混同することに起因すると喝破したアドラーの学説を基にし、青年が親の期待に応えようといたずらに苦しんでいることの無意味さを指摘します。親が子供の人生をコントロールしようとするのは、子供自身の人生の課題に介入しようとしているだけなのだから、そんなものは無視して構わない。また青年と青年の兄は、それぞれがまったく別の人生の課題に取り組んでいるのであって、競争しているわけではないのだから、兄に対してコンプレックスを抱く必要もない。そうやって自分と他者の課題を明確に分別すれば、人間の悩みなど雲散霧消し、今この瞬間から幸福になれるのだと。

無論、哲人からそのようなことを言われて、まるで自分の積年の悩みが価値がないもののように扱われたと感じた青年は哲人に激しく反発します。しかし、哲人の冷静かつ粘り強い諭しと、かつては青年同様コンプレックスの塊であった哲人自身がどうやってその悩みから抜け出たか、その奮闘の歴史を聴かされるうちに、青年の心は少しずつ開かれていくんですね。そして人生の意味というのは、自分自身が創り出すしかないということ、そして過去に捉われることなく、また未来を気に病むこともなく、今この瞬間に集中して生き、自分の働きが他者にとって、すなわち社会にとって少しでも貢献できたと自身で感じることができれば、その瞬間から幸福を手に入れることができるのだ、という悟り……というか、希望を得る。そしてここにおいて何日にも亘った哲人と青年の長い対話は終わりを告げます。

アドラー心理学の恰好の入門書

　さて、『嫌われる勇気』の内容というのは以上のようなものなのですが、この本を読んでアルフレッド・アドラーという心理学者に興味を持った私は、哲人のモデルになった岸見一郎先生のご著書をはじめ、何冊かのアドラー入門書を読んでみました。しかし結論から言いますと、それらのどれと比べても『嫌われる勇気』の方がアドラー心理学の何たるかを分かりやすく説明していた。だからアドラー心理学を手っ取り早く理解するには、この本を読むに如くはない――本書はそれくらい優れたアドラー入門書になっていると思います。

　否、入門書などというレベルをはるかに抜いて、私自身、この本を通じてアドラー心理学を知ったことにより、非常に大きな感化を受けたということを告白しなければなりません。

　まず私が感心したのは、アドラーが「人間の悩みは、すべて対人関係の悩みである」と喝破しているところ。そんな馬鹿な、と私も最初は思いましたが、よくよく考えてみると、その通りではないかという気がしてくる。少なくとも、私自身に関してはその通りではないか。加えて「対人関係が悩みに

なる理由は、人は誰しも『自分の課題』と『他人の課題』を混同するからだ」というアドラーの見立ても、ものすごい洞察だと私は思います。

さらに、その悩みがトラブルに発展するのは、トラブルを起こすことによって何らかの利を得ようとする当事者の戦略ゆえだ、というアドラーの考え方（＝目的論）も、えげつないほど人間の真実を衝いている。

私は、さほど怒りっぽい人間ではありませんが、それでもときに他人から受けた言動に向かっ腹を立てて強い言葉を口にしてしまうことがあります。しかし、『嫌われる勇気』を読んだ後で振り返ってみると、ああいう「怒り」は、自然現象として発生するものではなく、怒ることによって相手にダメージを与え、自分が優位に立とうという目的の下に選択した行為であったことがよく分かる。**「怒らない」という選択肢もあったのに、敢えて「怒る」という選択肢を選んだ、ということですね。**そしてその結果、一時的にはいい気分になれたかもしれないけれども、長い目で見ればその相手との人間関係はさらに悪化してしまい、ますます深い悩みを私自身にもたらすこととなった。

ということで、『嫌われる勇気』を読んだことが一つのきっかけとなって、私は「怒らずの誓い」というのを立てました。「怒る」という行為が一つの選択肢（それも災いを引き寄せがちな選択肢）に過ぎないのであれば、その選択肢はもう一生選ばないという風に覚悟を決めたんです。そしてその上で、自分は自分の課題だけを念頭に、今、ここに集中し、自分なりに世の中に貢献していこうと心に決めた――そしてそう決めた瞬間から、私の人生は大分楽になりました。

そう、自分が変わることによって、私を取り巻く世界が私に対して優しくなったんですね。**「自分が変われば、世界が変わる」という自己啓発思想の黄金律は、アドラー心理学によってもその正当性が裏書きされたわけです。**

というわけで、読んで面白いばかりでなく、そこで学んだことが実生活でも役に立つ。そんな優れた自己啓発本として、『嫌われる勇気』を強く推しておきたいと思います。

事実、もう一年以上、誰に対しても怒っていません。

第5位 矢沢永吉『新装版 成りあがり』

「無一物からトップへ」、王道の自伝的自己啓発
とにかくすごい人生を追体験できる本

角川文庫、2004年
矢沢永吉，1949−『成りあがり』(1978)

「無一物からトップへ」

　「永ちゃん」こと矢沢永吉氏については、もちろんリスペクトはしておりますが、矢沢タオルを首に巻くほどのファンではない私。その私がなぜにこの本を、しかも、平成・令和の時代に入って読んだかと申しますと、これもやっぱり自己啓発本研究の一端でありまして。

　と言うのも、自己啓発本の世界というのは、ある種「伝統芸」に似たところがあって、ひと世代前に出た有名な自己啓発本を読んで啓示を受けた人が、長じてから自らも自己啓発本を書いて前書の伝統を受け継ぎ、またその自己啓発本を読んだ人が、また自己啓発本を書いて……といった調子で、自己啓発のバトンを次のランナーに受け継いでいくことがよくあるんです。

　で、矢沢永吉氏の場合は、20世紀前半のアメリカでベストセラーとなり、人間関係系自己啓発本（別名「人たらし系自己啓発本」）の嚆矢となったデール・カーネギー（89頁参照）の『人を動かす』を若い頃に読んで大いに啓発されているんですね。ですから、その永ちゃんが書いた『成りあがり』は、自伝であると同時に、永ちゃん流の自己啓発本と言ってもいいのではないか、と、まあ、そんな見立てでこの本を読み始めたわけ。って言うか、そもそも「成りあがり」というタイトル自体、「無一物からトップへ」という意味

ですから、よく考えて見ればこのタイトル自体、自己啓発思想そのものです
からね。

ところが……。

そんなこたぁ、どうでもいい！　っていう位、驚きました。

この本は日本人の自伝として、超一流と断言できるものだったのです。

おばあちゃんのエピソード

　本書は、後妻の子として生まれた永ちゃんの幼少期の話から始まります。
しかしその母親も永ちゃんが3歳のときに出奔、やがて父親も病気で亡くな
り、その結果永ちゃんは幼少期の頃から親戚をたらいまわしにされて過ごす
んですね。それでも、「おばあちゃん」という人とは気が合って、貧しいなが
らこのおばあちゃんの下でたっぷり愛情をかけられて育ったという。このあ
たり、あまり素敵なエピソードなので、ちょっと長いですけれども引用して
みましょう。

　朝起きると、おばあちゃんが釜のとこで木くべて、ごはん炊いてる音が、コ
トコトコトコト聞こえるわけよ。お母さんという感じじゃないけどさ。
「永吉、起きよ」
　その声がうれしくてね、むくっと起きるの。そうすると、オレは、新聞を敷
くわけ。新聞紙をパッと敷いて正座して待ってる。
「ほーれ、ごはん食え」と、ごはん、パッとくれる。
　おかずは、必ず、一品料理というか、ごはんと何かひとつ。その何かという
のは味噌汁かもわかんない。コロッケかもわかんない。ひと品。
　オレが好きだったのは、卵料理。
　卵、ポンと割って、醤油を混ぜて、水混ぜて、味の素混ぜてこねるわけ。そ
れをふかすわけよ。
　ふかすとポッコリ。茶わん蒸しのようなもんよ。それを、もっとオカズにし
たい場合は、醤油をちょっと足すとかね。
　それ、オレ大好きだった。おいしいおいしいと食べるから、おばあちゃんは
それをメインにするわけ。

いまでも思い出してよく作るんだ。最近。電子レンジをガチャンとやってね。

それがない時は、味噌汁かな。大根とか、いろいろ切って入れて……これでオレ充分なわけ。

オレ、いまでも食欲のない時なんか、お茶とか、ぶっかけてメシ食う。あれ、ちっちゃい時の癖なんだ。味噌汁の中身混ぜて、べちゃべちゃにして食う。うわあっと流し込むのが好きなの。

こうなると、ちょっと楽しい話になっちゃうけどさ、誕生日の時……。

「おばあちゃん、オレ誕生日なんだ」

「それがどうした」

わかるだろ、関係ないわけ。そんな誕生日なんて。

でも、さすがよ。おばあちゃんがオレにしてくれたことは。卵をふたつにしてくれた、その日だけ。

卵の買い方。オレよく憶えてる。「おまえ、永吉、好きな卵買ってこい」と言われることがある。十三円とか、十二円とか、一円違うだけでちょっと大きいのよ。それ一個選ぶの。

で、誕生日は、ふたつ。

「あ、おばあちゃん、今日は卵がふたつ入ってる」

「そうだよ。誕生日だからね。

永吉、よく聞け。卵と思って食うな。ニワトリ二羽殺してくれたと思え」と言うんだよ。そう思って食えって。

とてもうれしかったよ。

ニワトリの元って、卵だもんね。

そういう朝メシだったな、オレたち。 (20-22頁)

あーー。もうダメだ。涙なしには読めない。これは何？　文学だよ、文学。トルーマン・カポーティの『クリスマスの思い出』じゃないか！

上京からキャロル結成まで

で、中学校、高校までは広島で、それなりに不良として過ごすのだけど、永ちゃんには野心があった。音楽でスーパースターになる、という野心が。だから、そのスーパースターにふさわしい門出として、高校卒業と同時に上

京する。自分が故郷を捨てるときはこうやるんだという、その思い描いた通りの形で、深夜発の最終電車に乗って。

そして横浜に降り立った矢沢青年は、とりあえず生活をするために飲食店などで働き、その一方でバンド活動を始める。バンドのメンバーを集め、実力なんて全然ないのに、はったりかまして地元のキャバレーやディスコに出演させてもらい、そうこうしているうちにさらに優秀なメンバーを集め……というような感じで、無一文からわらしべ長者的に少しずつグレードアップしていく。伝説のバンド「キャロル」の結成に至るまでの道のりは、まさに永ちゃん流のサクセス・ストーリーと言っていい。

もちろん、成功へ向かって一歩一歩進んで行くその歩みの中には、思い返すのも腹立たしいことが沢山あります。たとえばミッキー・カーチスに騙されて、不当な契約をレコード会社と結ばされたことなどもそう。そういう、汚い大人社会のやり方に、永ちゃんは散々翻弄される。

だけど、やっぱりそこが永ちゃんなんですね。騙された自分の非を認めて我慢するところは我慢し、だけど、自分がさらにビッグになることで自分を利用した連中を見返し、それできっちりオトシマエをつける。騙した相手を黙らせちゃうわけ。そこんとこヨロシク！ってな感じで。

だからこの本は、一言で言えば、人生で出くわした色々な出来事に対して、永ちゃんがどんなオトシマエをつけてきたかを語った本でもあるんです。

キャロル解散のいきさつ

たとえばキャロル解散の件。

人気絶頂の頃でさえ、永ちゃんと他のメンバーの間には溝があった。理想を追い求めさらに上を目指す永ちゃんと、人気に溺れ、享楽的に過ごすメンバーたちと。で、解散やむなし、となった時点でも、永ちゃんはキャロルを支えてくれたファンのために、既に決まっていた十数回の全国コンサートをやりきることを主張するのだけれど、メンバーは即刻解散を主張してゆずらない。

結局、そこは永ちゃんがメンバーの前に頭を下げる形で（本当に頭を下げたらしい）、なんとかコンサート実施を果たすのだけれど、頭を下げながら永ちゃんが思ったことは、「こいつら、決して許さない」ということだったと。

　つまり、ファンに対してオトシマエをつけるために永ちゃんは下げたくもない頭を下げたわけだけれども、同時にキャロルのメンバーに対しては「許さない」という決意をすることで、オトシマエをつけたわけね。

　先ごろ、元メンバーのジョニー大倉が亡くなったとき、永ちゃんがほとんどコメントらしいコメントを出さなかったのは、そういうことだったんですね。喧嘩別れしたにしても、ずいぶんときが経ったのだし、お愛想にしても「残念だ」的なコメントでも出せばいいのに、と思った私は浅はかでした。そういう周囲からのプレッシャーがあっても、永ちゃんはあのときの決意を揺るがさなかった。

　だけど、本書を彩るのは、許さなかった話ばかりではありません。むしろ永ちゃんは、自分に対してひどいことをした人たちに対してものすごく寛容に許していると思う。

　でまた、その許し方がかっこいいんだ！

　たとえば小さいときに、永ちゃんのことをたらいまわしにした親戚に対する永ちゃんの態度なんて、ほんと、ほれぼれします。あんたら、オレにひどいことをした。でも時間が経てば、そういうことも別に気にならなくなるかもしれない。だから、もっと後になって、40歳、50歳になったら、ふらっと遊びに行くかもしれない。だけど、そういう気持ちになるかどうかは、オレの心一つに任せてくれ、って。……ちゃんと面と向かって、そういうことを言ったというんですからね。

　あと、3歳のときに自分を捨てた母親、いつか会うことがあったら殺してやろうと思っていた母親に再会したときなんて、一瞬で許して、一緒に泣いたっていうんですから。

　そのほか、奥さんとなるすみ子さんとの出会いなんて、すごくいいよ。大体、私は愛妻家が好きなので、永ちゃんが奥さんを大事にする感じ、いいと

思うなあ。

　で、この本の最後は、「元キャロルの矢沢永吉」ではなく、「矢沢永吉」として、さらにスーパーな存在になるため、彼が今どういう戦いをしているか、というところで終わるんですけど、この終わり方もとてもいい。

　ま、とにかく、そんな感じで、私はものすごい感動と共にこの本を読み終えたのですけれども、この本が出版されたとき、永ちゃんが弱冠28歳だったというところに、私はさらに驚きます。

　28歳で、これほどのものを……。

　いやはや。もう何をかいわんや。永ちゃんは、すごい。

　ちなみに、私、読もうと思えば、この本が出た当時に読めたのですけど、その当時は『成りあがり』というタイトルに反発して、敢えて読まなかったんです。もっとガツガツした本かと思い、また、有名人に対する反発もあったのかな。

　思えば、それはそれで、私の側の、永ちゃんに対する挑戦状だったのかもしれません。敢えて読まないことを選ぶっていうね。

　で、その私が、当時の永ちゃんの倍ほどの年齢になってから、この本を読んだと。それはね、遅きに失したとも言えるし、ひょっとしたら、ちょうどいいときに読んだ、ということなのかもしれません。今だから、この本に書いてあることが分かる、というところもありますからね。

　ま、とにかく、色々なことを考えながら、私はこの本を堪能しました。**だから、この本を、日本が生んだ「自伝系自己啓発本」の傑作として、熱烈おすすめしたいと思うのです。**

私も若かったわけだ。

第6位

ヘンリー・デイヴィッド・ソロー『森の生活（上・下）』

元祖・自給自足系YouTuber？ ミニマリズムを語る
上昇志向に疲れたとき、新たな価値観を知れる本

岩波文庫、1995年、上下
Henry David Thoreau, 1817–62　*Walden; or, Life in the Woods*, 1854

『森の生活』とソローの斬新さ

　ソローは、後続する「引き寄せ系自己啓発本」カテゴリーの中で紹介するラルフ・ウォルドー・エマソンのお弟子さん。師匠のエマソン同様、アメリカ文学史の中でも大きく扱われる超大物で、主著である『森の生活』は、19世紀アメリカ文学を代表する一冊と見なされています。

　ではそんな文学的傑作たる『森の生活』を、自己啓発本としてランクインさせるその意図は那辺にあるのか、という説明をしなくてはならないわけですが、その前に、そもそも『森の生活』という本の成立事情について、若干の前置きをしておきましょう。

　ソローは師匠のエマソン同様、ハーバード大学を卒業したエリートであり、また実家も鉛筆製造業を営んでいましたから、その気になりさえすれば教師になるもよし、はたまた家業を継いでもよし、という身分でした。**実際ソローはその両方を試してはいるのですが、そのどちらも肌に合わなかったのか、生涯、定職に就くことはなく、フラフラしていた。**今で言うフリーターみたいな感じ。元々現世的な栄華を望むタイプではなく、静かな思索と、その思索の成果を文章に著すことさえできればそれでよかったのでしょう。

　しかし、そうは言っても生きている限り何らかの形でたつきを立てなけれ

ばならない。そこでソローは、生存を可能にする最低限の労働をしながら、思索と文筆業に打ち込める環境を求めました。**彼はボストン郊外にあるウォールデン湖のほとりにある師匠エマソンの所有になる土地を借り、そこに小さな一間の丸太小屋を建て、小さな畑を拓いて晴耕雨読の生活を始めます。**

ウォールデン池の畔に建てたソローの小屋（著者撮影）

そしてソローは1845年の7月4日（アメリカ独立記念日）から1847年9月6日までの2年2カ月と2日の間、ウォールデン池の畔で過ごした自給自足の生活の経験を元にエッセイを書き続けた。で、その書き上げたエッセイ集が、今ご紹介しようとしている『森の生活』というわけ。

ヒッピーにも影響を与えたソローの斬新さ

それにしても健康に問題のない成人男子が定職にも就かず、森の奥の池の畔に建てた方丈の掘立小屋に暮らし、そこでの経験を発信したわけですから、いわば「自給自足系YouTuber」のようなもの。しかもそれを19世紀半ばのアメリカでやってのけたわけですから、ソローという人物は当時として極めて斬新、時代を先取っていたと言っていい。

でまた、出世とか金儲けとか、普通のアメリカ人であれば誰もが求めそうなものには目もくれず、むしろそういうものには背を向けて大自然の懐を目指したソローの生き方は、既存の価値観の代替物（＝オルタナティヴ）を求めるものでした。彼の生きた時代よりも100年ほど後の時代、すなわち1960年代後半から1970年代にかけてアメリカに登場してきた「ヒッピー」や「ニュー・エイジャー」と呼ばれた一群の若者たちが、ソローこそ自分たちの先達だと見なし、こぞって『森の生活』をむさぼり読んだのも、オルタナティヴを求めるソローの生き方に共鳴したがゆえ。

要するに、「（財産でも社会的地位でも）大きいことはいいことだ」とする通常の自己啓発思想とは逆方向の、「少ないことはいいことだ（レス・イズ・モア）」という方向性を持つ自己啓発思想の伝統の劈頭（へきとう）に立つものとして、『森の生活』という本は、立派に「自己啓発している」わけです。しかも、浮世を離れて方丈の掘立小屋に隠居するという点からすると、我が国最初期の自己啓発本たる鴨長明（かものちょうめい）の『方丈記』にも通じる話であって、まあ、色々な観点から論じることのできる自己啓発的エッセイ集と、とりあえず言うことができるでしょう。

文脈ありきの文章

かくしてヘンリー・デイヴィッド・ソローの『森の生活』は、師匠のラルフ・ウォルドー・エマソンの『自己信頼』に勝るとも劣らぬ、19世紀アメリカを代表する自己啓発本となったわけですけれども、エマソンの『自己信頼』とソローの『森の生活』を比べると、これがまた見事なまでに性質の異なる文章であることが分かります。

本書でも後で説明しますが、エマソンの文章は文脈を追ったらダメなんですね。文脈を追っていくと、エマソンが何を言おうとしているのか、かえって分からなくなってくる。しかし、文脈を考慮せずに一文一文を独立した「箴言」として味わうと、突如としてそこに深遠な叡智が浮き上がってきて、えもいわれぬ深い読書体験ができる。

これに対してソローの文章は、これはもう文脈ありきでありまして、文章の一部だけを文脈から切り離して味わうということはほぼできません。一つの文章は、次の文章と隣り合っているからこそ深い意味を成すように作られているので、一つの文章が次の文章に移り行くときに発生する意味内容に目を凝らさないと、ソローのエッセイを読んだことにはならないんです。

「マメ畑」の項を読む

たとえば『森の生活』の第7章、「マメ畑」という文章に注目してみましょ

う。

「つなぎあわせると全長七マイルの長さに達する私のマメ畑の畝は、すでに種まきを終えており、あとは除草を待つばかりとなっていた」（上巻277頁）という文章で始まるこの章、ソローが自分で食べるため、また売って生活費を稼ぐためにマメ畑を作った顛末が語られるのですが、何しろ耕作に馬や牛を使わずすべてソロー一人の人力頼みな上、農業には素人のソローのこと、植える時期を間違ったり、除草の方法を間違ったり、肥料の入れ方を間違ったり、とにかく周辺に住む農夫たちから笑われるような自己流のやり方でマメの栽培に取り組む様子が面白く、また雑草とソローとの絶えまない戦いを古代ギリシャのトロイ戦争に比しながら記述しているあたり、すなわち、

　　それローマ種のニガヨモギだ、それアカザだ、それスイバだ、それコショウ草だ、やっつけろ、切り刻め、根っこをひき抜いて日にさらせ、ひとすじだって日陰に残すな、さもないと起きなおって、二日もたたんうちにニラみたいにあおあおとなってしまうぞ。これはツルとの戦いではなく、太陽と雨と露とを味方につけたトロイア軍、つまり雑草との長期戦だった。マメたちは、私が毎日鍬で武装して救援に駆けつけ、敵の隊列をなぎ倒し、塹壕を雑草の死骸で埋めつくすのを見ていた。群がる戦友らよりもひときわ背の高い、元気溌剌として兜の羽毛飾りをなびかせた無数の勇将ヘクトルたちが、私の業物の前に倒れ、土にまみれて朽ち果てたのだ。

（上巻287-288頁）

　などという文章も実に面白い。そしてこのようにして一年かけてマメを栽培した結果、そのために掛かった費用と、収穫したマメを売って得た収入など、収支のプラスマイナスをすべてつまびらかにした上で、最終的な収入として8ドル71セント半の純利益を挙げたことを誇らしげに記しているところなどは、まさに「自給自足系YouTuber」の面目躍如という感じがする。

　ところが、上のような文章を気楽に楽しみながら読み進んできた読者の視線の先に、やがて次のような文章が飛び込んでくることになります。

私は自分に言い聞かせたのだ。来年の夏はもうこんなにむきになってマメや
トウモロコシをつくるのはやめよう。そのかわり、誠実、真理、単純、信仰、
無垢といった種がまだ失われていないならば、それらを蒔くことにし、今年ほ
ど苦労せず、肥料もさらに少なくして、それでもこの土壌に種が育ち、私を養
ってくれるかどうか試してみよう、確かにこの土壌にはそうした作物を育てる
くらいの地力は、まだ使い果たされずに残っているはずだから、と。ところが
どうだろう！　私はそんなふうに自分に言い聞かせたのだが、次の夏がすぎ、
さらに次の夏も、次の夏もむなしくすぎていった。そしていま、読者諸君に申
しあげざるを得ない。私が蒔いた種は、たしかにそうした美徳の種だったかも
しれないが、どれも虫に食われ、あるいは生命力を失っていたので、ついに芽
を出すことはなかった、と。一般に、ひとは祖先の勇敢さに応じて勇敢にもな
れば、臆病にもなるらしい。いまの世代は、確かに毎年トウモロコシやマメを
蒔いてはいるが、それは何世紀も前にインディアンが最初の入植者に手ほどき
したとおりのことを、まるで運命とでもいったように、そのまま真似ているに
すぎない。ついこのあいだも、私はある老人が鍬をふるって、少なくとも七十
回めの穴掘りをしているのを見かけたが、自分がはいるためではないと知って
おどろいたものだ。
（上巻291-292頁）

　ん？　マメを栽培する代わりに誠実、真理、単純、信仰、無垢の種を蒔い
てみたが失敗した？　どういうこと？？？

**　ソローの『森の生活』を読んでいてドキっとするのは、森の中に築いた方
丈の庵でのサバイバル体験記を読んでいるのかと思っていると、上に示した
ような文章が急に飛び出してきて、それまで読んできたお気楽なマメの話
が、一瞬にして何か哲学的な話に変貌するから。**で、そんな変貌を経た後で
は、その前に読んでいたマメ栽培の話自体が、ひょっとして何かの比喩だっ
たのではないかと思われてくる。でまた、そのような比喩の可能性を念頭に
この章を再読してみると、「私がマメを育てたのは、おそらく、比喩や表現と
して使われるだけでもかまわないから、いつの日か寓話作家の役に立つよう
に、だれかが野に出て働いている必要があると思ったからである」（上巻288
頁、傍点筆者）などという一文が紛れ込ませてあることにも気づくようにな

る。してみると、ソローがマメ栽培のことを指していう「手を使っての労働（labor of the hands）」とは物書きの仕事、すなわち文学的所業の比喩だったのではないか？

後世への影響の差

　とまあ、ソローのエッセイの面白さは、それが当時のアメリカの人々が一様に抱いていた上昇思考とは逆を行くオルタナティヴな生き方、すなわち「レス・イズ・モア」の自己啓発思想を伝えているからであると同時に、一つの文章が、それを取り巻く周辺の文章とのつながりの中で、隠された意味合いを浮かび上がらせるから、なんですね。その意味で、ソローの文章は、文脈の中でしか味わえない。逆に言うと、文脈をそぎ落として、一文だけ切り取っても、その一文だけでは大した意味をなさない、ということになります。**その点、文脈から切り離して、一文だけを味わった方が生き生きとした表現を伝えて来るエマソンのエッセイとは対照的**。またこのような特長があるので、エマソンの文章は後世の自己啓発本の中にやたらに引用される一方、ソローの文章が引用されることはほとんどない、という差も出てくる。同じく19世紀を代表する文豪でありながら、後世の自己啓発思想への影響という点ではエマソンがソローを圧倒するのはそういう理由です。

　とは言え、だからソローはダメだ、ということではありません。ソローのエッセイの、現実から比喩への突然の変貌、そして読者の意表を突く展開に、特有の面白さがあることは間違いないでしょう。一読をおすすめする所以です。

第7位 サミュエル・スマイルズ『自助論』(『西国立志編』)

明治初期の若者に支持されベストセラーに
「天は自ら助くる者を助く」の一文で始まる本

講談社学術文庫、1981年
Samuel Smiles, 1812–1904　*Self-Help; with Illustrations of Character and Conduct*, 1859

時代の変わり目のベストセラー

　江戸時代の日本は、士農工商の身分分けが比較的にはっきりしていましたから、侍の家に生まれたらずっと侍、農民の家に生まれたらずっと農民でした。「いや、俺は武道の腕も立つし、鍬を振るうより刀を振るいたいな」と思っても、農民の子が侍になることはできなかった。つまり身分というのは可変的なものではなく、勝手に職業を選ぶことはできなかったんですね。この状況を小難しい専門用語で表現するなら、「江戸時代の日本には社会的流動性が存在しなかった」ということになります。

　ところが明治維新で江戸幕府が倒れると、それと共に士農工商の身分制度も崩れます。それまでずーっと、どんな身分の家に生まれたかでその人の人生が決まっていたのに、明治時代以降は、人それぞれ、勝手に好きな職業を選んでいい、ということになったわけですね。仮に江戸時代から明治時代への転換期の真っ只中に生きていたとして、「今日から好き勝手になりたいものになっていいよ」と言われたとしたら一体どんな気分になるか、ちょっと想像してみてください。飼い鳥が急にかごから放たれたような、とてつもない自由をいきなり手渡されて嬉しい反面、目の前に急に開けた白紙の未来に自分は何を描けばいいのか、途方に暮れたのではないでしょうか。

そしてそんな、限りない可能性を手にワクワクしつつ、その一方でどの方向に足を進めればいいのか途方に暮れていた明治時代初期の若者たちの前に、指針となるような本が２種、登場します。

　一つは福沢諭吉の『学問のすゝめ』。そう、「天は人の上に人を造らず人の下に人を造らずと言えり」という冒頭の一節が超有名なアレ。この一節で「もはや生まれながらに付与された社会的上下関係なんてないよ」と宣言した後、「しかしいずれこの先、やっぱり人間は勝ち組と負け組に分かれることになる。もし勝ち組の方に入りたかったら学問をしろ」という趣旨のことを福沢は言います。これからの時代、学問をした奴が勝つんだと。福沢諭吉の『学問のすゝめ』は、とりあえず「学問をする」という指針を与えたことで、当時の途方に暮れていた若者たちから絶大なる支持を取り付けることに成功したわけです。しかも17篇の小冊子として発売されたこの本、各篇が20万部近く売れ、トータルでは340万部が売れたというのですから、我が国の出版史上における最初の自己啓発本にして、最初のミリオンセラーであったことは間違いない。

　もう一冊、『学問のすゝめ』と共にこの時期の日本で重要な役割を果たしたのは、サミュエル・スマイルズの書いた『自助論』という本。これ、中村正直という人によって日本語に翻訳され、『西国立志編』というタイトルで発売されたのですが、こちらも100万部を超えるベストセラーになったと言われています。ちなみにこの本の冒頭の一節は、「天は自ら助くる者を助く」というもの。天の加勢を求めたかったら、その前にまず自分自身で努力しろ、という意味ですが、先の『学問のすゝめ』の「天は人の上に人を造らず人の下に人を造らずと言えり」と並ぶ、明治時代の二大自己啓発言説と言っていいでしょう。

『自助論』成立秘話

　では早速この『自助論』という本をご紹介していきましょう。

　この本を書いたサミュエル・スマイルズという人は、スコットランド出身

のジャーナリストです。医者でもあったのですが、そちらの方のキャリアでは成功できず、イングランド北部の町リーズで、地元の週刊新聞『リーズ・タイムズ』の編集なんかをしていた。ではそんなスマイルズが自己啓発本の傑作『自助論』を書くことになったのはどうしてかと言うと、要するに人に頼まれたからですね。

　リーズというのはもともと羊毛産業が盛んなところで、19世紀の産業革命の中心地の一つですが、そんな土地柄ゆえか労働者も多かった。で、リーズの町の若い労働者の中には向上心の強い者もいて、「互助改善会（Mutual Improvement Society）」なる会を組織し、一日の仕事の後に勉強会を開いていたんですね。この会が「互助」と銘打っているのは、会のメンバーそれぞれが自分の得意分野について仲間に講義する形をとっていたから。

　しかし、そのような運営方法だとあまり専門性の強い話はできません。そこで会の規模も大きくなってきたことだし、ここは一つみんなでお金を出し合って専門家を講師に呼ぼうではないかということになった。で、ならば誰を呼ぶ？　という話になったときに名前が挙がったのが、地元のインテリのスマイルズ。**一方、地元の勤労青年たちからこのような熱い要請を受けたスマイルズは、彼らの向上心に感激し、彼らを励ますような講演をしようと大いに発奮**。結果、1845年３月に「労働者階級の教育」と銘打った講話を披露することになるんですね。そして聴衆たる勤労青年たちからのやんやの喝采に気を良くしたスマイルズは、この講話を土台とし、内容を拡大した『自助論』を執筆、これがいわばイギリス初の自己啓発本として1859年に世に出ることになったというわけ。

　ちなみに、講話を行なった1845年から本として出版する1859年まで案外時間が掛かっていますが、これは自己啓発本なるものが目新しいものであった当時のイギリスにおいて、出版社サイドに「こんなもの、売れるの？」という疑心暗鬼があったから。事実、この本は有名どころの出版社から出版を断られた挙句、最終的にジョン・マレーという出版社から出版されますが、実質的にはスマイルズが自費出版したようなものでした。**しかし実際に売り**

出してみると『自助論』は売れに売れ、最初の年に2万部が、そしてスマイルズが亡くなる1904年までに25万部が出る大ベストセラーになっています。イギリス一国だけでそうなのですから、その後今日までの120年間に世界中でどのくらい売れたかとなると想像もつきません。なにしろ明治時代の日本で100万部が売れたのですから、世界でとなると、大雑把に「とんでもない数が売れた（だろう）」という他ないのではないでしょうか。

うらやましい！

逸 話 系 自 己 啓 発 本

　ではなぜ『自助論』はそんなに売れたのかと言いますと、この本が発明家や芸術家、学者に文人、政治家及び軍人、さらには名もなき市井の人に至るまで、世に偉業を成し遂げた傑物たちの成功譚（せいこうたん）を300以上も集めた傑作逸話集だったから。先に挙げたナポレオン・ヒルの『成功哲学』もそうですが、偉人たちの逸話集というのは基本、売れるんですね。自己啓発本という文学ジャンルの下位区分として「逸話系自己啓発本」というものが存在し続けているのも、これが理由です。

　ただし、『自助論』はやみくもに偉人たちの成功のみを讃（たた）えているわけではありません。ここがこの本のポイントですが、この本の中には才能と運だけでほいほいと成功した人の話は出てこない。出てくるのは苦労人の話ばかり。

　たとえば蒸気機関を発明したワットにしても、彼が独自の「縮密蒸気機関」の原理を考案してからそれを実用化するまでに15年近い歳月が掛かっています。その間、彼は何度も資金難に陥り、家族を養うために8年間も土木技師として働かなければなりませんでした。かの大天才ミケランジェロにしても、彼がいかにして大理石からあの名作の数々を穿（うが）ちだしたかと言えば、それは一日に少しばかりのパン、少しばかりの酒を飲むのみで昼夜作業に明け暮れ、疲労のあまり作業着のまま昏倒（こんとう）するように眠り、しかも目が覚めれば夜であろうとロウソクに火を灯してそのまま作業を続けた、その甲斐あってのこと。ベンジャミン・フランクリンが電気学を始めたのは50歳近くになってから。好古学者のヘンリ・スペルマンが学問を志したのは55歳のとき。ニ

ュートンは、人に「万有引力を発見したのはどのような工夫によってか」と問われ、「常々にこのことを思いしによりて得たりしなり」と答えた──とまあ、どのエピソードも周囲の無理解にもめげず、いかなる逆境をも乗り越え、地味で継続的な努力を勤勉に淡々と続けた結果、何年も掛かってようやく心に抱いた大目標に到達した人々についてのものばかり。**しかし、『自助論』がそういうものであったからこそ、それは向上心を持ちながら学業機会に恵まれず、早くから家計を助けるために働きに出なければならなかった勤労青年たちの琴線に響いたんですね。**この本がイギリスにおける自己啓発本の端緒となり、出版当時も、そして今もなお、逆境にありながら向上心を失っていない若者たちを励まし続けていることも納得です。

儒者・中村正直の奮闘

さて、上に述べてきたのは、『自助論』という本の誕生秘話であったわけですが、この本についてはもう一つ、語っておかなければならないドラマがあります。そう、この本がなぜ本国での出版のわずか12年後に『西国立志編』として明治初期の日本でベストセラーになったか、というドラマが。

『自助論』の訳者である中村正直は、江戸幕府の下級役人の子として1832年に生まれます。幼少の折から神童と呼ばれ、16歳にして幕府直轄の教学機関たる昌平坂学問所に入ると儒者・佐藤一斎から儒学を学び、30歳のときには幕府の御用儒者になったという大秀才。しかも儒学の傍ら蘭学も修め、英語もマスターし、1866年に幕府が12名の留学生をロンドンに派遣した際には、その監督官として留学生たちに同行、彼の地での勉学を許されたというのですから、彼がいかに幕府の信頼篤かったかがよく分かる。

しかし、江戸幕府が倒れたことに伴って５年のロンドン滞在予定が１年半に切り上げられ、1868年に急遽帰国の途に就かざるを得なかったのですから、正直の無念さはいかばかりだったか。**で、このとき、正直が志半ばでの帰国の悔しさと共に日本に持ち帰ったのが、彼の地でできた友人から餞別に贈られた『自助論』だったというわけ。**

第1章　これだけ読んでおけば間違いなし！ 必読自己啓発本10選

　そして帰路の船中でこの本を読んだ正直は、この本が教え諭している自助努力の精神こそ英国の国力の源であり、これから西欧の先進国と伍していかなければならない日本の若者たちが学ぶべきものであると直観、これを翻訳することこそ自分が祖国に対してなしえる最大の貢献であると勇躍するんですね。そして帰国後すぐに翻訳に取り掛かり、明治3年の10月に脱稿、翌明治4年7月に『西国立志編』として出版にこぎつけた。**つまり『西国立志編』出版までの足跡自体が、中村正直という刻苦勉励の人が自国の将来を見据え、艱難辛苦の末に出版したモノであるという意味で、きわめて「自助論的」だったんです。**そしてそんな正直の志の結実たる『西国立志編』は、倒幕と共に崩れ去った儒学的道徳の代替物として、アングロサクソン流の自助精神を日本に吹き込むことに成功し、多くの有為の若者たちを育て上げたばかりでなく、それが初期明治政府の礎となり、ひいては福沢諭吉の『学問のすゝめ』と共に日本の急速な近代化に貢献したわけですから、ある意味、今の日本に暮らす我々もまた、遠くその恩恵を被っていると言っても過言ではありません。

　19世紀半ばのリーズに暮らす勤労青年たちが、地元のインテリ先生に「ぜひ啓発的なお話を！」とせがんだその一事が、バタフライ効果となって日本の近代化に影響したというのですから、その一連のダイナミクスの面白さたるや。いやあ、自己啓発本って面白い！

49

第8位 ノーマン・ヴィンセント・ピール
『積極的考え方の力』

世界中で2000万部！ 人を惹きつけた「ポジティブ思考」とは
自信がない人のための具体的アドバイス

ダイヤモンド社、2012年
Norman Vincent Peale, 1898–1993　*The Power of Positive Thinking*, 1952

半魚人映画

　2018年のアカデミー賞で作品賞など4部門を受賞した『シェイプ・オブ・ウォーター』という映画、ご覧になったことがあるでしょうか？

　本作の時代設定は1962年。折しも冷戦時代ですから、アメリカとソビエト連邦が互いに科学技術で覇を競い合っていたわけですが、そんな中、アマゾンで発見された半魚人がアメリカ政府の極秘研究施設に連れて来られ、その生態の研究が行われることになる。

　で、たまたまその施設で掃除係をしていたイライザが、偶然、この半魚人を目撃してしまうというところから物語が動き出します。半魚人は、いかにも半魚人っぽい不気味な姿かたちをしているわけですけれども、どういうわけかイライザはこの半魚人に惹かれていくんですね。イライザ自身、耳は聞こえるけれどもしゃべれない。そのためか引っ込み思案で適齢期を過ぎても独り身の境遇。そんな孤独なイライザには、アマゾンから強制的に連れて来られた孤独な半魚人が他人のようには思えなかった、ということなのでしょう。以来、イライザは隙をついて半魚人と密会するようになるのですが、そうなると半魚人も慣れてきて、二人は意思疎通ができるようになってくる。二人の密会は次第に「デート」のようになっていきます。

でもステキなことは続かない。この研究施設の責任者のストリックランドというのが悪い奴で、こいつが己の手柄欲しさに半魚人の解剖を立案するんです。一方、ストリックランドの悪計を知ったイライザは研究所から半魚人を連れ出し、自宅アパートに匿います。そして二人の愛の生活が始まるのですが、しかし、イライザもこの生活がいつまでも続くと思ってはいなかった。いつかは彼を海に返す日が来る——半魚人にとってはそれが一番だということがイライザには分かっていたんですね。そこでイライザは、彼を海に逃すのに都合のいい雨の季節の到来を待ちます。

　が、無論、悪漢ストリックランドが黙っているはずもなし、彼は半魚人の居場所を突き止め、その奪還にやってくる。果たしてイライザは、ストリックランドの魔の手を逃れ、半魚人を逃がすことが出来るのか?!……というのが、本作のあらすじ——まあ、無垢なる人間が異生物を匿うという意味では、21世紀版『E.T.』と言っていいでしょう。

　とはいえ、『E.T.』が子供向けのファンタジーとしてそれなりによくできた話であるのに対し、『シェイプ・オブ・ウォーター』はどうなのか。

　私の個人的見解としては、噴飯ものの駄作なのではないかと（爆！）。

　大体、『シェイプ・オブ・ウォーター』というのだから、登場する異生物はもっと抽象的な「水の精」みたいなものだろうと思うじゃないですか。ところが本作に出て来るのは鰓付きの半魚人。それだけでも相当ガッカリなのに、肝心のストーリーもイイモノとワルモノがハッキリ色分けされていて何の深みもない。私から見れば何ともトホホな半魚人映画と言わざるを得ません。

ストリックランドの愛読書

　ところで、このトホホ映画の中で一か所だけ、私の目が吸い寄せられた場面がありました。

　それはストリックランドが執務中に熱心に本を読んでいるシーンなんですが、そのとき悪漢が読んでいたのは『積極的考え方の力』という本。ノーマン・ヴィンセント・ピールという人が1952年に出版した自己啓発本の大ベス

トセラーです。タイトルがはっきり映し出されましたから、監督が意図的に
このシーンを撮ったのは明らか。

ではなぜ、この冷酷で人種差別的で女性差別的なストリックランドがこの
本を読んでいたのか？

実はこの本、トランプ大統領（当時）の愛読書として有名なんです。だか
らトランプに批判的なハリウッドとしては、ストリックランドにこの自己啓
発本を読ませることで、トランプもストリックランドも同じ穴の狢、人種差
別的で女性差別的、支配欲満々の最低な奴だと言いたかったのでしょう。

要するに本作を撮ったデル・トロ監督は、自己啓発本というものをストリ
ックランドのような最低な人間が手にするものだと決めつけているわけです
ね。残念なことに、知識人と呼ばれる人々の自己啓発本に対する認識はたい
ていこんな感じです。

世紀のベストセラー

が、それにもかかわらず、**ノーマン・ピールの『積極的な考え方の力』は、
1952年に出版されるや、今日までに世界中で2000万部を売り上げたと言わ
れ、ナポレオン・ヒルの『思考は現実化する』（1937年刊／１億部）、デール・
カーネギーの『人を動かす』（1936年刊／1500万部）などと並び、20世紀半ば
のアメリカを代表する自己啓発本の「御三家」の一角**を占めています。実際、
ポジティヴ思考の重要性を説いたものとして、今でも高い人気を誇っている。

では、ピールの言う「ポジティヴ思考」とは一体何なのか？

それについて解説する前に、アメリカにとって1950年代とはいかなる時代
だったのか、ということについて考えてみましょう。

1950年代のアメリカは**第二次世界大戦後から続く好景気の影響で、繁栄の
時代を迎えていました**。掃除機や洗濯機、アイロンやトースターなどの電化
製品が普及し、主婦の家事負担が大幅に軽減したのもこの時代ですし、会社
勤めの夫たちの給料が上がり、郊外にプール付き、セントラル・ヒーティング
付き、テレビ付きの戸建て住宅を建て、大型自家用車で快適な通勤をするこ

とができるようにもなった。今日まで続いている「豊かなアメリカ」という
イメージは、実は1950年代のアメリカ社会が生み出したものだったんですね。

　**ところが、ノーマン・ピールの『積極的考え方の力』を読んでいると、
1950年代初頭のアメリカが、本当にそれほど豊かで屈託のない時代だった
のだろうか？　という疑問が生じてきます。**というのも、キリスト教の牧師
であるピールのもとに相談にやってくる人々が異口同音に打ち明けるのは、
「自分には自信がない」という悩みだったから。

　たとえばピールがビジネスマンを対象にした講演会で講演を頼まれたと
き、事後に一人のビジネスマンがピールのところへやってきて曰く、「わたし
はこの町に、人生を賭けた商談をするためにやって来ました。成功すれば、
とても重要な意味を持ちますが、失敗すれば、わたしはもう終わりです」と。
それに続けて彼は次のように告白したそうです。

　　自信がありません。とてもやれるとは思えないのです。勇気を失い、悲観し
　ています。実は、すでにだめになりそうなんです。もう四十歳になるというの
　に。なぜ、わたしはこれまでの人生において、劣等感や自信のなさや自己不信
　にずっと悩まされてきたのでしょうか？　先ほどの講演で、先生は積極的な考
　え方の力について話してくださいました。どうしたら自分に自信を持てるのか
　を教えてほしいのです。　　　　　　　　　　　　　　　　　　　（11-12頁）

　このビジネスマンだけではありません、ピールのもとにやってくるのは、
「プレッシャーがすごいんですよ。おかげで塞ぎの虫に取り憑かれましてね。
思い悩んで眠れないんです」（46頁）と告白する企業の重役から、人付き合い
と仕事の多さからすれ違いが生じ、夫の浮気も重なって家庭生活が崩壊した
女性（65頁）、今就いている職業に不満があり、心にぽっかり空いた隙間を感
じながら、自分が一体何をしたいのか、自分にはどんな仕事が向いているの
かさっぱりわからないと言う若者（115頁）、引退後、かつての部下たちが自
分にまったく関心を持ってくれなくなったことに悲憤を抱いている会社創業
者（225頁）等々、自己不信のために手も足も出なくなっている人々ばかり。

国と時代を問わず、人間の悩みは尽きないんですね……。

そこには「豊かなアメリカ」のイメージなどどこにもない。

だとすれば、そうした人々の悩みに日々牧師として対処せざるを得ないピールの心に、彼ら／彼女らを苦悩から解放してあげられるような処方箋をひねり出さなければという思いが生じてきたのは当たり前でしょう。

そして、いわば1950年代という時代に対してピールが処方したのがポジティヴ思考、すなわち「積極的な考え方」であったと。自己不信に陥り、「自分にはできない、もう自分はおしまいだ」というネガティヴ思考に満たされることで彼ら／彼女らは苦悩しているのだから、その反対、すなわちポジティヴ思考で心を満たせば、そうした自己不信の罠から逃れられるのではないかと、まあ、ピールはそういう風に考えたに違いない。

祈りが自信を取り戻す

もっとも、「ポジティヴ思考を受け入れて自分に自信を持てば、人生の問題など万事解決！」と言ったところで、「その自信が持てないから悩んでいるんじゃないか！」という反論が来そうですよね？

しかし、その点に関してはピールには確固不動の信念があった。なぜならピールは牧師だから。**ピールは同時代の悩める人々に対し、シンプルに「神に祈れ」とアドバイスしたんですね。**あなたに自信がなくても、神が自分の味方だと信じれば何も恐れることはないではないかというのが、ピールの自己啓発思想だったんです。つまりノーマン・ピールという人は、キリスト教の信仰を自己啓発思想に直付けしてしまったわけ。この発想、実は自己啓発思想史の中でも、ありそうでなかった考え方です。

実際、『積極的考え方の力』という本の中には、神という最強の味方を自分の陣地に引き入れ、そのことによって不安を取り除き、自信を回復するためのノウハウとしての具体的な処方箋がずらりと並んでいます。

たとえば「もし神がわたしたちの味方であるならば、だれがわたしたちに敵対できますか」と書いたカードを車のダッシュボードにクリップ留めしておけ、とか。一日を平穏に終わろうと思ったら、日めくり式のカレンダーを

毎日、祈りながら捨てて、その日のことに感謝しつつ、それ以上、その日のことに悩まないようにしろ、とか。

実は私にも一つ、この本を読んで以来、実行しているピール師直伝の処方があります。それは「不安を取り除く方法」。夜眠りに就く前、その時々に自分を悩ませている不安の数々を思い浮かべ、「(神の助けで) わたしは、頭のなかにある、すべての不安、恐怖、懸念を捨てていると信じる」と念じ、洗面台に溜めた水を抜くときのように、不安が水と一緒に流れ去ってしまうところを想像する。そうして空になった頭のまま、何も考えずに３分ほど瞑想する──ただそれだけのことなんですが、これ、確かに効果があります。少なくとも以前に比べて眠りの質が向上し、リラックスできているような気がする。

おそらく、この本を読んだ誰もが、何らかの形でピール師のアドバイスを実行してみたのではないかと。そしてそのアドバイスに効果があったからこそ、この本は20世紀半ばのアメリカ社会に蔓延していた「自信のなさ」という病理に対処する自己啓発本として成功し、その後、全世界で2000万部も売れたのでしょう。

イライザにこそ

映画『シェイプ・オブ・ウォーター』では、『積極的な考え方の力』を読んでいたのは、悪漢ストリックランドでした。しかし、この本の本当の価値からすれば、この本を読むべきは、むしろ引っ込み思案なイライザの方だったのではないでしょうか。もしイライザがこの本を読んだとしたら、半魚人をアマゾンに送り返す以前に、まず自分自身を「自信のなさ」という牢獄から解放したことでありましょう。

そして、もしあなたが自己診断してみて、自分がストリックランドよりイライザに似ていると思うのだったら、この本はきっと、あなたのための本だと思います。

第9位 M・スコット・ペック『愛と心理療法』

人間にとって最良のものは「努力」、最悪のものは「怠惰」
「人生は困難なものだ」という言葉に共感する人へ

創元社、1987年
M. Scott Peck, 1936–2005　*The Road Less Traveled*, 1978

> 「あまり人が通らない道」と言われると、天邪鬼の私なぞ「では、私はその道を行こう」という気になるのですけれどね。

体の病と心の病

　この本の原題は『The Road Less Traveled』で、字義通りに言えば「あまり人が通らない道」という意味。確かにそのままではこの本が何についての本なのかまったく推測できないので、邦題は『愛と心理療法』となったのでありましょう。ただ、オリジナルの標題の持つ詩的な感じが薄れてしまったのは、少し残念でもあります。

　さて、その『愛と心理療法』ですが、**この本は精神科医のペック先生が自身の医者としての経験を元に、人間がよりよく生きるとはどういうことかを分かりやすく語った本です**。施療の実際が素人にも分かり易く書いてあるので、ははあ、心理療法とはこういうものだったのか、ということがよく分かる。アメリカらしく、すごくプラグマティックではありますが、実践的な叡智が随所に感じられ、大変好ましい。この本を読んでいると、通常、人が抱いている常識が覆されることがしばしばあって、目からウロコです。

　たとえば、我々素人は、内科とか外科といった身体的医療が扱う病気と比べて、精神科で扱う病気というのは捉えどころがないと思っているのではないでしょうか。ところがペック先生によると、まったく逆だそうです。体の病気の方がよほど捉えどころがないと。

たとえばある人が体の病気になったとする。糖尿病でも心臓病でもがんでも何でもいいのですけど、現在その人がその病気に罹っているというのは分かるにしても、その病気がいつ、どういう理由で、何をきっかけに生じたかということになると、ほとんど何も分からない。

ところが心の病というのは、十分な時間をかけてしっかり探って行けば、このときに、この原因によって発症した、というのが明確に分かるそうです。で、その原因さえ分かってしまえば、治療の方法もおのずと決まってくるし、また合理的に治療すれば、基本、治ると。うーむ、なるほど。納得です。

使 い 古 し の 地 図

その心の病ですが、本書に書かれている様々な症例を見る限り、その原因を突き止めていくと、子供時代の環境に起因するものが多いことが分かります。結局人間というのは、誰かに育てられ、その育てられた環境の中で自己を形成していくわけですけれども、そのときに何か原因となることが生じて、それがその後、何らかの病となって現れるケースがすごく多いんですね。

では、なんでそうなるかというと、人間は幼少期から青年期にかけての時代に、「認識の仕方」と「外界に対する対応の仕方」を一通り身につけるから。無論、そのこと自体は別に問題ではないのですが、この若い頃に身につけた「認識と対応の仕方」は、人間が成長していくのに合わせて、あるいは身の周りの環境が変わるのに合わせて、どんどん変えていかなければならない。**つまり古い地図を定期的に新しいものと交換していくように、自分自身が成長していくにつれ、「認識の仕方」と「外界に対する対応の仕方」に関しても古いものを壊して、新しいものに変えていく必要がある。**

ところが人間というのは非常に怠惰なもので、一度定めた「認識と対応の仕方」をこまめに修正する努力を怠り、どのような状況下でも使い回そうとするんですね。で、その結果、新しい環境に対応しきれずに機能不全を起こしてしまう。この機能不全が募ったものが、つまりは心の病であると。

「使い古しの地図」に頼ることの危険性

ちなみにこの使い古しの地図でどこまでも行こうとすることを、ペック先生は「転移」と呼んでいるのですが、ここで卑近な転移の例を一つ挙げてみましょう。

たとえば、子供の頃から負けず嫌いで、とにかく人と競って勝つことを良しと考えていた人がいるとする。この人の強い競争心は、ある程度までこの人の人生を上手い方向に引っ張って行きます。試験で人よりいい点数を取ろう、人よりいい大学に行こう、人よりいい就職先を見つけようなどと考えて、その通りに進んで行けば、ある時点まではいい人生を送ることができるかもしれません。

しかし、「人と競って勝つ」という価値観をそのまま持ち越して人生を過ごしていくと、どこかでその性癖が足枷となり、人に嫌われ、何らかの大失敗につながる可能性もある。

そのとき、「あ、人と競って勝つことばかり考えていたらダメなんだ」と気づき、自分の殻を破ってその価値観を棄て、新たな共存・共栄の価値観を取り入れることができれば、その人は人間として成長し、それゆえ心の病にはなりません。逆に、そのことに気づかず、問題が生じてからもまだ「人と競って勝つ」やり方を押し通してしまった場合、何もかも上手く行かなくなって、心の病に落ち込んでしまうことがあり得る。

つまり人生の成否というのは、ひとえに、自己革新を志すか否かにかかってくるわけです。

「恋」から「愛」へ成長できるか

自己革新できるかどうかで、その人の人生の成否が変わってくるというのは、人生の様々な側面で当てはまります。たとえば「恋愛」もそう。

心理学的に言うと、「恋」というのは「幼児退行」に過ぎないとペック先生は言います。自分と恋人は一心同体、二人で一緒にいれば世界を相手にも戦

えると思い込む――これは、言うなれば「乳児の世界観」と同じ。すなわち、自分と自分を取り巻く外側世界の区別がつかない状態であり、かつ、世界は自分の言うことを聞くので、泣けば自動的にミルクが出てくるのだと思いこんでいる世界観と同じであると。

　ですから、そんな幼児退行的な恋愛状態が冷めてくると、「あれ？　こんなはずじゃなかったゾ」と思うことが次々と出てきて、双方が双方に対して愛想を尽かすときがやってくる。これが恋の終わりという奴。

　だけど、「恋」とはそういうものであるとして、「愛」というのは、その先にやってくるものである、とペック先生は言います。

　愛が成立するためには、関連する双方が独立した存在であり続けなければならない。愛の対象である相手は、自分とは異なる価値観を持った別個の存在であるということを、双方が認め合うのが大前提。そしてこのような独立した二人の関係の中で自分が成長し、かつ相手の成長も促し、互いに応援しあえるような関係になったとき、健全で充足的な愛が始まるんですね。でも二人の関係がそうなるためには、双方にとって相当な自省と継続的な努力が必要となることは言うまでもありません。いわば愛とは訓練の賜物なのであって、そういう訓練を厭わず続ける覚悟がなければ上手く行くはずがない。

　その意味で、人生と愛はまったく同じです。成功のポイントは、成長するための努力を厭わないということ。

　かくしてペック先生は、愛というものに対し、「それは成長しようとする意志である」と定義する。

「人生は困難なものである」

　同じことは子育てにも言えます。

　そもそも子供というのは、自分とも配偶者とも異なる独自の存在なのであって、なにはともあれ、それを認めないとダメ。その上で、子供の成長に常に注意し、あるときは手綱を締め、あるときは甘えさせてやるなど、その時々に合わせた指導をすることが必要。それはすごく時間と労力がいること

だけど、それ以外に健全な子育ての方法なんかない。やはりここでも絶えざる努力が必要なんですね。努力なしには、何もできない。

だから、人生は困難なものである、とペック先生は言います。実際、「人生は困難なものである」というのが、本書の冒頭の一節ですからね。

とまあ、本書は冒頭からして「人生は困難なものだ」と決めつけてくるので、読者としては「ヤレヤレ……」という気分になってくるわけですが、しかし、その困難に直面しないとトラブルが起きる。**そしてその起きてしまったトラブルを解決しようとすると、それを未然に防ぐための努力の何倍もしんどい思いをしなくてはならなくなる**。だから、そういう大変な思いをすることに比べれば、常日頃から小さな努力を積み重ねた方がいいよ、というのが、本書におけるペック先生の主張なんです。

だからペック先生は、人間にとって最良のことは「努力」、最悪のことは「怠惰」であるというわけ。怠惰こそ諸悪の根源、人間の間に潜む悪魔であると。

どうして心の病になる人、ならない人がいるのか？

しかし、本書が面白くなってくるのはこの先です。

ペック先生は、こんな感じで、治療を通じて患者さんたちの人生を励まし続けてきたわけですけれど、その過程で一つ、興味深いことに気づくんですね。人がなぜ精神病になるのか、その原因も経緯もすべて明確に分かるのだけど、一つ分からないことがある、と。

ペック先生の言う「一つ分からないこと」って何だと思います？

すごく意外なことです。

それは、「どうしてこの世の人間が、全員、心の病にならないのか」ということ。

ペック先生曰く、人が精神病を発症する原因からすれば、地球上に暮らすほぼすべての人間が精神病になってもおかしくない。おかしくないのに、大半の人はそうならない。で、その「そうならない」理由がよく分からない、

というわけ。事実、こんなひどい環境、こんなひどい親、こんなひどい成育歴を持っているのに、精神病にならないどころか、すごく健全な人間に育つ人はいるし、そんな人は決して少なくない。それは一体、なぜなのか。

その理由をずっと考え続けた結果、ペック先生が下した現時点での結論は、この世には「恩寵」というものがあるのではないか、ということなんです。

じゃあ、その恩寵が誰によって与えられているのかというと、それは分からない。いわゆる「神」かもしれないし、何か他のものかもしれない。だけど、そういう恩寵がもたらす奇跡によって、どうやら人間は生かされているようだ、というのが、ペック先生の現時点での作業仮定なんですね。

さらに言えば、その恩寵は、どうやら人間の「無意識」を通じてもたらされるらしいと。で、この無意識を通じてもたらされる恩寵は、万人に開かれているのだけど、少なからぬ人はこの恩寵に抵抗する。

なぜなら、人間は怠惰だから。

おっと、また怠惰か！　人間はつくづく怠惰、なんですね！

かくして本書の後半は「恩寵」というものについての考察が中心になっていくのですが、ペックのような医者が、科学者としての考察を進めていくその先に、「恩寵」という、およそ非科学的な概念に行き着かざるを得なくなっていくというところが面白いと言えば面白い。否、非常に面白い。

とまあ、本書後半は少し彼岸の世界に行ってしまうのですが、そういうことも含めて、色々考えさせられることの多い本であることは確か。一読をおすすめする次第です。

第10位 中村天風 『中村天風の生きる手本』

西洋と東洋の叡智をオリジナルに昇華させた「心身統一法」
天性の講演家による人生への励まし

知的生きかた文庫、2007年
中村天風、1876–1968

怪しい？ でも面白い

　人生の道というのは広いように見えて案外狭いもので、人それぞれ、己の定めた道を歩いていると、その途中で出会う人々というのは、自分と同種の人間に限られてくるところがあります。私にしても、もしアメリカ文学研究の王道を歩んでいたら、おそらく「中村天風」などという怪しげな御仁には出会わなかったことでありましょう。私がこの人のことを知ったのは、真っ当な道を踏み外し、「アメリカ自己啓発本研究」などという邪道に足を踏み入れたがゆえ。**アメリカ特有の自己啓発思想である「引き寄せの法則」なるものがいかにして日本に入り込んだのかを調べている過程で、この人物を発見——否、引き寄せてしまったのでした。**

　そしたら、まあ面白い！　いかがわしさ満点ですけれども、面白さも満点。こんな破天荒な傑物が我が同胞に居たとは。天風のことを知っている人生と知らない人生を選べと言われたら、私は断固、前者を選びます。

結核の身でアメリカへ密航

　さてその天風、本名は中村三郎といい、1876年の生まれ。大蔵省紙幣寮初代抄紙部長・中村祐興(なかむらすけおき)の息子だそうですからなかなかの家柄です。幼少

期を福岡で過ごし、修猷館に学びながら柔道や剣術に熱中。後の号である「天風」は、随変流抜刀術の技「あまつかぜ」から取ったとのこと。**が、バンカラが過ぎたのか、試合をめぐるいざこざから他校の生徒を刺殺（！）して学校を退き、その後、国家主義者にして右翼の大物、頭山満に預けられる形で福岡の右翼団体・玄洋社に所属……って、もうこの時点で波乱万丈過ぎます。**

が、本当に波乱万丈なのは、むしろここから先。日露戦争が勃発したのを受け、天風は日本の軍事スパイとして大陸に赴くのですが、機密書類を奪うためにずいぶん人を殺めたらしい。ところが、そうしたことが祟ってか、急性の結核に罹り、体調を崩してしまうんです。このとき、天風は、かの北里柴三郎の治療を受けていますが、どうも回復が思わしくない。

で、鬱々たる日々を天風は過ごすのですが、そんなとき、「病気なんてものは気の持ちようで治る」と豪語していたアメリカの自己啓発思想家、オリソン・マーデンのことに聞き及び、矢も楯もたまらず、彼に会いに行くべく、アメリカに向かいます。とは言え、結核の身ではビザが出ないので、親交のあった孫文（後の中華民国初代臨時大総統）の親戚のふりをし、「孫逸郎」なる架空の人物に成りすまして密航！　現地に着けば着いたで、今度は裕福な華僑に頼まれ、その人のふりをしてコロンビア大学医学部に代理入学し、主席で卒業までしている。

ホントに?!

ヨガの聖人との出会い、インドでの開眼

とは言え、肝心の結核の方は一向に良くならなかったんですね。で、このままなら死ぬ他ないけれども、どうせ死ぬなら富士山を彼方に望みつつ、桜の花の下、日本で死のうと決意した天風は、日本への帰路に就きます。

しかし、天風がそのまま日本に帰り着くことはありませんでした。と言うのも、その帰国船の中で天風はさるインドの大物に気に入られ、「お前、俺に付いて来たら結核を治してやる」と言われたのを真に受けて、エジプトで下船してしまったから。かくして天風は、そこからなんと３カ月もかけてヒマラヤの麓まで連れて行かれ、そこでヨガの聖人の元に預けられることになり

ます。

　ところがその聖人、ヨガの何たるかを一向に教えてくれないんですね。教えてくれないどころか、全然、面倒も見てくれない。そうなると風来坊の天風はカースト制で言えば最下位の奴隷扱いですから、三度の飯を食べるにも犬や猫よりも下の扱いとなる。で、そんな日々が続くにつれ、さすがの天風も堪忍袋の緒が切れて、無礼も顧みず、当の聖人に「おい、てめえ、一体いつになったらヨガを教えてくれるんだ！」と迫ったわけ。

　そうしたら聖人曰く、「いや、わしはお前がヨガの奥義を教わりたいと言うから預かったので、一体いつになったら教わる気になるんだろうと、毎日待っておったのじゃ」と答えた。

　つまりね、聖人の目から見たら、天風はまだ彼から教えを受ける準備ができていなかったんですね。

　天風は、身分を偽ってではありますが、一応、コロンビア大学の医学部を主席で卒業し、自分ではいっぱしの知識人だと思っている。だからそこでインドの聖人がヨガを講じても、「ふーん、そういう考え方もあるのか」程度にしか認識しなかったはず。それでは本当のヨガは教えられない。教えを受けるつもりがあるなら、それまで蓄積した知識なり先入観なりを全部捨て去って、空っぽの頭になって、師に向わなければならない。聖人は、天風の気持ちが本当に空っぽになって、素直になるまで待っていたんですね。

　で、そのことを悟ってようやく学びの準備ができた天風に聖人はヨガの知恵を授け、それによって天風は癒されました。**そしてそこから天風の第二の人生が始まり、以来40年に亘って日本で「心身統一法」なるものを説く説教者となる──これが天風の経歴のあらましです。**

独自に編み出した「心身統一法」

　で、その心身統一法ですけれども、それがどのような身心の鍛錬法であるのかについては、本書の中にはそれほど詳しくは説かれていません。**でも、天風の語りの端々から窺う**（うかが）**に、基本的には彼がアメリカまで行って学んでき**

た「ニューソート系ポジティヴ・シンキング」なのだろうと思います。無論、そこにヨガ風味が付け加わっていることは言うまでもありませんが。

「ニューソート」というのは、18世紀末から19世紀中頃にかけてアメリカで起こって来た新興宗教的な考え方で、伝統的なキリスト教が伝えてきたような人格神（「天にまします我らが父」という言葉にほのめかされている老人男性のイメージ）を否定し、宇宙の根源をエネルギーに満ちたガス状のエーテル（プランク・コンスタント）に求めます。で、この考え方からすると、人間はこのエーテルから「デル・ナツール・ヘリトリープ」、すなわち「自然治癒力」を得ている。だから、宇宙から治癒力を受け、それを十全に発揮させれば、人間は病にかかることなく、死ぬまで健康に生き切って、この世での幸福を得られることになる。

とは言え、宇宙の根源から治癒力を受けるためには、受ける側の人間も受け入れのための準備をしなくてはならない。すなわち、身体を鍛えるように、心も鍛えなくてはならない。では、心を鍛えるにはどうするか。

重要なのは、たとえ身体の具合が悪くても、心の健康だけは維持すべきだ、ということ。 あそこが悪い、ここが痛いなどと愚痴を言わず、いつもハッピーでいろと。もし人に「調子はどう？」と聞かれたら、たとえ嘘でも、ニッコリ笑って「絶好調！」と言えと。

そして夜寝るときには、昼間にあった出来事のことなど一切考えず、寝ることに専念する。寝るべき時間を削ってまで考えなければならない考え事なんか、あるはずがないのだから。

とまあ、そうやって心の健康を維持しつつ、常にポジティヴに、今、この瞬間にしていることに専念すれば、寿命のことはいざ知らず、生きているうちは楽しく生きられるよ、というのが、天風先生の言うところの心身統一法の勘所ということになります。

要するに、宇宙観についてはニューソートから、一所専念という部分についてはヨガから学んだ天風先生が独自に編み出した自己啓発思想、それが心身統一法であると言っていいでしょう。 そしてその心身統一法は、たとえば

本書202ページで扱うミハイ・チクセントミハイの「フロー」概念などにも一脈通じるところがあって、その意味では、現在ですら最前線の自己啓発思想として通用するものであると言っていい。

天風の人柄と語り

つまり「心身統一法」というのは、西洋の叡智と東洋の叡智をつき交ぜた天風オリジナルの自己啓発思想なんですね。で、それが自己啓発思想として今日でも十分通用するものであること自体、大したものなのですが、それよりもなによりも、その教えを伝える天風の人柄と語り、これが素晴らしい。

実際、この『中村天風の生きる手本』を一読すれば分かりますが、天風という人は天性の講演家というのか、「べしゃり」がめちゃくちゃ面白いんです。何しろ若い頃には軍事スパイをやっていたときもあり、孫文の親戚のふりをしてアメリカに密航し、別人になりすまして医学の学位をとったこともあり、フランスに滞在していたときには名女優サラ・ベルナールの世話になっていたこともあったりと、まあ語るに足る人生経験がたっぷりある。しかもそれらに加えて日本人として初めてインドで本格的なヨガの修行を積んでいるわけですから、そういうとっておきのエピソードを混ぜながら話せば、人気が出るのも当たり前。

というわけで、本書『中村天風の生きる手本』は、天風なる類のない傑物と、その語りの魅力の一端に触れるには恰好のテキストになっていることは間違いありません。

第 2 章

これぞ王道！
自助努力系自己啓発本
10選

「自助努力」という概念は意外と新しい

「自己啓発本」というのは、読んで字のごとく、自分で自分を啓発し、現状よりも良い暮らしをするにはどうすればいいかを考え、その目標を目指して努力する、その契機となるべき本です。ですから自己啓発本が自助努力を促すのは当然だろうと思われている方も多いかもしれません。

確かにその通り。出版史の観点からしても、自助努力を促す自己啓発本は、世のあらゆる自己啓発本の原点であり、この文学ジャンルの王道です。

ただし、自助努力という概念が大昔から自然発生的に存在していたわけではないということは留意しておくべきではないかと思います。「自分自身を叱咤して、一生懸命努力をすればきっといいことがある」という希望的観測が生まれたのは、実はそんなに昔のことではないし、今でもこのような希望的観測を持ちうる国というのはそれほど多くはないのです。そう、自助努力という概念が生まれるには、「一生懸命努力すれば、より良い生活が得られるだろう」ということが期待できる社会状況と、「そうであるならば一生懸命努力しよう」と考えるポジティヴな人々が大勢いるという二つの条件が二つとも揃っている環境が必要なんですね。

自己啓発本の発祥の地であるアメリカでこの二つの条件が揃ったのは、18世紀も末頃のことでした。

アメリカはもともと英国国教会の宗教的腐敗を嫌ったピューリタンたちが建国したという経緯もあり、宗教的純粋さを重んじるお国柄。特に入植が始まった17世紀のアメリカでは、プロテスタントの中でもとりわけ厳しいカルヴァン派の教義が社会全体の精神的支柱となっていたため、人々の心に自助努力の文字はありませんでした。と言うのも、カルヴァン派の唱える「予定説」によると、人間の運命というのはすべて全能の神が既に決めていることであり、人が死んだ後、天国に行けるか、それとも地獄に行くかは、その人が生まれる前から決まっていると考えられていたから。すべては神の意志一

つにかかっていて、人間サイドがどうあがこうと結果は同じということであれば、自助努力をして自分の運命を自らの手で切り拓こうなどという発想が出てこないのも当然でしょう。

「運命は変えられるかもしれない」

　ところが時代が下って18世紀に入りますと、さすがにこのような宗教的厳格さを維持するのが難しくなってくる。加えて「ニューソート」と呼ばれる新しい宗教概念が入って来たことにより、カルヴァン主義的な「怒る神」のイメージは徐々に薄れ、神というのはもっと人間に対して優しいものだという概念が生まれてきた。たとえ地獄行きの運命をもって生まれてきた人間でも、その人が生きているうちに努力し、善行を積んだならば、神はその人の地獄行きの運命を書き換え、天国に行けるようにしてくれるのではないか、という考え方が出てきたんです。

　このような経緯を経て「運命というのは、ひょっとしたら自分の努力次第で変えられるかもしれない」という希望的観測が当時のアメリカの人々の間に生まれ、それと同時に「だったら努力するのも無駄ではないかもしれない」という発想も生まれたんですね！　もちろんこの発想こそが、アメリカの大地に自己啓発思想なるものの根ざすきっかけになったことは言うまでもありません。それが18世紀末頃のこと。

　そしてこの時代、貧しい一庶民として生まれながら、己の才覚とやる気、そして継続的な努力を積み重ねてとんとん拍子に出世を重ね、末は「アメリカ建国の父祖」と呼ばれるまでになったのが、かの有名なベンジャミン・フランクリンであり、そのフランクリンが自助努力の末に大出世を果たすまでの経緯を綴った『自伝』こそ、アメリカ初の、そして世界初の自助努力系自己啓発本として、今日まで読み継がれている名著なのです。

第1位 ベンジャミン・フランクリン『フランクリン自伝』

福沢諭吉にも影響を与えた、アメリカ初の自己啓発本
13週間で立身出世の道を開く方法

岩波文庫、1957年
Benjamin Franklin, 1706–90　*The Autobiography of Benjamin Franklin*, 1771–90

アメリカ・ドリームの体現者

　ベンジャミン・フランクリンと言っても、今時の日本の若い人たちにとってはピンとこないかもしれません。でもアメリカでは、今なお人々に愛されている国民的アイドル。**アメリカ建国期に活躍した外交官・文筆家としてばかりでなく、「アルモニカ」なるガラス製楽器を作ってかのモーツァルトやフランス王妃マリー・アントワネットを魅了した発明家でもあり、また「凧揚げ実験」によって落雷が電気現象であることを証明した科学者としても知られている。**特に「新しい火」である電気を発見した業績は大きく、そこから人類に火をもたらしたギリシャ神話の巨神プロメーテウスにちなんで「モダン・プロメーテウス」などと呼ばれることもあります。映画『バック・トゥ・ザ・フューチャー』で、天才科学者ドクがリスペクトしているのもこの人。ドクはこの映画の最後の方のシーンで、自身の開発したタイムマシンを稼働するのに落雷のエネルギーを使うのですから、ドクがフランクリンに敬意を表するのも納得です。

　そんな神話的人物たるフランクリンですが、その出自はかなり庶民的でした。ロウソク職人の家に生まれ、貧乏子沢山と言うのか、17人兄弟の15番目ということもあって、学校は10歳までしか通えなかったらしい。

第2章　これぞ王道！自助努力系自己啓発本10選

　そんな事情もあり、12歳にして兄の経営する新聞発行所で徒弟として働く
ことになるのですが、そんな逆境にもへこたれないのがフランクリンのフラ
ンクリンたる所以。植字工の仕事にすぐに熟達すると、記者としても活動し
始め、その後兄と仲たがいしたことをきっかけに独立して単身イギリスへ。
彼の地で2年ほど植字工としての経験をさらに積んで帰国し、23歳にしてフ
ィラデルフィアの新聞社を買収。主筆として各種社会改革を指揮した他、『貧
しいリチャードの暦』（*Poor Richard's Almanack*, 1733–58）なる格言付きの暦
を売り出して一躍ベストセラー作家にもなっています。またフィラデルフィ
アにアメリカ初の会員制図書館を作ったり（1731年）、消防団を作ったりする
など（1736年）、地元の発展にも寄与し、そうした幅広い社会貢献が評価され
たためか、1737年には同地の郵便局長に就任。その後もとんとん拍子に出世
を重ね、1753年には英領北米郵政副長官に、また1764年から1774年まで植民
地全権委任大使として再びイギリスに駐在することになります。

　それだけではありません。1775年にイギリスから帰国すると、今度はアメ
リカの初代郵政長官に就任。翌1776年にはアメリカ独立宣言の起草委員の重
責を担い、同年、宗主国イギリスとの独立戦争が始まると、今度はフランス
に赴いて外交交渉に暗躍、イギリスを孤立させてアメリカが独立を勝ち取る
ことに貢献している。彼が84歳で亡くなったとき、「アメリカ建国の父祖」の
一人として国葬の栄誉を受けたのも当然でしょう。

　**このようにベンジャミン・フランクリンは、貧しい一介の庶民からアメリ
カ独立革命の立役者となり、人間国宝級の扱いを受けるまでに成り上がった
わけですから、まさにアメリカン・ドリームの体現者。**彼の肖像は現在でも
アメリカの高額紙幣たる100ドル札に印刷されていますが、そのことも含め、
まさにアメリカという国の「顔」になったと言っていい。

人格向上して成功する──フランクリンの「13徳目」

　とまあ、ベンジャミン・フランクリンは文字通りゼロスタートから国の顔
になるまで大出世を遂げたわけですが、そんなフランクリンが晩年になって

71

『フランクリン自伝』と題した自伝を書き上げ、自分がいかにして貧しい出自からアメリカ建国の父祖と言われるまでに成り上がったか、その経緯と方法を具体的に綴ったとなれば、この自伝を読んだ当時のアメリカの人々が、この本の中に「立身出世の秘訣」を求めたのも不思議ではない。つまり『フランクリン自伝』は、自伝であると同時に、立身出世の方法を記した自己啓発本でもあるんですね。先にも述べたように、『フランクリン自伝』がアメリカ初の、そして世界初の自己啓発本と呼ばれる所以がここにあります。

　ではそのフランクリンが『自伝』の中で語った「立身出世の秘訣」とは一体、どのようなものなのか?

『自伝』の中で、フランクリンが最も直接的に立身出世の秘訣について触れているのは、「13徳目」について語っているくだりです。立身出世を志すならば、これらの徳目を堅く守るのが早道、ということなのですが、ではフランクリンが定めたその徳目とは何か。以下、その13の徳目を挙げてみましょう。

1. **節制**　飽くほど食うなかれ。酔うまで飲むなかれ。
2. **沈黙**　自他に益なきことを語るなかれ。駄弁を弄するなかれ。
3. **規律**　物はすべて所を定めて置くべし。仕事はすべて時を定めてなすべし。
4. **決断**　なすべきことをなさんと決心すべし。決心したることは必ず実行すべし。
5. **節約**　自他に益なきことに金銭を費すなかれ。すなわち、浪費するなかれ。
6. **勤勉**　時間を空費するなかれ。つねに何か益あることに従うべし。無用の行いはすべて断つべし。
7. **誠実**　詐りを用いて人を害するなかれ。心事は無邪気に公正に保つべし。口に出だすこともまた然るべし。
8. **正義**　他人の利益を傷つけ、あるいは与うべきを与えずして人に損害を及ぼすべからず。
9. **中庸**　極端を避くべし。たとえ不法を受け、憤りに値すと思うとも、激怒を慎しむべし。
10. **清潔**　身体、衣服、住居に不潔を黙認すべからず。

11. **平静** 小事、日常茶飯事、または避けがたき出来事に平静を失うなかれ。

12. **純潔** 性交はもっぱら健康ないし子孫のためにのみ行い、これに耽りて頭脳を鈍らせ、身体を弱め、または自他の平安ないし信用を傷つけるがごときことあるべからず。

13. **謙譲** イエスおよびソクラテスに見習うべし。

（137-138頁）

　これがベンジャミン・フランクリンの言う立身出世の秘訣です。意外に普通でしょ？　確かに、これら13の徳目は、それ自体として見れば、さほど特筆すべきものではないかもしれません。しかしこの徳目のキモは、実はその活用の仕方にこそあるんです。

　ベンジャミン・フランクリンはこれら13の徳目を守ることを我が身に課したのですが、その際、全部いっぺんに守るのではなく、毎週一つだけ項目を決め、その週はその1項目だけを集中して守るようにしたんです。そして、それがきちんと守れたかどうかを一日の終わりに自分でチェックし、1週間連続して守れたならば、その徳目については一応、目標を達成したことにして、次の週は次の項目に進む、というルールを作った。

　そうしますと理論的には13週ですべての徳目をマスターできることになります。で、フランクリンは13徳目を一通りマスターした後、また最初の徳目に戻って同じ手順を踏み、それを4回繰り返すことにしたんですね。すると13週×4回ですから、トータル52週、すなわち1年間ということになるわけですが、1年間、心を定めて努力し続ければ、これらの徳目を守ることが習い性となって完全に身につく計算になる。

　で、そんな風にしてこれら13の徳目が完全に身につくと、あーら不思議、いつの間にやら仕事は捗り、人望は厚くなり、気づいたときにはかつては思ってもみなかったような大きな仕事を任されるようになって、人の役に立てるようになっていた。だから、皆さんも私の真似をして自助努力してご覧なさい、それによって人格が向上すれば、きっと私と同様に立身出世して幸福になれると思いますよ！　というのが、ベンジャミン・フランクリンが『自

うーむ、実に賢い！

伝』を通して読者に伝えたかったことだったんですね。

「自助努力系自己啓発本」のジャンル解説のところで述べたように、18世紀末のアメリカでは、「人間の運命は神の意志で既に決められている」という「予定説」の考え方が力を失う一方、「人間は努力次第で自分の運命を切り拓くことができる」という「ニューソート」の考え方が着実に広まり始めていました。そんな時期にフランクリンという名の快男児が颯爽と現れ、独自に開発した自助努力法一つを頼みとして社会の階層を一気に駆け上がっていったわけですから、そういう人に「自助努力こそが立身出世の秘訣」と教えられたら、読者としてはもうありがたく拝聴する以外ない。

このように『フランクリン自伝』は、「自助努力によって立身出世と富を勝ち得る方法を伝授する指南本」として、アメリカにおける、そして世界における自己啓発本の第1号となりました。**つまり、自己啓発本とは元来、自助努力によって人格向上することこそ、一見すると遠回りのように見えて実は立身出世の一番の早道なのだ、ということを読者に訴えるものだったんです。**ここは重要なポイントなので繰り返しておきたいのですが、自己啓発本というのは、そのスタート時点においては「隠忍自重して努力し、ひたすら人格向上を目指せ」ということを主張する、きわめて健全な修身本だったんですね！

福沢諭吉とフランクリン

かくしてベンジャミン・フランクリンの『自伝』は、アメリカ初の自己啓発本として本国では大変な人気となり、後には名著として世界中に伝播していくのですが、その影響はもちろん日本にも届いていました。**そしてベンジャミン・フランクリンの自助努力思想を日本に導入するのに最も貢献したのが、かの文明開化の立役者、そう、福沢諭吉（1835-1901）だったんです。**

19世紀半ばの日本は、ある意味、18世紀後半のアメリカに似たところがありました。当時、まだ江戸時代だった日本には士農工商の慣習的な身分制があり、これを飛び越えて社会的に出世するということは難しかった。商家に

生まれた人は商家を継ぐほかなく、いかに志があっても幕府の人材に取り立てられるということはなかったんですね。ところが明治時代に入ってこの身分制が崩れ、己の才覚と努力次第で士農工商の身分にかかわらず誰にでも出世ができるとなったのですから、これは18世紀後半のアメリカで「人は己の才覚と努力次第で、神が定めた運命を撥ね除け、自らの運命を切り拓ける」という考え方が出回り始めた状況とよく似ている。

　で、18世紀半ばのアメリカにベンジャミン・フランクリンという合理主義の権化が現れ、「自らの運命を切り拓く」という時代の課題を見事に果たしてみせたのと同じように、19世紀半ばの日本に現れた福沢諭吉は、「門閥制度は親の敵」と喝破した上で、フランクリンとよく似た合理精神を発揮し、士農工商の慣習に代わる、維新の時代の新しい身分制度を提案した。それが『学問のすゝめ』（1872-76）です。福沢は、この本の冒頭近くに「人は生れながらにして貴賤貧富の別なし。ただ学問を勤めて物事をよく知る者は貴人となり富人となり、無学なる者は貧人となり下人となるなり」と宣言したわけですが、これは要するに「これからは出自にかかわらず、自助努力して学問をしたものが世を制するのだ」と言ったのと同じ。

『学問のすゝめ』第十四編の中に「フランキリン」に言及している箇所があるので、福沢諭吉がベンジャミン・フランクリンのことを知っていたのは確かですし、後にフランクリンの向こうを張って『福翁自伝』（1899）を記し、自身の自助努力ぶり／立身出世ぶりを自伝の形で開陳してみせたほどですから、福沢がフランクリンとその思想をよく理解し、強い影響を受けていたことも明らか。**そのように考えると、フランクリンの自助努力系自己啓発思想は、福沢諭吉という媒体を通じて、日本の明治時代の時代精神に影響を与えていたということもできるでしょう。**

　そして、ちょうどフランクリンの『自伝』に出世欲を煽られたアメリカ中の若者たちの誰も彼もが懸命に自助努力を重ね、仕事に励んだ結果、アメリカの近代化が急ピッチで進むことになったように、福沢諭吉の『学問のすゝめ』が340万部の大ベストセラーになったことによって明治期の日本に一大

出世ブームが巻き起こり、野心に燃えた若者たちが首都東京を目指して上京し、学問を積んで政界・産業界に飛び込んでいった結果、日本の急速な近代化が図られたわけですから、日本の急速な近代化は、自己啓発本によって成し遂げられたと言っても過言ではない。世間的にあまり認識されているとも思えませんが、実は自己啓発本の持つパワーというのは、一国の歴史を変えるほどのものなんですね！

自助努力系自己啓発本は永久に

『フランクリン自伝』が強く提唱する「自助努力的人格主義」は、その後、よりお手軽な立身出世ノウハウを伝授する軽量級の自己啓発本の氾濫によって一時的に人気を失うこともありました。**しかし、本書でも既に扱った超ベストセラー自己啓発本『７つの習慣』の著者スティーブン・R・コヴィーが『フランクリン自伝』を称揚したこともあって、自己啓発思想家としてのベンジャミン・フランクリンには、20世紀末頃から再評価の波が押し寄せています。**

　自助努力系自己啓発本は、やはり、自己啓発本という文学ジャンルの根幹をなすものなのです。

第2位 アンドリュー・カーネギー『カーネギー自伝（新版）』

成功した後の「お金の使い方」まで伝えた本
実は「鉄鋼王」は「慈善王」でもあった

中公文庫、2021年
Andrew Carnegie, 1835–1919　*Autobiography of Andrew Carnegie*, 1920

「伝記」は「自己啓発」と相性が良い

　前項において、ベンジャミン・フランクリンが書いた『フランクリン自伝』がアメリカ初の、そして世界初の自助努力系自己啓発本であると述べましたが、ことほど左様に「自伝」──あるいはもっと一般化して「伝記」と言ってもいい──という文学ジャンルは、自己啓発本という文学ジャンルと相性がいいと言えるのではないかと思います。

　否、もう少し大胆に、そもそも伝記というのはすべて自助努力系自己啓発本である、と言い切ってしまってもいいかもしれない。

　今はどうか知りませんが、少なくとも私が小学生の頃は学級文庫の中に『リンカーン』『エジソン』『キュリー夫人』『シュバイツァー』『ヘレン・ケラー』『ベートーベン』『ガンジー』『徳川家康』『二宮尊徳』『野口英世』といった「偉人伝」がずらりと並んでいて、それらを暇に任せて読んだ記憶が私にもあります。今挙げたメンツを見ても分かるように、小学生向けの偉人伝というのは、何らかのハンデを負った人がいかにそのハンデを乗り越えて偉業を成し遂げたか、というようなことが書いてあるものが多く、それらを読んだ私も大いに発奮……したかどうかは忘れましたが、それなりの感銘を受けたことは覚えています。**こういう伝記を読んだおかげで「この世には偉い人**

が大勢いるんだ」ということを知り、多少なりとも「自分もそうならねば」という向上心を植え付けられたのだとすれば、伝記なるものは、たとえそれが小学生向けのレベルのものであったとしても、自助努力系自己啓発本としての役目を立派に果たすものなんですね。

カーネギーはいかにして「鉄鋼王」になったのか？

　というわけで、『フランクリン自伝』が自助努力系自己啓発本の嚆矢だというのは、どなたにも納得していただける話ではないかと思うのですけれども、実際、自助努力系自己啓発本の本場であるアメリカは、同時に自伝系自己啓発本の本場でもあります。

　たとえば、ベンジャミン・フランクリンの『自伝』と並ぶもう一つの自伝系自己啓発本として名高いのが、アンドリュー・カーネギーの『カーネギー自伝』という本。この本の著者であるアンドリュー・カーネギーは、鉄鋼で財を成したアメリカの「鉄鋼王」ですね。

　さてそのカーネギーですが、彼は1835年、スコットランドに生まれました。父親は織工だったのですが、産業革命によって小規模な機織り業者は仕事がなくなってしまった。そこで生活に窮した一家はカーネギーが13歳のときにアメリカ・ペンシルベニア州にある工業の町ピッツバーグに移住するのですが、経済的事情でカーネギーは満足に学校に通えず、15歳のときに週給2ドル半で電報配達員の仕事に就いたのをはじめとして、以後、ひたすら勤労生活に従事するようになります。

　で、『カーネギー自伝』にはそんなカーネギーの勤労少年時代の逸話が色々書いてあるのですが、これが実に面白い。「栴檀は双葉より芳し」と言いますが、やはり将来大物になる人というのは、少年時代からして心掛けが違うんですね。まず仕事に取り組む熱心さが違う。微々たる給料も節約して貯蓄に回す。数少ない休日は公立図書館に通ってシェイクスピアを読み、自らの教養を高めることに有効利用するといった具合。

　しかしカーネギーの一番すごいところは、今任されている仕事に全力を尽

くすのみならず、自分より上の地位の人の働きぶりをよく観察してその人の**仕事を見憶えてしまうこと**。だから電報の配達員をしていたとき、他の同年代の仲間たちが暇さえあれば遊び惚けていたのに対し、カーネギーは電信のやり方を見よう見まねでマスターしていた。そしてその技能が認められ、他の仲間たちが相変わらず同じ週給で電報配達をしていたときに、カーネギーだけは週給25ドルの電信技士補に出世してしまう。

　かくして電信技士となったカーネギーは、やがてその腕を見込まれてペンシルベニア鉄道会社からヘッドハントされることになり、そこでも自分の仕事を全うすると同時に、上司の仕事をも見憶えてしまいます。そしてチャンス到来！　鉄道事故によるダイヤの大幅な乱れが生じた際、たまたま不在であった上司に代わって立ち往生している各列車に電信を打ち、適宜「運行」と「待避線で停止」の指示を出して、単線のペンシルベニア鉄道全線で一つの衝突事故を起こすこともなく、見事にダイヤの遅れを取り戻すという離れ業をやってのける。こうしたカーネギーの傑出した働きぶりが鉄道会社の上層部の人たちの目に留まり、彼がとんとん拍子に出世していったのは言うまでもありません。

　ところが、ここがまたカーネギーのすごいところなんですが、彼はどんなときにも決して現状に満足せず、常にその次を目指すんですね。だから就職した鉄道会社で出世街道を駆け上がりつつも、その状況に満足しようとは思わなかった。アメリカにおける鉄道の著しい発達を目にし、また南北戦争中の軍需から鉄鋼の値段が高騰するのを眺めながら、19世紀後半のアメリカは「鉄の時代」になるだろうと見抜いたカーネギーは、鉄道業から鉄鋼業への転身を図ります。そして小さな鉄鋼会社から始めて次々と買収・合併を重ね、ついに1889年、アメリカ最大の鉄鋼会社「カーネギー鉄鋼会社」を創業、業績は順調に伸びて文字通りの「鉄鋼王」となった彼は巨万の富を築くことになる——無一物でアメリカにやってきたスコットランド人の少年は、己の才覚と努力一つで、たかだか40年ほどの間にとんでもない資産家に成り上がったわけ。

金持ちのための免罪符の発見

　とまあ、そんな一実業家の胸のすく快進撃が綴られているのですから、『カーネギー自伝』が面白くないはずがないのですが、この『自伝』は、痛快極まりない立志伝にして優れた「自助努力系自己啓発本」でもあるということの他にもう一つ、非常に重要なポイントがあります。

　カーネギーは1901年、4億8000万ドルという、当時のアメリカの国家総資産の4％と言われる額で自社を売却し、ビジネスから引退するのですが、以後、クラシック音楽の殿堂「カーネギー・ホール」をニューヨーク市に寄贈したり、自らのモットーである「我が心は仕事の中にあり」という言葉を校是とする「カーネギー・メロン大学」を創立したのをはじめ、様々な慈善活動に打ち込み始めるんですね。『自伝』後半は、そうした数々の慈善活動の記録になっていると言ってもいい。

　では一体なぜカーネギーは、あたかも稼いだ巨額の富の大半を社会還元しようとするかのように、後半生を慈善事業に捧げたのか？

　本書で先にも述べたように、アメリカはもともとピューリタンが作った国で、宗教的に厳格なお国柄ですから、ここに住む人々は元来、蓄財という行為に対して、あまり良い感情を持っていません。ですから大金持ち、それも億万長者と言われる人々ともなると、たとえそれが裸一貫から不正なしに稼いだお金であったとしても、批判の対象にならないとは限らなかった。事実、19世紀に巨万の富を築いたビジネス界の巨人たち、例えば毛皮貿易や不動産業で財を成したジョン・ジェイコブ・アスター（John Jacob Astor, 1763–1848）や「鉄道王」と呼ばれたコーネリアス・ヴァンダービルト（Cornelius Vanderbilt, 1794–1877）、「銀行王」と称えられたジョン・ピアポント・モルガン（John Pierpont Morgan, 1837–1913）や「スタンダード・オイル」を創業した「石油王」ジョン・D・ロックフェラー（John Davison Rockefeller, Sr., 1839–1937）といった人々は、成功者の鑑として崇められる一方、一部では「泥棒男爵」（robber baron）と陰口を叩かれていたのですから、アメリカで大

金持ちになるのは、ある意味、人から後ろ指を指されるような後ろめたいことでもあったんですね。

しかし、そんな中、アンドリュー・カーネギーは、その後半生において、かつてない規模の大がかりな慈善活動を行うことで蓄財のマイナス・イメージをプラスに変えてしまった。たとえ巨万の富を稼ぐという良からぬ行為をしたとしても、後半生においてその富の大方を社会還元のために注ぎ込むのであれば、それは必ずしも非難の対象にはならない——そのような暗黙の免罪符を作ることによって、蓄財行為を社会的に是認させることに成功したんです。ですからアメリカで大富豪が顔を上げて堂々と表を歩けるようになったのは、「鉄鋼王」にして「慈善王」でもあるカーネギーのおかげであると言っていい。

つまり、『カーネギー自伝』というのは、世間の人々に大金持ちになる方法を教えただけでなく、成功して大金持ちになった資産家たちに、蓄財した金の正しい使い方を教えた本でもあったわけ。ビル・ゲイツやウォーレン・バフェットなど、現代のアメリカの資産家たちがなぜ人生の後半に至って慈善事業や寄付に熱心に取り組むのか、その謎を解く鍵は、実は『カーネギー自伝』にあったんです。

楽天家の成功哲学

それにしても、『フランクリン自伝』に続けて『カーネギー自伝』を読むと、アメリカの自伝系／自助努力系自己啓発本を書いた人たちというのは、本当に楽天家だなあ、という思いを強くします。しかもその楽天的性格の裏に、確固とした合理性がある。常に理にかなったことをしているので、自分には悪びれるところが一つもないと言わんばかり……。そうしたあまりの陰影のなさに、私も辟易するところがなくはないのですけれども——。

ひょっとすると『自伝』の裏に透けて見える彼らの超ド級の楽天家ぶりこそ、私を含め、我々日本人の多くが見習うべきところ、なのかもしれません。

そんなことを言っているから私はダメなのでしょう。

第3位 新渡戸稲造『修養』

明治時代、ノンエリートの青年を励ますために生まれた本
『武士道』と並ぶ新渡戸稲造の代表作

角川ソフィア文庫
新渡戸稲造, 1862-1933

「成功」誌の時代とその終焉(しゅうえん)

　自助努力によって自分を高めようという考え方、今日では「自己啓発」と呼ばれるわけですけれども、これは割と最近の言い方であって、ひと昔前——いや、それよりももう少し前の明治時代の日本では、こうした考え方には「修養」という言葉が当てられていました。これはサミュエル・スマイルズの名著 Self-Help(1859)が『西国立志編』(1871／明治4年)として邦訳されたときに訳者の中村正直が考案した言葉で、「culture/self-culture/cultivate」の訳語です。つまり「己の精神を己自身で耕す」という意味合いを表す言葉として作られた、当時としては最新の日本語だったわけ。

　で、「修養」という言葉を作ったのは明治初期の中村正直なのだけれども、この言葉が日本中でブームになったのはそれよりももう少し遅く、明治30年代の末頃から40年代にかけてのこと。**この言葉を励みに立身出世を夢見たのは、いわゆる「ノンエリート青年」たちでした**。それ以前、つまり明治30年代まで、立身出世というのは旧制高校を出て大学も出たようなエリートに限定されていたんですね。彼らには学歴があり、立身出世の道が初めから保証されていたようなものですから、そちらの方面ではそんなにあくせくしなくてもいい。彼らエリート青年が同等の立場にあるライバルたちから頭一つ抜

第2章 これぞ王道！自助努力系自己啓発本10選

け出すために身につけようとしたのは、一段と高い「教養」でした。

　一方、エリート青年たちの存在の影には、受験地獄に勝ち抜けなかったノンエリート青年の群れがありました。彼らは学歴エリートになれなかった恨みを別な形で晴らそうとした。つまり「末は博士か大臣か」という夢を捨てた代わりに、どんな形であれ金持ちになることを目指すようになったんですね。**つまり「教養の獲得」ではなく「富の獲得」を目指すようになった。**そしてそうしたノンエリート青年たちの新たな目標となった「富の獲得」ということを象徴するものとして、「成功」という言葉がときの流行語となっていきます。1902年にその名も『成功』という雑誌が日本に誕生したことは、まさにそんな当時のご時世を象徴する出来事でした。

　ちなみに、『成功』誌を創刊した村上俊蔵という人が手本にしたのは、アメリカの著名な自己啓発本ライターのオリソン・マーデンという人が1897年に創刊した『サクセス』（Success）という雑誌。功成り名遂げた人たちの来し方を記した文章——つまりは「成功譚」——を載せることで、アメリカ中の若者の野心を煽った雑誌ですが、その『サクセス』誌の日本版たらんとしたのが『成功』誌だったわけ。その『成功』誌が日本で相当な人気を博していたであろうことは、夏目漱石の『門』という小説を読むとよく分かります。この小説の中で、主人公・宗助が訪れる歯医者さんの待合室にこの雑誌が置いてあって、宗助はこの雑誌を手にとりながら、野心の時代を謳歌する同時代の人々と、野心を失った自分とのギャップに感じ入るというシーンがあるんですね。大抵の人は読み飛ばしてしまうのですが、この一シーンを見ても当時の日本における「成功ブーム」の在り様を窺い知ることができます。

　ところが、明治時代も末期に近づいた頃、こうした「成功」一辺倒の時代は一気に終息してしまいます。その一番大きな理由は、日露戦争の勝利の代償としての国家的疲弊と、それに伴って生じた大不況という現実。日本社会全体として、成功に浮かれる状況ではなくなってきたんですね。

　その結果、明治時代の日本人を鼓舞してきた「立身出世」と「成功」の夢がバブルの泡のようにはじけてしまった。これはこの時代を生きたすべての日

83

本人にとってガッカリな状況だったでしょうが、とりわけ宮仕え的な意味での立身出世を断念する代わりに世俗的・金銭的な成功を目指した日本中のノンエリート青年たちにとって、「成功すら自分たちには手の届かないものなんだ……」と知ったときの失望感は、さぞや大きかったことでありましょう。

「成功」から「修養」へ

しかし、危機的な状況があれば、それを救う救世主が現れるというのも世の常。**明治末期の「ニッポン総ガッカリ時代」のどんよりとした空気を刷新すべく、救世主として登場してきたのが「修養」という考え方でした。**「修養」とは「己の精神を己自身で耕す」ということ。つまり、人間的な成長を目指すということであって、ビジネス上の成功はその人間的成長の先にある。だからまずは修養を積むことが先決であると。で、万万が一、その努力の甲斐なくビジネス面で成功できなかったとしても、修養によって人間的成長があったとしたら、それはそれでいいではないか——これが「修養」という言葉の裏にある真意であり、また「成功ブーム」の尻ぬぐいをするものとして「修養」という考え方が重宝がられた理由です。先に名を挙げた『成功』誌も、1900年代後半あたりから次第に「成功」路線から「修養」路線へと移行していくのですが、そのことの背景にはこうした事情がありました。

否、雑誌のみならず、日本では1905年（明治38年）頃からタイトルに「修養」（あるいはこれに類する言葉）**のついた本が続々と出版されるようになります。**たとえば今日の日本でも自己啓発本として読まれることの多い文豪・幸田露伴の『努力論』(1912)もその一つ。この本、元々は『成功』誌に連載されていたものなのですが、その趣旨は「成功するかしないかはときの運だから、そういうこととは関係なく、何はともあれ人格陶冶を心がけて生きよ」というもので、これは露伴から同時代の日本人——とりわけエリートにもなれず成功もできなかった煩悶青年たち——に対する激励だったんですね。

教育者としての新渡戸稲造

　さて、前置きが大分長くなってしまいましたが、本項で取り上げる新渡戸稲造の『修養』(1911)が書かれたのも、上に述べたような社会状況においてであった、ということは覚えておいてよいことでしょう。しかも先に挙げた幸田露伴の『努力論』が『成功』誌の連載記事であったのと同様、新渡戸稲造の『修養』は『成功』誌のライバル誌『実業之日本』の連載記事ですから、この二冊の本の素性はほぼ同じと言っていい。

　では、これを書いた新渡戸稲造とはどんな人物だったのか？

　多くの人にとって新渡戸稲造と言えばついこの間まで「5000円札の人」。一部の人にとっては「『武士道』を書いた人」というイメージがあるかもしれませんが、いずれにしても「でもなぜこの人が5000円札の顔になっているの？」というところはありそう。確かに、何をやった人か、よく分からないですよね。

　ウィキペディアによりますと、この人は1862年、今の盛岡市に生まれた武士階級の人。幼少期から新渡戸家掛かりつけの医者から英語を学び、13歳で東京英語学校（後の旧制第一高等学校）、15歳で札幌農学校に進学し、ここで農学を修めている。卒業後、義務として北海道庁に勤めるも、さらなる勉学の道を希望して帝国大学（現・東京大学）へ進学。が、札幌農学校と比べて帝国大学の学問レベルがあまりにも低いことに失望し（?!）、私費にて米国ジョンズ・ホプキンス大学に進学。彼の地でキリスト教クエーカー派に入信し、クエーカー教徒のメアリー・エルキントンと結婚。その後帰国して札幌農学校助教授となり、官費によるドイツ留学、台湾総督府技師、京都帝国大学教授を経て東京帝国大学教授に就任、同時に第一高等学校校長も兼任しています。また1913年にこの職を辞してからは東京植民貿易語学校校長、拓殖大学学監、東京女子大学初代学長、津田塾顧問を歴任。そして1920年の国際連盟設立に際して事務局次長に選出され、6年間にわたってこの任に就いている。とまあ、この時代の日本人にしては珍しく、世界を股にかけて活躍した

人と言っていいでしょう。

　さて、このようにきらびやかな経歴の持ち主の新渡戸稲造ですが、その経歴の大半は教員歴であり、その意味で「新渡戸稲造とは何者？」という先ほどの問いへの答えとしては、「教育者」というのが最もふさわしいのではないかと思います。とりわけ第一高等学校の校長を務めていたことからすると、「エリート青年の養成」が、新渡戸の第一の業績であったと言うことができる。

　ところが、ここが面白いところなんですが、どうやら新渡戸の中では「エリート青年の養成」だけでは物足らないところがあったらしいんですね。彼の視野にはエリート青年のみならず、エリートになれずに「成功」を目指したノンエリートの成功青年たちの姿も映っていた。**そして時代の流れの中で「成功」すらも手に入れられずに落ち込んでいた挫折青年たちを元気づけたいという思いを抱いていた。**

　そうしたこともあり、当時新興の出版社であった実業之日本社の創業者・増田義一から、働く青少年の精神修養と人格鍛錬への力添えをしてほしいと頼まれるや、同社の編集顧問となることを快諾、『実業之日本』誌に自己啓発的記事を連載するようになります。そしてその記事をまとめて本にしたものの一つが『修養』で、この本は売れに売れ、明治44年の初版から昭和９年６月までに148回も版を重ねるなど、『武士道』と並ぶ新渡戸稲造の代表的著作となった。**もっとも、このことについては、世間から相当なバッシングがあったようで、**「学者たるもの、大衆相手の本など書くべきではない」とか、「売名行為」だとか、果ては「そんなに金が欲しいのか」とか、ブーイングの嵐だったのですが、それにもかかわらず己の信じるところに従って、その後も『修養』の続編にあたるような本を書き続けたわけですから、新渡戸という人の心には、そうした批判をものともせぬだけの「大衆教化の大悲願」があったということになるでしょう。

現実的・具体的なアドバイス

　では、新渡戸の大悲願に基づく『修養』とはいかなる本なのか？

まず本書の第1章を見ると「青年の特性」と題されていて、この中で「青年」とは「将来なすべき希望抱負に富み、かつこれを断行する志望と元気とある者」と定義している。要するに、青雲の志をもった若者にこの書を与えるという執筆動機が最初に示されているわけですね。そして続く各章において、高い志はあれどいまだ何者でもない「青年」に向けた、老婆心ならぬ老爺心に満ちたアドバイスがなされると。

でまたそのアドバイスというのがきわめて現実的かつ具体的であることが本書の美点。**たとえば第3章の「職業の選択」では、就職するとなると、若いときほど世間体のいい職業に目が向きがちだが、己の性格や嗜好に合わない職業を選んでしまうと結局は苦労する、自分も若い頃、農学を専攻したが、嗜好に合わなかったため苦労した、だから職業選択に関しては自分の性に合うものを選択することが肝要である。**というようなことを諄々と諭した上で、特別な嗜好がない場合はどうするか、自分が選んだ職業に親が反対した場合はどうするか、学資がない場合はどうするか、といった副次的なところまでアドバイスしている。

また第4章の「決心の継続」という章も面白くて、何か有意義なことを成さんと心に決めることは重要だが、それ以上に重要なのはその決心を継続させることであると書いてある。で、このことに関して新渡戸先生が繰り出してくるのは、昔々、長門の国にいたある醜女の話。この娘、その残念な容貌から「ぜひ嫁に」というような声がかかりそうもないので、親が「お前、卑賤を問わず誰か好きな人がいるならば言ってみろ」と問うと、娘は瀧鶴台という高名な儒者の名を挙げ、この人の嫁以外にはならないと言う。その意外な答えに親はビックリし、世間は笑ったのだけど、そのことを伝え聞いた鶴台先生本人は彼女の決意に深く感じ入り、結婚するならこの娘以外ないとして彼女と結婚してしまった。それで二人は幸福な結婚生活を送っていたのだけれど、あるとき、彼女の着物の袂から赤い鞠が転げ落ちたのを鶴台先生が拾って、「子供でもあるまいし、鞠などどうするのだ？」と問うたところ、彼女は顔を赤らめながら、実は私は平生善事を成そうと決意してはいるもの

の、凡夫の悲しさでしばしば悪念が起こる。そこで心に善意が生じ美挙を為したときには白い鞠に白い糸を巻き、悪念悪行を為したときには赤い鞠に赤い糸を巻き付け、その大きさを比べては反省してきた。最近になってようやく白い鞠の大きさが赤い鞠に匹敵するほどになったが、まだ白い鞠の方が大きくなるというところまではいかない、と答えた。新渡戸先生、この殊勝な女の話を土台にしながら、難しい倫理上の話はともかく、誰でも常識的に「善悪」の区別はつくものであると。そこでその善悪の境目に立ったら、「自分が平生期しているのはここだな」と腹に力を入れ、悪を捨て善に就くようにせよと。そしてその「ここだな」という自分への掛け声を件の娘の鞠にして決心の継続を図れと。そして万が一、そうした己の決意を笑うような友人が周囲にいたならば、そいつを殴って絶交してしまえと（?!）。

和魂洋才の人

　殊勝な娘の印象的な例といい、「ここだな」という掛け声の実用的なことといい、いざとなったら殴っちまえという何とも青臭く血気盛んなところといい、新渡戸稲造のアドバイスというのは実に面白い。そして「克己の工夫」「名誉に対する心がけ」「逆境にあるときの心得」「順境にある時の心得」「世渡りの標準」「黙思」「暑中の修養」「迎年の準備」等々、『修養』の各章にはこうした有用なアドバイスに満ちているのだから、現代の若者……否、私のような初老の人間が読んでも面白いこと限りなし。『武士道』においては西洋の論客をも黙らせるほどの西洋的教養を披露した新渡戸にして、『修養』では『菜根譚』や『言志四録』から盛んに引用するなど、この人はやっぱり和魂洋才の人なんだな、ということもよく分かる。**しかも、それでいて本書には上から目線のところがなく、むしろ凡夫の例としてしばしば自身の失敗談を出してくるところも好感が持てます。**

　というわけで新渡戸稲造の『修養』、自助努力系自己啓発本リストの第3位を飾るにふさわしい名著と断言しておきましょう。

第4位 デール・カーネギー『人を動かす 改訂文庫版』

起業家ではなく会社員のための成功指南
時代の期待に応えた「人付き合いのコツ」の逸話集

創元社文庫、2023年
Dale Carnegie, 1888–1955 How to Win Friends and Influence People, 1936

「起業家になれ！」

　ここまでご紹介してきた自助努力系自己啓発本の名著を振り返ると、ベンジャミン・フランクリンの『自伝』にしろ、アンドリュー・カーネギーの『自伝』にしろ、一代にして名を上げ、一代にして財を成した成功者が書いたもの、という共通点があることが分かります。自己啓発本が「成功者に成功の秘訣を聞く」というスタイルで成り立っていた時代、フランクリンやカーネギーのような成功者が、この業界でもてはやされたのも当然でしょう。とりわけアメリカに工業化の波が押し寄せた19世紀後半から20世紀初頭にかけて、彼の地には「石油王」のジョン・D・ロックフェラー、「銀行王」のジョン・P・モルガン、「鉄道王」のコーネリアス・ヴァンダービルトやリーランド・スタンフォード、あるいは「発明王」のトーマス・エジソンや「自動車王」のヘンリー・フォードなど、「王」と呼ばれるようになった大富豪が大勢おり、彼らの自伝や伝記が自己啓発本として読まれていたのも納得です。

　でまた、状況がそういうものであったとすると、当時のアメリカの自己啓発本が想定する成功者像が、基本的に起業家であったことも当然と言えるでしょう。「あなたも起業して、一代で『王』になれ！」と。

「起業」から「出世」へ

ところが、その後、状況は変わって行きます。

20世紀に入って四半世紀も過ぎた頃には、さすがの「チャンスの国アメリカ」においても、そうそうそこら中にチャンスが転がっているという感じでもなくなってくるんですね。つるはしでガッとやったら、何と石油が吹き出した！　なんてことには、余程の運に恵まれない限り、ならない。またそうなってくると、「巨万の富を稼ぐなんてことは『前世紀の夢』に過ぎない」という感覚が当時のアメリカの若者たちの中に蔓延し始めたのも無理はないでしょう。実際、産業化の進んだアメリカでは、20世紀が進むにつれてブルーカラーの労働者よりもホワイトカラーのサラリーマンの方が数の上で上回るようになり、1930年代に入る頃には「大人になる」ことと「ネクタイをして会社に出勤する」ことがほとんど同意になります。まあ、コロナ禍以前の日本と同じような状況が生まれたわけです。

では、誰もが当たり前のようにサラリーマンになる時代が到来したとき、それまで「野心ある起業家」を想定目標にして人々の背中を押してきた自己啓発本は、最早、無用の長物となったかと言いますと、必ずしもそうではありません。人のいるところ野心あり。起業家の夢をあきらめ、雇われの身となったアメリカ人にも、やはり野心の種はあったんですね。何となれば、会社の中にも「平社員」「係長」「課長」「部長」「重役」そして「社長」の別があるのですから。**だったらこの社内階級のヒエラルキーを人より速く駆け上がりたい──そんな新しい種類の野心が、人々の心に宿り始めたんです。**

デール・カーネギーの登場

そして成功の夢が「社内における出世」へと設定し直された20世紀半ばのアメリカにおいて、「出世競争に勝つこと」を指南するサラリーマン向け自己啓発本として驚異の大ベストセラーとなったのが『人を動かす』という本であり、これを書いて新世代自己啓発本ライターのチャンピオンとなったの

が、デール・カーネギーでした。

アメリカ中のサラリーマン向けに社内出世指南をして一躍時の人となった
デール・カーネギーとは、一体どういう人物だったのか？　ここでデール・
カーネギーの前半生について簡単に触れますが、前述した鉄鋼王のアンドリ
ュー・カーネギーと区別するため、以下、デール・カーネギーのことは「デ
ール」と呼ぶことにします。

ミズーリ州のメリーヴィルという小村の貧農の子として生まれたデール
は、高校卒業後、師範学校に進学したものの、教員にはならずにニューヨー
クにある有名な演劇学校に通って俳優を目指します。**しかし結局これももの
にならず、経済的に切羽詰まった彼は、演説の技術を人に教授して金を稼ぐ
というアイディアを思いつく。**と言うのも、師範学校時代、貧しかった彼は
何事にも消極的で、学友から馬鹿にされることも多かったのですが、たまた
ま学内のスピーチ・コンテストで優勝したことをきっかけに自信をつけ、以
後は人が変わったようにポジティヴになることができたから。演説に長じる
ことは、人生に立ち向かうための自信を涵養することにつながる──これは
デール自身の実体験に基づく実感であり、この経験とノウハウなら自分にも
教えられるという自信が彼にはあったんですね。かくしてデールは1929年、
ニューヨーク125丁目にあったYMCA（キリスト教青年会）の成人向け夜間講
座の講師として、演説指導者としてのキャリアをスタートさせることになり
ます。

知りたかったのは「人付き合いのコツ」

ところで、そんなデールの演説講座を聞きにきた受講生たちの大半は、別
に演説することを生業にする職業に就こうとしていたわけではありませんで
した。彼らの多くはごく普通のサラリーマンで、ただ人前に出て話をするの
が苦手という共通の悩みを持っていた。彼らは引っ込み思案な性格を少しで
も直し、上司や同僚、あるいは顧客たちとのやりとりを円滑にしたいという
ささやかな希望をもってデールの講座に通っていたんですね。要するに彼ら

がデールのクラスに期待していたのは「人付き合いのコツ」だった。

そこでデールは自ら書店や図書館に赴き、参考になりそうな本を探すのですが、その種の「人心掌握術」を扱った参考図書が当時のアメリカには一冊もなかった。ならば自分で調べるしかない。そう思い立ったデールは、すぐさま行動に移します。**彼は歴史に名を残した偉人はもちろんのこと、まったく無名の市井の人や、ときには名のある犯罪者に至るまで、およそ「人たらし」と呼ばれるような人たちがどのように人と付き合い、人心を掌握したかといった逸話をかき集めたんです。**そして集めた大量の逸話の中から「人付き合いのコツ」と言うべきものを抽出したデールは、その成果をまとめ、本として出版することにした。

かくして『人を動かす』と題されたその本は、1936年11月、1ドル98セントの値段で発売されたのですが、初版の発行部数はわずか5000部。何しろ無名の著者の初めての本、それも講義で使う教科書のような本ですから、その位売れれば御の字だろうと思っていたんですね。**ところが実際に売り出してみると、たちまちこの本は熱狂をもって市場に迎え入れられ、1年のうちに50万部を売り上げる大ベストセラーになってしまいます。**それどころか、その後ペーパーバックの廉価版が出たり、各国語に翻訳されたことなども功を奏して売り上げはさらに伸び、今日までに世界中で1500万部が売れたほか、2011年に『タイム』誌が定めた「史上最も影響力のあった本リスト」の第19位に選ばれる名誉にも浴しているのですから、この本は20世紀アメリカを代表する自己啓発本の一つになったと言っていい。

逸話系自己啓発本

では、それほど売れた『人を動かす』は、具体的にはどのような自己啓発本なのか。

本書の特徴としてまず第一に指摘しなければならないのは、これが「逸話集」であるということ。**魅力的な「人たらし」だった実在人物のエピソードをこれでもかというほど積み重ねることで、人の心を摑むコツのようなもの**

第 2 章　これぞ王道！自助努力系自己啓発本10選

を提示していくというスタイルを、最初から最後まで貫いているんですね。

しかも逸話の紹介の仕方が実にユーモラス。たとえばこんな具合。

　　アンドリュー・カーネギーの成功の秘訣は何か？
　　カーネギーは鉄鋼王と呼ばれているが、本人は製鋼のことなどほとんど知らなかった。鉄鋼王よりもはるかによく鉄鋼のことを知っている数百名の人を使っていたのだ。
　　しかし、彼は人の扱い方を知っていた――それが、彼を富豪にしたのである。彼は、子供の頃から、人を組織し、統率する才能を示していた。十歳の時には、すでに人間というものは自己の名前に並々ならぬ関心を持つことを発見しており、この発見を利用して他人の協力を得た。こういう例がある――まだスコットランドにいた少年時代の話だが、ある日、彼は、ウサギをつかまえた。ところが、そのウサギは腹に子を持っていて、間もなくたくさんの子ウサギが小屋にいっぱいになった。すると、餌が足りない。だが、彼には素晴らしい考えがあった。近所の子供たちに、ウサギの餌になる草をたくさん取ってきたら、その子の名を、子ウサギにつけると言ったのである。
　　この計画は見事に当たった。カーネギーはその時のことを決して忘れなかった。
　　後年、この心理を事業に応用して、彼は巨万の富をなしたのだ。こういう話がある――彼はペンシルバニア鉄道会社にレールを売り込もうとしていた。当時、エドガー・トムソンという人が、その鉄道会社の社長だった。そこで、カーネギーは、ピッツバーグに巨大な製鉄工場を建て、それを"エドガー・トムソン製鋼所"と命名した。
　　ペンシルバニア鉄道会社は、レールをどこから買いつけたか――それは、読者のご想像にまかせる。
　　　　　　　　　　　　　　　　　　　　　　　　　　　　　　　　（103-104頁）

賢い！

　この逸話一つを読んだことで、人を操るには自分の希望を相手に押し付けるのではなく、まずは相手が何を望んでいるのかを考え、それを餌にしつつ、うまいこと自分の希望の方に導いていけばいいんだ、ということがよく分かる。「逸話を使った自己啓発本」というのは、要するに、こういう感じです。
　とまあ、こういった具合に、「人心掌握のキモ」を分かり易く伝えてくれる興味深い逸話が次から次へと出てくるのですから、デールの『人を動かす』

93

という本がアメリカで、そして日本でも、やたらに売れた（る）というのも決して不思議ではないでしょう。

デール・カーネギーの「黄金律」

さて、ここまで述べてきたように、本書『人を動かす』には、人に好印象を与え、人から興味を持たれ、人を味方につけるための様々なノウハウが逸話を通じて説かれているのですが、その多様なノウハウの中でも最も効果的なもの、すなわちデール・カーネギーが考える究極の「人付き合いのコツ」があります。

何だと思います？

それは「他人の長所を心から認め、惜しみなく褒めること」です。

デールが長年に亘る人間関係学の研究を通して発見したのは、人間にとって最も大きな喜びとは「他人から認められること」だ、ということでした。だからその「誰もが人からしてもらいたいこと」を人にしてあげれば、その人は喜んであなたの友となり、あなたが期待することをしてくれるし、そのことは回り回ってあなたの会社内での出世を助け、結果として大きな利益をもたらすことになる。新約聖書に「何事でも人々からしてほしいと望むことは、人々にもそのとおりにせよ」（『マタイによる福音書』第7章12節）というイエス・キリストの教えがあって、この教えは「黄金律」と呼ばれているのですが、この黄金律は会社内の人間関係の改善にも、ビジネス上の成績アップにも、そして昇進にも応用可能だということ、これこそが20世紀アメリカを代表する人間関係系自己啓発本ライター、デール・カーネギーが成し遂げた最大の発見だったんです。

19世紀の巨人的実業家アンドリュー・カーネギーが、自らの才覚と自助努力の力で「鉄鋼王」となったのに対し、デール・カーネギーは、聖書の黄金律をビジネスに応用し、人情の機微に通じることが回り回って自身の利益につながることを指南して、20世紀半ばのアメリカを代表する「自己啓発王」になったのでした。

第5位 松下幸之助『道をひらく』

121篇にわたる人生訓、商売の神様による「お経」
1日1篇ずつ読みたい、座右の書

PHP研究所、2016年
松下幸之助, 1894-1989

お化け級ベストセラー

　泣く子も黙るパナソニック創業者・松下幸之助大人の世紀のベストセラー、『道をひらく』は、もともと松下翁が創立した「PHP研究所」の雑誌『PHP』に掲載されていたコラムをまとめたものです。1968年5月に初版が出てからおよそ50年の間に560万部超が出版されている。日本におけるベストセラーの歴代第2位。第1位の座は800万部を記録する黒柳徹子さんの『窓ぎわのトットちゃん』に譲るとは言うものの、『道をひらく』がとんでもないベストセラーであることは間違いない。私の持っている版で「238刷」ですからね。お化けですよ、お化け。

　しかも当の松下幸之助ご本人が「この本はええですなあ。わても毎晩、読んでます。しまいにゃ1000万部は出るんちゃいますか」と言っておられたそうですからね。まあ、今もなお売れ続けている本だし、本編の他にサンリオの「ハローキティ」とコラボした『ハローキティの「道をひらく」』などという姉妹本まで出版されていますから、そういうのも合算すれば1000万部到達も現実味のないことではない。さすが商売の神様、松下幸之助翁の野心は底なしです。

それにしても松下幸之助とハローキティのコラボって……。

見開きで読めるスタイル

　それはともかく、本書の内容を紹介する便宜上、とりあえず本書の結構についてご紹介しておきましょう。

　本書には一応「章建て」的なものがあって、それぞれ「運命を切りひらくために」「日々を新鮮な心で迎えるために」「ともによりよく生きるために」「みずから決断を下すときに」「困難にぶつかったときに」「自信を失ったときに」「仕事をより向上させるために」「事業をよりよく伸ばすために」「自主独立の信念をもつために」「生きがいある人生のために」「国の道をひらくために」という標題の下、それぞれ10個から15個くらいの文章が書かれており、全部合わせると121篇の人生訓的なエッセイが並んでいる。で、それぞれの文章はすべて見開き2頁に収まるコンパクトさ。もともと雑誌『PHP』のコラムとして書かれたものなので、どの文章も字数がほぼ同じになっている。

　要するに、本書を適当にパッと開けば、どこを開いたにせよ見開き2頁に収まる松下翁の貴重な啓発的訓話が読めると。

おどろくべき均質さ

　で、この121篇の人生訓を通読して驚くのは、その質的な均一さ、です。

　121個もエッセイが連なっていたら、出来の善し悪しがありそうなものでしょう？　ところが本書に関してはそういう質的なばらつきがない。ムラがまったくないんです。どれもほぼ同じ出来。

　そういう意味で、これはもはや「お経」に近い。20世紀の「商売経」。物心ついた頃から叩き上げで商売の神に仕え、しまいには自らが商売の神様となった松下翁が、我ら凡俗の徒に商売の何たるかについて教えを垂れると。で、この教えをお経のように日々拳拳服膺しておれば、いずれあなたもいっぱしの商売人（別に商売人じゃなくてもいいかもしれないけど）になれるかも、っていう。

　……と、そういう風に言うと、何だかおちょくっているように聞こえるか

もしれませんが、松下翁がここに書いているのは、すべて立派なことです。やっぱり一代で財をなした苦労人の言うことは、背筋を伸ばして謹聴するだけの実がある。

「松下経」の実際

では松下翁の人生訓とは実際にはどのようなものか、一つ例を挙げてみましょうか。

「自分の仕事」
　どんな仕事でも、それが世の中に必要なればこそ成り立つので、世の中の人びとが求めているのでなければ、その仕事は成り立つものではない。人びとが街で手軽に靴を磨きたいと思えばこそ、靴磨きの商売も成り立つので、さもなければ靴磨きの仕事は生まれもしないであろう。
　だから、自分の仕事は、自分がやっている自分の仕事だと思うのはとんでもないことで、ほんとうは世の中にやらせてもらっている世の中の仕事なのである。ここに仕事の意義がある。
　自分の仕事をああもしたい、こうもしたいと思うのは、その人に熱意があればこそで、まことに結構なことだが、自分の仕事は世の中の仕事であるということを忘れたら、それはとらわれた野心となり小さな自己満足となる。
　仕事が伸びるか伸びないかは、世の中がきめてくれる。世の中の求めのままに、自然に自分の仕事を伸ばしてゆけばよい。
　大切なことは、世の中にやらせてもらっているこの仕事を、誠実に謙虚に、そして熱心にやることである。世の中の求めに、精いっぱいこたえることである。おたがいに、自分の仕事の意義を忘れたくないものである。

(144-145頁)

ま、こんな感じ。「お説ごもっとも！」としか言えません。

文章のクセがたまらない

ちなみに、お気づきかどうか、「大切なことは、世の中にやらせてもらっているこの仕事を、誠実に謙虚に、そして熱心にやることである。世の中の求

めに、精いっぱいこたえることである」という具合に、同じ内容の事柄を二度畳み掛けるのが、松下翁の文章のクセでありまして、この独特のしつこさ、ねちっこさが、実に関西人っぽい。こういうねっとりした文章のクセが、好きな人にはたまらないでしょう。

　もう一つ行ってみましょうか？

　「熱意をもって」
　　経営というものは不思議なものである。仕事というものは不思議なものである。何十年やっても不思議なものである。それは底なしほどに深く、限りがないほどに広い。いくらでも考え方があり、いくらでもやり方がある。
　　もう考えつくされたかと思われる服飾のデザインが、今日もなおゆきづまっていない。次々と新しくなり、次々と変わってゆく。そして進歩してゆく。ちょっと考え方が変われば、たちまち新しいデザインが生まれてくる。経営とは、仕事とは、たとえばこんなものである。
　　しかし、人に熱意がなかったら、経営の、そして仕事の神秘さは消えうせる。
　　何としても二階に上がりたい。どうしても二階に上がろう。この熱意がハシゴを思いつかす。階段をつくりあげる。上がっても上がらなくても……そう考えている人の頭からは、ハシゴは出てこない。
　　才能がハシゴをつくるのではない。やはり熱意である。経営とは、仕事とは、たとえばこんなものである。
　　不思議なこの経営を、この仕事を、おたがいに熱意をもって、懸命（けんめい）に考えぬきたい。やりぬきたい。
　　　　　　　　　　　　　　　　　　　　　　　　　　　　（182-183頁）

　冒頭の「経営というものは不思議なものである。仕事というものは不思議なものである」であるとか、末尾の「考えぬきたい。やりぬきたい」といった繰り返しの畳みかけ。これぞ翁得意の「松下節」、痺（しび）れます。

日本版「引き寄せの法則」

　ところで、今挙げた「熱意をもって」というエッセイ、これはある意味、「引き寄せの法則」です。

「引き寄せの法則」については次章で詳しく取り上げますが、アメリカの自己啓発思想の伝統の一つとして「引き寄せの法則」という考え方があります。これは要するに「人が強く請い願うことはすべて実現する」という考え方でありまして、19世紀半ば頃から盛んに言われるようになり、21世紀の今日ですらアメリカの野心家たちを鼓舞し続けている、アメリカ自己啓発思想を代表する言説の一つと言っていい。

実際、人間が「こうなればいいな」と願ったことは、歴史上、すべて実現しています。たとえば、「空を飛びたい」という人間の突拍子もない願望は、飛行機の発明によって実現しましたし、「遠くの人とテレパシーで会話したい」という願望も、携帯電話の進化によって既に実現しています。もし多くの人間が「がんで死ぬ人がいなくなればいい」と強く願うのであれば、遠からずがんの画期的な治療法も見つかることでありましょう。

で、このような実例を踏まえた上で、この法則を個々の人間のレベルまで普遍化し、「本当に心の底から出世したいと思っている人は大出世を引き寄せるだろうし、心の底から金持ちになりたいと願っている人は大金を引き寄せるであろう」というところまで落とし込んだのが「引き寄せの法則」ということになる。

で、先程の松下翁のエッセイの中にあった「何としても二階に上がりたい。どうしても二階に上がろう。この熱意がハシゴを思いつかす。階段をつくりあげる。上がっても上がらなくても……そう考えている人の頭からは、ハシゴは出てこない。才能がハシゴをつくるのではない。やはり熱意である」というあたりを読むと、これは「引き寄せの法則」の言説とまったく同じだな、という感じがする。**才能なんかどうでもいい、ただ心の底から「上に上がりたい」と願う人だけが、「ハシゴ」というアイディアを引き寄せるのだ、と。**

松下翁が、アメリカの自己啓発思想にどれほど詳しかったか、またその伝統の中にある「引き寄せの法則」という考え方を知っていたかどうか、私は知りません。しかし、たとえそういうものに明るくなかったとしても、翁は翁で、自らの経験の中から、「引き寄せの法則」とまったく同じことを、あら

ゆる商売に通じるコツとして体得していたのでありましょう。ですからこの本は、自助努力系自己啓発本の傑作であると同時に、引き寄せ系自己啓発本の味わいも兼ね備えた名著なんです。

それを誰が言ったか？

　とまあ、本書に書いてある一つ一つの訓話は、かくのごとくすべて同レベルで素晴らしいわけですけれども、自己啓発本というのは、つまるところ、「何が書いてあるか」よりも「誰が書いたか」が重要視されるところがある。

　ですから本書『道をひらく』に掲載されている121篇の商売経も、もちろんそれ自体として「20世紀の商売人版徒然草」的な価値はありましょうが、しかしそれ以上に、他の誰あろう、あの商売の神様、一代で松下電器産業を打ち立てたかの松下幸之助が書いているからこそ価値があるところは否定できません。言説の背後に、言説を越えるほどの実績がある。そういう実績を築き上げた松下幸之助が書いているからこそ、『道をひらく』は560万部が売れるんですね。それが、自己啓発本というものです。

第6位 ラッセル・コンウェル『ダイヤモンドを探せ』

お金を稼ぐことを肯定した本
無一文から蓄財した人は何をしたのか？

角川文庫、2023年
Russell Conwell, 1843–1925　*Acres of Diamonds*, 1890

自助努力系自己啓発本の黄金時代

　アメリカの自己啓発本の歴史は、ベンジャミン・フランクリンの『フランクリン自伝』(1771-90) に始まります。貧しいロウソク職人の息子として生まれながら、勤勉と向上心、そして機を見るに敏な聡明さと、人の役に立ちたいという願望だけを武器に出世を重ね、ついには宗主国イギリスからの独立革命に貢献して、アメリカ建国の父祖の一人に数えられるに至ったベンジャミン・フランクリン。そのフランクリンが晩年になって自伝を書き、自らの来し方を詳しく語ったわけですから、この『自伝』が「立身出世のバイブル」として読まれたのも無理はありません。

　そうとなれば、フランクリンの『自伝』以後、「勤勉や向上心といった美徳が立身出世と富をもたらす」という趣旨の自助努力系自己啓発本が数多く出回るようになったのも道理で、たとえば「必読自己啓発本」ジャンルで取り上げたサミュエル・スマイルズの『自助論』(1859) も、この路線の自己啓発本として読まれ、イギリス・アメリカはもちろん、明治時代初期の日本においても多くの読者を勤勉と向上心の美徳へと駆り立てたのでした。

　またスマイルズの『自助論』が出た19世紀後半と言えば、アメリカは工業化の真っ只中。俗に「金ぴか時代」と呼ばれる好景気に沸いていました。そ

んな時代に多くのアメリカ人が自己啓発本に煽られ、勤勉と向上心を錦の御旗に猛烈に働いたのですから、景気がさらに上向いたのも当然。自助努力系自己啓発本と時代がシンクロし、その相乗効果でアメリカの国力が一気に上昇したと言っていいでしょう。

アメリカに億万長者が続々と生まれたのも、この時代のことでした。貧しい移民から一代にして鉄鋼王となったアンドリュー・カーネギー、鉄道王と呼ばれたコーネリアス・ヴァンダービルト、銀行王と称えられたジョン・P・モルガン、そして石油王ジョン・D・ロックフェラー。王様のいない共和国として始まったはずのアメリカに、次々と「○○王」が誕生するという皮肉——ですが人々はこれを皮肉とは呼ばず、「アメリカン・ドリーム」と呼びました。そしてこの時代を生きた多くのアメリカ人が、「我もアメリカン・ドリームの達成者たらん！」と鼻息を荒くしたのです。

成金たちへの批判

とは言え、アメリカ人の誰もがアメリカン・ドリームを肯定していたわけではありません。「金持ちが神の国に入るよりも、らくだが針の穴を通る方がまだ易しい」と聖書にあるように、キリスト教色の強いアメリカでは、成金に対する批判も強かったんですね。栄華を極めた前述の「王」たちも、一部からは「泥棒男爵」と陰口を叩かれていたのですから、アメリカで億万長者になることは、ある意味、後ろめたいことでもあった。**またそうであるならば、勤勉に働いて、出世して、金を儲けなさいとけしかける自己啓発本に対する世間の見方が、必ずしも全面肯定ではなかったのも当然でしょう。**

いや、全面肯定どころか、キリスト教に帰依する多くのアメリカ人にとって、金儲けを肯定することはむしろ恥ずべきことだったんですね。彼らからすれば、立身出世や金儲けを指南する自己啓発本は、世俗の垢にまみれた汚らわしい本に見えたに違いない。

ラッセル・コンウェルの『ダイヤモンドを探せ』が世に出たのは、まさに自己啓発本に対する評価が二つに割れていた時代だったんです。

貧困は「悲しむべきこと」

　ではこの本の中でコンウェルは一体何を語ったのか？

　それを一言で言うならば、「貧困は悲しむべきこと」だ、ということに尽きます（34頁）。そう、コンウェルは、こともあろうに、「貧しい人たちは幸いだ」とする聖書の教えに楯突いたんです——彼はキリスト教の牧師であったにもかかわらず。

　もっとも、これはコンウェルが金の亡者だったという意味ではありません。**コンウェルが言わんとしたのは、「正当な手段でお金を手にすることは、社会人としてのつとめ」（33-4頁）だ、ということ**。そしてそれはまた「お金の力で実現できることがたくさんあるのですから、お金儲けを否定するのはまちがって」いる（37頁）、ということでもある。確かに、それならば理屈として、一応、筋は通っています。

　でも、コンウェルの『ダイヤモンドを探せ』が俄然面白くなってくるのは、その先。コンウェルは本書の中で、単に人は裕福になるべきだ、と言うに留まらず、ちょっとしたアイディアを元に、無一文から蓄財してしまった人たちの実例を挙げながら、実際に裕福になるにはどうしたら良いか、というところまで伝授しているんです。しかも金持ちになるチャンスはいわば「青い鳥」であって、「どんな人でも、すぐそばに宝の山があり、富を手に入れることができる」（26-27頁）ということを具体例を挙げながら教えてくれるとなれば、これが面白くないわけがない！

　たとえば、ニューヨークの公園のベンチに座って行き交う人々を眺めながら、いかにも洒落た流行の帽子をかぶっている上流階級の貴婦人を見かけると、じっとその帽子を観察して形を覚え、すぐにそれとよく似た帽子を作って一般庶民にも買えるような安い値段で売り出して大儲けした商売上手の男の話もその一つ。あるいは失業中の手持無沙汰から海辺の流木を削って首飾りを作ってみたところ、思いがけず幼い娘たちに大好評だったことにヒントを得て、子供向けの木製玩具を作ることを生業にして大成功してしまった男

の話もある。要するにお金を儲けるコツというのは、誰の目の前にも転がっているのだということが、この本を読むと実によく分かるんですね。その他、『ダイヤモンドを探せ』の中には、鉛筆のお尻に消しゴムをくっつけるアイディア一つで巨万の富を築いた人の話や、ボタンより簡単に服の着脱を可能にする「スナップ」を発明して財を成した女性発明家の話など、ちょっとした思いつきから巨万の富を稼いだ人の話が次々と出てきて、およそ起業家には程遠い私のような人間ですら、読んでいて何だかワクワクしてくる。まだ気づいていないだけで、金持ちになるチャンスは、私の身の周りにも転がっているのではないか?!　そんなワクワク感を読者に与えてくれるとなれば、これはもう間違いなく優れた自己啓発本の証。

教会の復興という「天命」に出合う

　それにしてもコンウェルはなぜ、聖職者であったにもかかわらず、金持ちになる秘訣を知っていたのか?　この謎を解くカギは、彼の人生そのものにあります。

「訳者あとがき」にあるように、ラッセル・コンウェルは1843年、マサチューセッツ州西部の小村の、決して裕福ではない農家に生まれました。19歳にして法曹界に入ることを志し、名門イエール大学に進学するのですが、奴隷制廃止を訴えるエイブラハム・リンカーンの講演を聞いたことが人生の一大転機で、リンカーンの主張に賛同した彼はすぐに大学を中退し、反奴隷制を掲げる北軍への入隊勧誘に東奔西走するんです。何しろコンウェルの愛国的な演説によって集められた志願兵は一個中隊を編成できるほどの数に上ったというのですから、彼の扇動者(アジテーター)としての天賦の才は既にこの頃から開花していたと言っていいでしょう。そしてコンウェル自身、志願兵として北軍に従軍します。

　退役後、オルバニー大学のロースクールで法律を学び直したコンウェルは、ミネアポリス（後にはボストン）で弁護士業・不動産業・新聞業などに携わります。そう、彼は元々、相当にやり手のビジネスマンだったんですね。

第 2 章　これぞ王道！ 自助努力系自己啓発本10選

そんなコンウェルが聖職者へと転身するきっかけとなったのは、1872年に妻ジェニーを亡くしたこと。その後、神学校に通って資格を取ったコンウェルは、1880年、37歳にしてマサチューセッツ州レキシントンにある小さな教会の復興を任されることとなる。この仕事を「天命」と感じたそうですから、ある意味、コンウェルの真の人生はここから始まったのかもしれません。

　実際、ここからのコンウェルの八面六臂（はちめんろっぴ）の活躍は、天命を知った男のそれでした。**何と言っても少し前まで世知に長けたビジネスマンであったことに加え、生まれながらのアジテーターなのですから、教会存続の意義を訴えて資金集めをするコンウェルの獅子吼（ししく）に寄付金が殺到。**わずか1年半で瀕死（ひんし）状態の教会を復興することに成功する。そしてその手腕を買われたコンウェルは1882年、フィラデルフィアにある名門、グレース・バプテスト教会の運営を任され、このことがコンウェルの人生にさらなる飛躍をもたらすこととなります。

少女ハティーの57セントで大金を集めた

　きっかけは、ちょっとした困りごとでした。元々小規模ではなかったグレース・バプテスト教会ですが、説教の上手いコンウェルを招いたことで信者が急増、教会の建物が手狭になってしまったんですね。そんなある日、コンウェルが教会で行われる日曜学校に向かうと、教会の外に何人かの子供たちがたむろしている。その中の一人、幼い少女ハティー・メイ・ワイアットに何事かと尋ねると、会場が既に子供たちで満杯で、自分は中に入れないとのこと。教会の収容人数が限界に達していることを痛感したコンウェルは、近いうちに寄付金を募り、もっと大きな教会を建てることを約束します。

　ところが残念なことに、ハティーはジフテリアに罹患（りかん）し、6歳で天に召されてしまうんですね。遺族を慰めるべくハティーの家を訪れたコンウェルは、ハティーの母親から、ハティーがコンウェルの言葉を信じ、自分も教会拡張のために寄付するつもりで小遣いを貯めていたことを知らされます。ハティーの遺志として彼に託されたのは、彼女の全財産——57セントでした。

105

と、ここまでならば巷（ちまた）によくある「いい話」なんですが、驚くべきはここから先。**なんとコンウェルはこの健気なハティーの逸話を満堂の教会員の前で熱く語り、彼女が寄付した57枚のコインを1枚1枚オークションにかけ、その結果、250ドルもの大金を集めることに成功するんです。**古来「金に金を生ませる」という言い回しはありますが、コンウェルの場合は、少額の金を多額の金と交換するというわらしべ長者的奇想によって、文字通り、金に金を生ませたわけ。

否、それだけではありません。コンウェルはその250ドルもすべて1セントのコインに替え、それを再度オークションにかけてさらに多額のお金を集めるや、それを元手として教会建物の拡張に着手、見事ハティーとの約束を果たすんですね。しかもその後、チャールズ・デイヴィスなる若い印刷工に頼まれて教会内に牧師養成の私塾を開くと、これが評判を呼んで夜間学校に発展、ついでこの夜学を基にテンプル大学を設立したコンウェルは、自身、その初代学長の椅子に収まったというのですから、本書の中でコンウェルが「何もないところから大きなことを成し遂げる人。社会の最下層から大きな目標を達成する人。これこそ偉大な人々です」（88頁）と述べたのは、おそらく、自負の言わせたセリフであったに違いない。

成功者が書いた自己啓発本

要するにこのコンウェルという男、人生の曲がり角に差し掛かる度に、目の前の「青い鳥」を見事に捕まえてみせたんですね。またそうだとするならば、コンウェルには「目の前の青い鳥を捕まえろ」という趣旨の自己啓発本である『ダイヤモンドを探せ』を世に問うだけの資格があるということになる。何となれば、アメリカ初の自己啓発本たるベンジャミン・フランクリンの『自伝』以来、優れた自己啓発本は、己の指南する方策で自ら成功を勝ち得た者によって書き継がれてきたのですから。

テンプル大学のマスコットがフクロウなのは、元が夜学だったからです。

第7位 水野敬也『夢をかなえるゾウ』

自己啓発の知恵を集めたコーチング体験
「抱腹絶倒」の名作自己啓発小説

文響社、2020年
水野敬也, 1976-

自己啓発本を小説仕立てにするのはなぜか？

　自己啓発本というのは、基本的にはコーチングの本ですから、ジャンルで言えばノンフィクション。しかし世の中に数多ある自己啓発本の中には、「小説仕立て」のものも結構あります。古いところで言えばジョージ・S・クレイソンの『バビロンの大富豪』がそうですし、もう少し近いところですとオグ・マンディーノの『世界最強の商人』やマーク・フィッシャーの『成功の掟』がそう。世紀のベストセラー、パウロ・コエーリョの『アルケミスト』を自己啓発小説の一つに数える人もいます。『アルケミスト』は全世界で1億5000万部が売れていますので、もしこれを自己啓発小説と見なすならば、世界で一番売れた自己啓発本はコレ、と言うことができるかもしれません。

　では一体なぜ、自己啓発本をわざわざ小説仕立てにするのか。もちろんそれは「著者がそうしたかったから」ということになるわけですけれども、敢えてもう一つ推測するならば、それは自己啓発本が読者に向けて発するメッセージが非常にシンプルであるからではないかと。

　自己啓発本は、それがどのようなものであれ、たった一つのメッセージしか発信していません。そのメッセージとは、

あなたは世界を変えることはできない
　あなたに変えられるのはあなた自身だけ
　ただ、あなたが変われば、あなたを取り巻く世界は変わる

　というもの。世のすべての自己啓発本がその読者に伝えようとしているの
は、究極的にはこのメッセージだけです。その点、自己啓発本という文学ジ
ャンルは、ものすごくシンプルなものなんですね。
　しかし、伝えるべきメッセージがこれほどまでにシンプルですと、通常の
書き方をしていたのではどれも似たようなものになってしまいがちです。そ
こでそうした単調さを嫌う自己啓発本ライターの中には、これを小説仕立て
にしようという戦略を選ぶ人が出てくる。小説にしてしまえば、登場人物の
キャラ設定やストーリー展開などを変えることによって、同じメッセージを
伝えるにしても一作毎に多様な形で提示することができますからね。
　しかし、そうなると今度は自己啓発本を小説に仕立てる際の腕が問われる
ことになるのも道理でありまして、面白い自己啓発小説とそうでないもの
との間には相当大きな開きができてしまう。簡単に言えば、自己啓発小説に
は面白さの度合いによって「松」「竹」「梅」の位があり、「松」レベルならよし、
「梅」レベルとなるとちょっと恥ずかしくて読めない、ということにもなる。

断トツ「松」レベル！『夢をかなえるゾウ』の面白さ

　そんな中、我が国には「松の上」レベルと言うべき、自己啓発小説の傑作
があります。それが水野敬也さんの書いた『夢をかなえるゾウ』という本。
**小説仕立ての自己啓発本にも色々あって、多いのは「お涙頂戴系」ですが、
水野さんの『夢をかなえるゾウ』──『夢ゾウ』──はそれとは真逆の「抱腹
絶倒系」、しかもそれでいて最後の最後ではちょっと読者をほろりとさせる
ところがあったりもする。そのさじ加減の見事さたるや素晴らしいの一語。**
　では『夢ゾウ』は、具体的にはどんな話なのか？
　自己啓発小説にはお定まりのパターンがあって、主人公はたいてい絶望し

ている青年。そしてこの青年がとある謎の老人と出会い、このメンター役の老人から様々な教えを授けられることによって、悩める青年が立ち直っていくという筋書きになることが多い。

実際、『夢ゾウ』の主人公も悩める青年です。彼はそこそこの会社に就職したものの、現状に必ずしも満足していないんですね。それで自分のライフスタイルを変えようと思い切ってインドまで「自分探しの旅」に出たものの、帰ってきてしばらくするとまた元の自堕落な生活に逆戻り。そんな折も折、知り合いの某有名実業家が赤坂の高級マンションで開いた誕生パーティーに出席することとなり、その実業家のリッチな生活ぶりと、自分のしょぼい日々の生活との圧倒的な格差に愕然とし、自宅に帰ってから悔しさのあまり泣き寝入りしてしまう。

とまあ、ここまでは自己啓発小説にはよくあるパターンです。ここでこの青年が偶然、老師のようなメンターに出くわせば、それこそまさにお定まりの展開……なんですが、ここがこの小説の面白いところで、なんと仙人っぽい枯れた老人の代わりに突如彼のもとに現れたのは、青年がインドで買ってきた象の形をした神様の置物がそのままリアルになったような「ガネーシャ」だったと。そしてガネーシャは青年と契約し、彼をコーチングすることとなる。なぜか関西弁を自在にあやつるガネーシャは、下らないギャグやいたずらで青年を翻弄しながら、一度に一つずつ、自分を変えるための課題を彼に与えるんです。

ガネーシャのコーチング

で、面白いのは、ガネーシャが青年に与える課題です。さすが関西弁をしゃべる象の神様だけあって、当たり前の課題なんかは出さない。ひねりが利いています。**何しろガネーシャが悩める青年に対して出した最初の課題は、「靴をみがく」ですからね！**

自分を変えるのに、なぜ靴をみがかなくてはならないのか？　と問う青年に対し、野球のイチローが子供の頃から毎日練習後にグローブをみがいたこ

インドの神様が関西弁……。why?!

とを紹介しながら、自分の商売にかかわる道具を大切にしないで大成できる
はずがないと、ガネーシャは説く。営業活動などもするサラリーパーソンに
とって靴は、イチローにとってのグローブに相当するではないかと。で、は
じめのうちこそいぶかしがりながらも、青年がガネーシャの指示通り、実際
に自分の通勤靴をピカピカにみがいてみると確かに気分がいいし、何か昨日
とは違う自分になっていることに気づかされる。

　**この最初のコーチングにすでに表れているように、ガネーシャのコーチン
グは、既に成功している人たちのちょっとした生活習慣を紹介し、依頼者に
もそれと同じ習慣を実際に体験させることによって、その背後にある奥深い
成功哲学を体得させる、というものだったんですね。**

　そしてこの調子でガネーシャは、「コンビニでお釣りを募金する」「食事を
腹八分におさえる」「トイレ掃除をする」「まっすぐ帰宅する」「その日頑張れ
た自分をホメる」「毎朝、全身鏡を見て身なりを整える」「自分が一番得意な
ことを人に聞く」「夢を楽しく想像する」「運が良いと口に出して言う」「身近
にいる一番大事な人を喜ばせる」「人の長所を盗む」「求人情報誌を見る」「お
参りに行く」「人気店に入り、人気の理由を観察する」「やらずに後悔してい
ることを今日から始める」「人の成功をサポートする」「毎日、感謝する」と
いうようなことを青年にコーチングしていきます。もちろんこれら一つ一つ
の指示には意味があって、たとえば「コンビニでお釣りを募金する」という
指示は、「人の成功をサポートする」という指示と同様、「与えれば、受けら
れる」という伝統的な自己啓発思想の体現になっていますし、「運が良いと口
に出して言う」や「毎日、感謝する」という指示は、ポジティヴ・マインド
の維持に役立ちそうです。また「夢を楽しく想像する」や「お参りに行く」
と言った指示は、自分の願いを明確化するという点で「引き寄せの法則」を
もじった教えと言えるかもしれません。

独創的ではない、だから普遍的

　要するに、本書でガネーシャが青年に伝授する様々な教えは、ガネーシャ

自身も言っているように、すでに様々な自己啓発本のなかに書いてあることばかりなんです。その意味では、一冊の自己啓発本として見た場合、『夢ゾウ』は決して独創的なものではありません。否、本書の著者である水野敬也さん自身、独創的な教えを含むような斬新な自己啓発本を書こうというようなチャレンジングな思いは、おそらく持っていらっしゃらなかったでしょう。**むしろ長年の風雪に耐え、有用性がすでに十分に確認されている自己啓発思想伝統の鉄板の知恵だけを集め、それを誰にでも実行可能な具体的行動に移し替えてコーチングするような本を書こうとされたに違いない。**目指したのは、「独創」ではなく「普遍」だったはず。

　そしてそういうものとして、『夢をかなえるゾウ』は、伝統的な自己啓発思想の知恵を実際に我が身に当てはめて役立てようとしている人たちにとっては、まさに理想的なコーチング本だと思います。実によく書けている。そして何より面白い！

「別に変わらなくてもいい」

　しかも、それだけ優れた自己啓発コーチング本でありながら、最後の最後でガネーシャが言うんですよ、「別に変わらなくてもいい」と。今までの自分を変えたい、新しい自分に変わりたいと思いながら、結局変われない、それもまた人生だと。人間って、そういうものだよと。

　うーん、素晴らしい！　最終的に、人間のダメなところも全部ひっくるめて全肯定する、そういう温かい視点に立つところ――これこそこの本の人気の、本当の秘密なのではないか。私にはそんな風に思われるのです。

第8位 トム・ピーターズ『エクセレントな仕事人になれ!』

すぐに実践できる、日常の中のちょっとしたヒント163
仕事だけでなく生活を良くするための本

CCCメディアハウス、2011年／Thomas "Tom" Peters, 1942–
The Little Big Things: 163 Ways to Pursue Excellence, 2010

日本企業の働き方を見習う教え

　トム・ピーターズというのは、その昔、『エクセレント・カンパニー』（*In Search of Excellence,* 1982）という本を書いて一世を風靡した人。1980年代に自動車をはじめ日本製品がアメリカ市場を席捲し、ナーバスになったアメリカ人が日本車をハンマーでぶっ壊すパフォーマンスをしたりしていたときに、血気にはやる同胞を「待て、待て」とたしなめ、日本企業の絶えざる「カイゼン」の努力こそが今日の日本製品の優秀さを作り出したのであって、アメリカの企業もそこを見習わないとまずいんじゃないか？　と、冷静にまともなことを主張した人ですね。

　で、本書『エクセレントな仕事人になれ!』は、そんなピーターズがブログに書き綴っていた「エクセレントな仕事人になるためのヒント」を元に、本の形に書き直した本。当然ベストセラーです。

短い「ヒント」163連発！

　ちなみに、ピーターズの提案している「ヒント」って全部で163個もあるので、一つ一つのヒントはとても短い。でもその短いヒントのどれもが具体的で、今日からでもすぐに実行できるようなものばかり。そこがいい。

第 2 章　これぞ王道！ 自助努力系自己啓発本10選

　たとえば、「**何はともあれ、まずはトイレをきれいにしろ！**」とか。トイレが清潔な店やオフィスは、それだけで顧客の心を摑む。だから、トイレをきれいにしろ、それも今日から。いや、今すぐ！……みたいな話。そう言えば、前項で取り上げた『夢をかなえるゾウ』という本の中でも、教師役のガネーシャが「トイレ掃除をする」という課題を出していましたっけ。洋の東西を問わず、トイレ清掃は重要なんだ……。とまあ、そんな感じで、本書ではこの種のヒントが矢継ぎ早に出てくる。

人 に 親 切 に す る べ き 理 由

　もう一つ例を挙げますと、たとえば本書の92ページに、こんな引用がある。

　　「人には親切に。あなたが出会うすべての人々は大きな戦いのさなかにあるのだから」

　さて、これを言ったのは誰でしょう？

　プラトンです。そう、あの泣く子も黙るギリシャの哲学者。

　プラトンって、紀元前400年くらいの人ですよね？　今から言えば2400年くらい前の人。2400年前にこの世を生きた人の言葉が今もなお残って、トム・ピーターズによって引用されているということからして、この言葉には深い意味があるはず。

　で、改めてこの引用を見るに、前半部分は大したことはありません。「人には親切に」というのは、誰でも言うセリフですからね。そんなこと分かっているよ、という話です。

　だけど、後半部分がスゴイ。

　「あなたが出会うすべての人々は大きな戦いのさなかにあるのだから」。

　うーん、そうか……。

　「大きな戦い」と言うのは、要するに人生のことですよね。人生というのは、日々、戦いなのだから。

113

ある人が仏頂面しているのは、朝、出勤前に奥さんと口論したせいかもしれない。あるいは前日にダメ息子が万引きして補導されたからかもしれない。あるいは会社で同僚と口論めいたやりとりがあったからかもしれない。親が介護を要するようになったからかもしれない。言ってみれば、これらすべてはその人にとっての「戦い」です。そのさなかにあるのだから、ついつい表情が暗くなってしまうのも当たり前。

　子供が学校からふくれっ面して帰ってきて、「ただいま」も言わずに自室に駆け込み、バーンと音を立ててドアを閉めたとする。それは、学校で嫌なことがあったからでしょう。友達と喧嘩したか、所属するバスケットボール・チームのスターティング・メンバーから外されたか、はたまたライバルの友人より英語の試験の点が低かったからか。大人から見れば大したことじゃないこれらのことすべてが、この子にとっては「戦い」です。

　誰も彼も、大人も子供も、毎日戦っているんですよ、何らかの形で。

　人に親切にしなきゃいけないのは、誰もがみんな「戦い」に疲れているからだよ、とプラトンが言ったのは、だから、すごく意味深いことであるわけです。

人は必ず他人の親切に気づく

　で、そのようなことを踏まえると、「人に親切にする」ってスゴイことなんだなと、あらためて思わされます。

　たとえば、会社で嫌なことがあった人が帰宅途中に喫茶店に立ち寄った際、店員がコーヒーを出すときに無雑作にガチャンと目の前に置くのと、「あー、この人、何か嫌なことがあったのかな」と思いながら、思いやり深い笑顔で差し出すのでは意味が違ってくる。もしこの人が、そんな店員さんの思いやりに気づいたとしたら、この人はこの店の常連になるかもしれない。

　ふくれっ面して学校から戻ってきた子供の母親は、内心「ちっ。思春期の子供は扱いが面倒だな」と思うでしょう。でもそこをぐっと忍んで、魚の煮付けの予定だった夕飯メニューを、その子の好きなハンバーグに変えてやっ

たとしたら？　その子は、そんな母親の配慮にすぐには気づかないかもしれないけれども、いずれ、母親がいつも自分のことを気にかけてくれていたことを知るでしょう。

　ビジネスも同じだよ、と、ピーターズは言います。たとえ生き馬の目を抜くビジネスの世界であっても、人は必ず他人の親切に気づく。だから、人に親切にすることは、長い目で見て得策なんだと。

　ううむ、確かに。ホント、そうですよね。

ビジネスパーソンではなくても……

　トム・ピーターズの『エクセレントな仕事人になれ！』を読んで、私はプラトンの言葉を初めて知りましたし、その言葉に込められた深い意義について思い巡らすことができました。「『愛は地球を救う』と人は言うけれど、『愛』によって戦争が起こることもある。むしろ本当に地球を救うものがあるとしたら、それは『愛』ではなく『親切』なのではないか？」なんてね。これであと、常日頃の親切の実践が伴えば、私も人間として一つ、賢くなったと言えるのではないでしょうか？

　とまあそんな感じで、本書の中でトム・ピーターズが提供している163個のヒントの内、特にこの「人には親切にせよ」というのが、私の心には強く響いたのですけれど、この一つのヒントと出会ったことだけでも、少なくとも私にとっては、本書を読んだ甲斐があったと思っています。またそうであるなら、私以外の人だって、本書の163個のヒントのどれかに反応して、大いに学ぶことはあるかもしれない。

　その意味で、ビジネスパーソンはもとより、ビジネスの世界とはあまり関係がない人にとっても、本書は一読の価値があると思うのです。

「親切」は、自己啓発思想の新たなキーワードになる概念だと思います。

第9位 アンソニー・ロビンズ『運命を動かす』

「快・不快」をコントロールすることで自己変革できる
目標を必ず達成したいときに読む本

三笠書房、2014年
Anthony Jay "Tony" Robbins, 1960– *Awaken the Giant Within*, 1991

「カリスマ・コーチ」による代表作

　自己啓発の世界には、自己啓発本を書くことに主眼を置く「ライター」の他に、講演をしたりセミナーを開催したりすることに重点を置く人もいます。こういう人たちは「モチベーショナル・スピーカー」とか、「コーチ」とか呼ばれるわけですが、「カリスマ・コーチ」と呼ばれる人ともなると、それこそとんでもない額の年収を稼ぎ出したりする。

　アンソニー・ロビンズもそんなカリスマ・コーチの一人。自分のセミナーの参加者に、過去の自分と決別する儀式として「火渡り（燃え盛る火の上を裸足で歩かせる）」をさせるなど、イロモノ感満載の人ですが、そんなロビンズの主著が『運命を動かす』という本。**この本の原題は『Awaken the Giant Within』で、直訳すれば『あなたの中の巨人を目覚めさせよ』となる。これは「自分の殻を打ち破って大物になれ」という意味なのでしょうが、何しろロビンズ自身２メートルを超える大男ですから、そんなロビンズの著書のタイトルとしては実にふさわしい。**

「私は変わる！」と決意表明せよ

　ではそんな巨人カリスマ・コーチの自己啓発的アドバイスとはいかなるも

のなのか？

　本書の中でロビンズが提唱しているアドバイスを一言でまとめるとすれば、「もし自分の人生が今のところパッとしないもので、それを変えたいと思っているなら、今、この瞬間に『私は変わる！』と決意し、そのためのアクションに即刻着手せよ」ということになります。

　ロビンズ曰く、大抵の人は「自分の人生を変えたい、もっと良いものにしたい」と思ってはいるものの、それを実現する行動を取るところまでは行かない。ではなぜ、思うだけで実行が伴わないのかと言えば、「それはあなたの脳が、残念な決断をしているからだ」と。

　つまり、「もっといい人生にしたい！」という思いが生じたとしても、脳内には「お前にはできやしないよ」「そんなノウハウもないし」「どうせ失敗するさ」というような否定的な思考が次々と生じ、当初の決意をどんどん骨抜きにしてしまうというわけ。これでは当人が望むような結果が伴うわけがありません。

　ならば、どうやってこのジレンマを克服すればいいのか？

　ここでロビンズは、彼独自の非常に面白いアドバイスをしています。曰く、「一旦目標を定めたら、その実現のためにプラスになることには快感の感情を結び付け、その一方、目標実現の妨げになることには不快の感情を結び付けろ」と。

　たとえば「今の体型は太りすぎだ。何としても痩せたい」と決意したとする。しかし、レストランとかでおいしいご馳走を食べていると、自分の脳が無意識のうちに「こんな旨いものを残すのかよ?!」「ダイエットは明日からにして、今はこのご馳走を楽しめ」といった残念な決断を迫ってくる。

　こういった場合、どうするか？　ここでロビンズは、かなり思い切った行動をとるよう、読者にアドバイスをします。

　ロビンズ曰く、「何としても痩せたい」という自分の決意を弱めるような気分が生じてきたら、まず決然と席を立ってレストランの真ん中に立てと。そして先程まで自分が坐っていた席を指さしながら、レストラン中の他のお客

さんに聞こえるように、「このブタ！」と大声で叫べと。そして、こういう行動を少なくとも４、５回は繰返す。すると、「食べ過ぎ」という行動に、「恥ずかしい」という不快の感情が結び付くので、それからは自然と食べ過ぎなくなる、と。

　……………絶句。なるほど、こういうことが平気で書けるようになると、全世界で1000万部以上の売り上げを誇るカリスマ・ライターになれるんですね！　とまあ、本書を読んでいると、「マジか?!」と叫びたくなるようなことが随所に書いてあるのですけれども、しかし、ロビンズのアドバイスの趣旨は、「人間は、思考というよりも、快・不快の感情で動くのだから、快・不快の感情を理性的にコントロールすることができるようになれば、おのずと自分の思考と実行力を自分で支配できるようになる」ということであって、そのこと自体は決して間違ってはいないと思います。

「言葉遣い」が感情を決める

　で、本書も後半に差し掛かると、快・不快の感情をコントロールするに当たって、重要な役割を果たすのは「言葉遣い」である、という話が出てくる。

　ロビンズ曰く、人間というのは、まずある感情が湧き起こって、その次にその感情を表現するための言葉遣いが浮かんでくるわけだけれども、もしその言葉遣いが貧弱なものであれば、結果、元となった感情も貧弱なものになってしまう。**また逆に言葉遣いを豊かにすれば、感情も豊かになり、またその感情への対処法もより精密なものになっていくはずだと。**

　たとえば、「むかつく！」という言葉を多用する人がいるとする。その場合、その人の感情は「むかつく！」という言葉に引きずられて「怒り」の要素ばかりで占められるようになってしまい、またその結果、怒りを爆発させるという形でしか、その感情を発散することができなくなってしまう。

　そういう場合、「むかつく！」をもっと別な、より適切な言葉に置き換えてみる。

　それはひょっとすると、「裏切られて悲しい！」かもしれないし、「自分の

意見が受け入れてもらえなかった！」かもしれない。そうすると、この言葉の元の感情は「怒り」ではなく、「悲しみ」であったり、「残念」であったわけですよね？　それならば、その感情への対処法も「怒りの発散」以外のものになったはず。

　また、言葉の使い方一つで、絶望的な状況を希望の持てるものに変えることもできる、と、ロビンズは言います。たとえば「もうダメだ。八方塞がりだ！」と言ってしまったら、それは確かにもうおしまいかもしれない。**だけど、そういう言葉遣いをせずに、「やれやれ、ちょっとばかり大きな宿題を抱えたようだが、頭をひねればなんとかなるだろう」と言い換えれば、同じ状況にもうまく対処できるかもしれない。**少なくとも、何とか対処してみよう、という気にはなるでしょう。だから、「感情をコントロールする手段として、言葉遣いに注目するのは非常に有効なのだ」と指摘するロビンズのアドバイスは、実際、とても有効だと私は思います。

子供にも読ませたい！

　その意味では、ロビンズのこの本、大人が読むよりも、小学生くらいの子供に読ませた方が良いんじゃないでしょうか？　子供の世界って、人間関係のトラブルも多いですし、ボキャブラリーが少ないことからくるトラブルも多い。感情をコントロールできないことも多いし、夢や目標を定めることの重要さを教わらずに漠然と成長してしまうことも多い。ですから、彼らこそ、こういう本を読んだ方がいい。道徳の時間に「イジメはいけないよ」なんてことを教えるより、ロビンズ式自己啓発のノウハウを教えた方が、よっぽど子供たちの人間的成長に寄与できると思うのですが、如何？

　とまあ、そんなことも含め、自己変革をやろうと思っても、結局、やらずじまいに終わってしまう、そして語彙が貧困であるゆえに自分の感情への対処法を間違ってばかりいる、そんな我々一般人を鼓舞し、良い方へ導いてくれる本として、一読の価値あり、です。

第10位 K・ブランチャード＆S・ジョンソン『1分間マネジャー』

科学的な裏付けのある、合理的なマネージメントとは？
上司と部下、先生と生徒など、上下関係がうまくいく教え

ダイヤモンド社、1983年
Ken Blanchard, 1939 & Spencer Johnson, 1938–2017　*The One Minute Manager*, 1982

アメリカ式経営術

　先に挙げた松下幸之助の『道をひらく』が日本式経営術の本であるとすれば、こちらはそのアメリカ版。対比して読むには恰好のペアかもしれません。
　ちなみに、S・ジョンソンは、かの有名なベストセラー『チーズはどこへ消えた？』を書いた人。『1分間マネジャー』もベストセラーです。

ドラマ仕立ての自己啓発本

　さてその『1分間マネジャー』、『チーズ』と同様、寓話的なドラマ仕立てになっていて、ある若者が、優れた経営マネージメントの在り方を求めて、「1分間マネジャー」と名乗るある男のもとを訪ねるところから始まります。で、そのマネジャーがこの若者にマネージメントの極意を伝授し、その結果、この若者が次の「1分間マネジャー」を継ぐことになると。
　仙人的な人物が求道的な若者に知恵を授けるといった体で話が進んで行くタイプの自己啓発本は、もうそれ自体、一つのジャンルになっています。たとえばオグ・マンディーノの『この世で一番の奇跡』とか、マーク・フィッシャーの『成功の掟』、あるいは日本で言えば『嫌われる勇気』とか『夢をかなえるゾウ』などがその例ですが、やっぱり「秘術」みたいなものは、仙人

いいですね、ベストセラーがいっぱいあって。羨ましい。

のような謎の人物から与えられるのがいいのでしょう。

　ちなみに、この本の原書が出たのは1981年なんですけど、そのこと自体にも一つの意味があります。**というのは、それに先立つ1970年代後半というのは、アメリカの製造業が不振に喘いでいた時期に当たり、その一方、日本の製造業、特にクルマ産業は絶好調、その結果アメリカの対日本貿易の赤字が顕著になっていた頃。**トヨタの「かんばん方式」に代表される日本式経営術が注目されるようになり、エズラ・ヴォーゲルの『ジャパン・アズ・ナンバーワン』(1979)などという本が日米双方でベストセラーになったのもこの頃の話。日本製造業、得意の絶頂の時代。

　だけど、そうやたらに日本流がもてはやされるとなると、その反動が起こってくるのも道理。何も日本の真似をしなくたって、アメリカ独自の経営方法を案出すればいいじゃないか、というようなことを言い出す人が必ず出てくる。で、そういう連中が「科学的な裏付けのある」マネージメントの方法論をあれこれ考え出した結果の一つが本書であったという次第。だから『1分間マネジャー』に書かれているのは、日本流とは異なる（？）非常に合理的な教えということになります。

良い上司の在り方とは

　ではこの『1分間マネジャー』が伝授するその「教え」とは何かと申しますと、一言で言って、「良い上司の在り方」です。

　本書に登場する経営のグルである「1分間マネジャー」によると、良い上司というのは3つのことを行う。**その3つとは「1分間で目標設定する」「1分間褒める」「1分間叱る」の3つ。**

　まず「1分間で目標設定する」ですけど、会社業務がうまく機能しないのは、上司の思惑と部下の思惑にズレがあることによる。つまり上司は適切な説明もせず、部下が自分の思い通りに動くだろうと勝手に期待しがちだが、部下の方は自分が何をすればよいか明確に把握できず、結局、自分の判断でことを行い、それが上司の思っていたことと違う場合、その時点で叱られて

121

意欲を失ってしまう。実際、そういうケースは実に多い。

　だから良き上司たるもの、1分間で読み上げられる程度に短くかつ明確な指示を紙に書き出し、その紙を部下と共有することで、双方了解の下、何をすべきかを確実に示すことが必要となる——これが本書の最初の教えです。

　ふむふむ。なるほど。

　で、そのような指示を出した後、良いマネジャーは、部下の働きぶりをよく見る。そして、大体、いい感じで仕事が進んでいるなと思ったら、すぐに1分間だけ褒める。これが第二の「1分間褒める」という教え。これによって部下は、上司が自分の働きぶりに注視し、評価してくれていることを自覚すると同時に、自分が今やっていることは間違いがないのだと確認できるので、ますます意欲が湧く。で、このときの褒め方ですが、肩を叩くなどの身体的接触も有効であると（これについては後述）。

叱り方にもコツがある

　一方、もし部下が間違った方向に進もうとしたり、仕事をしくじった場合は、後回しにするのではなく、間違いが判明した直後に「1分間叱る」べきであると。これが3つ目の教えですね。

　ただ、叱るのは部下の行動を叱るのであって、部下の人間性を叱るのではない。だから、1分間叱った後、必ずフォローして、「君の人間性についてはまったくOKである」ということをちゃんと伝える。これが叱り方の重要なところ。

　で、上司がこの3つの教えを実践していけば、その下で働く部下たちは高いモチベーションを保ったまま自信をもってどんどん働く。で、そうした部下たちの働きぶりこそが、会社にとっての財産になる——「1分間マネジャー」が、迷える新米マネジャーに伝えるのはそういうことです。確かに、非常にシンプルだけれども、「上司と部下」という人間関係を深く見抜いた、なかなか卓越した人間学になっていますよね。

「人を指導する」ときに応用できる

ところでこの「1分間マネジャー」の教えがすごいのは、それが応用自在であるところ。**たとえばこの教えを学校における「先生と生徒」の関係に当てはめても、結構うまく行くのではないでしょうか?**

実際にやってみましょう。

まず担任は、自分の理想とするクラスの在り方を明確に、かつ簡潔に生徒に示し、相互同意の上でこの目標に向かって努力することを誓う。

で、この目標に向かって生徒たちが努力すれば、その兆しを目ざとく見つけてまず褒める。

逆に、この目標がおろそかにされているような具体的な行動があった場合は、それを見つけた時点ですぐに叱る。ただ、行動のみを叱るのであって、生徒の人格は絶対に否定せず、一人の人間としての生徒への信頼をはっきりと示すと。

とまあ、そんな感じでやって行ったら、結構、上手なクラス運営ができるのではないでしょうか。

身体的接触への注意点

ところで、「1分間マネジャー」は「部下を褒めるときには肩を叩くなどの身体的接触が有効である」と述べていますが、同時に、この身体的接触については一つ、重要な注意点があると指摘しています。

「1分間マネジャー」によると、身体的接触は言葉以上に深い意味を持ち得ると。たとえば母親が自分の幼い子供の身体を抱きしめながら励ます場合、その抱きしめるという行為が、励ましの言葉以上の効果を持つ。子供のことを思う母親の心が、身体的接触を通して子供に伝わるから。

だから、そうした母子関係に匹敵するような信頼関係が上司・部下の間にあれば、肩を叩いて「よくやった!」と褒めるのは効果がある——はずですが、そういう信頼関係がまだはっきり確立していない時点でそれをやると、

部下は逆に戸惑ってしまう。

　つまり、身体的接触は両刃の剣だから十分に神経を使え、というのが「1分間マネジャー」の教えなんです。で、そのことを、先ほどのクラス運営に応用すると、先生たるもの、あんまり気軽に生徒の身体に触れない方がいい、ということにもなりますね。特に年頃の女子中学生とかが相手の場合、気安く肩なんか叩かない方が無難でしょう。

　とまあ、そういうことも含め、本書は色々な場面、色々なレベルで、人が人をマネージメントする際の合理的なアドバイスの宝庫と言っていい。ですから会社で部下を持つ立場の人だけでなく、上下関係を含む人間関係の中でお仕事をされている人には、一読して損はない本だと思います。特に「『道をひらく』的な精神論より、合理的で実際的なアドバイスが好き！」という方には是非！

第3章

アメリカ独自の自己啓発思想！ 引き寄せ系自己啓発本10選

「引き寄せの法則」はニューソートから始まる

「引き寄せ系自己啓発本」は、「自助努力系自己啓発本」と並ぶアメリカの自己啓発本界の二大潮流の一つ。アメリカでは19世紀の半ば以降、「人間が心の中で強く願ったことは、必ず願った人の元に引き寄せられる」という奇妙な言説、いわゆる「引き寄せの法則」と呼ばれるものが人口に膾炙するのですが、この引き寄せの法則を理論的根拠とし、いかに上手に自分の望みを引き寄せるかを指南するのが引き寄せ系自己啓発本ということになります。

それにしても「願いを引き寄せる」という発想、そしてそういうことが可能だという信念は、一体どこから生まれてきたのか。それを知るためには時代をさらに遡り、18世紀末から19世紀中頃にかけてアメリカに広まった「ニューソート」という宗教思想について理解しておかなければなりません。

ニューソートというのは、英語で書けば「new thought」、すなわち新しい考え方ということですが、ではニューソートが現れる前の古い考え方とは何かといいますと、これは伝統的なキリスト教の考え方のこと。特に宗教的に純粋なピューリタンが建国したアメリカではカルヴァン主義と呼ばれる厳粛なキリスト教の考え方が広まっていましたから、絶対的な神の前では被造物たる人間など無価値なものでしかなく、また人が死んでから天国に行けるか、それとも地獄に落ちるかは神が定めた運命であるとされていました（予定説）。無論、このような宗教観の中では、人は自分の運命を神の恣意的な意志に委ねるほかなく、畏れの中でビクビクしながら生きていくしかなかった。

ところが18世紀のスウェーデンにエマニュエル・スウェーデンボルグ（Emanuel Swedenborg, 1688–1772）という天才的な科学者兼神学者が現れたところから、状況は大きく変わっていきます。スウェーデンボルグは旧来のキリスト教教義を全否定し、それに代わって独自の聖書解釈に基づく斬新なキリスト教概念を打ち立てるんです。

スウェーデンボルグのキリスト教概念は、異端的ではあれ、真に画期的な

ものでした。そもそも神とはどのようなもので、どのような姿形をしているかという根本概念からして、スウェーデンボルグの神学は従来のキリスト教のそれとはまったく違います。

　伝統的なキリスト教概念においても、神の姿形について定まった規定があったわけではありません。しかし伝統的に神は男性で、それも年老いた男性であるというイメージは共有されていた。しかもその神は「怒る神」であって、近寄りがたい存在であるという認識もあった。ところがスウェーデンボルグは、こうした神概念を180度転換してしまいます。スウェーデンボルグ曰く、神の実体とは形のないもので、しかも宇宙に遍在するものであると。そして神はその形のない本体を使って宇宙を創造した。すなわち万物は神の一部ということになる。

　で、神がこのようなものであるという前提に立ちますと、人間もまた神の本体を分かち持つものであるわけですね。だから、無価値なものであるはずがない。否、それどころか人間の創造こそ神の究極の本願であり、神は自らの作った人間を深く愛している。ですから神が恣意的に人間を地獄に落とすなどということをするはずがない。むしろ神は、人間同士がこの地上において幸福に暮らすことを望み、そうなるようサポートしてくれるのだと。

「怒る神」から「優しい神様」へ

　そう、スウェーデンボルグは人間を優しく見守る「慈悲深い神」を語ったんです。それまでひたすら「怒る神」を畏れていたピューリタンのアメリカ人からしたら、スウェーデンボルグの語る神は、さぞ素敵に見えたことでしょう。スウェーデンボルグの「ニューソート」がアメリカにおいて、まるで野火が広がるようにたちまち多くの人々に受け入れられていったことも容易に想像ができます。

　そして、ニューソートを受け入れることによって、アメリカ人は一様にポ

ジティヴになりました。それもそのはず、それまでは「すべては神の思し召し」ですから、人間の側にできることなど一つもない。もし神が定めた運命で地獄に行くことが決まっているのであれば、生きているうちにどうあがいたところで、死んだら地獄に行くしかない。しかしニューソートを受け入れ、慈悲深い神に帰依するのであれば、その優しい神は「幸せになりたい」という人間の希望に寄り添い、その希望の実現に力を貸してくれるはず。

　そう、18世紀末から19世紀中頃にかけ、ニューソートの考え方がアメリカ中に広まるにつれて、「神は人間の希望の実現に力を貸してくれるはずだ」という考え方がアメリカ人の間に生まれたんですね。そしてこのニューソートがさらに俗転したところから、「人間が強く願うことはすべて引き寄せられ、現実化する」という「引き寄せの法則」が生まれたことは言うまでもありません。

　そして、ニューソートを引き寄せの法則へと結びつける上で最も大きく貢献したのが、本章で第1位に取り上げた19世紀アメリカ最大の思想家、ラルフ・ウォルドー・エマソンだったのです。

第1位 ラルフ・ウォルドー・エマソン『自己信頼』

アメリカの「自己啓発思想」の支柱はコレ
直感に従うための名言集として活用できる本

海と月社、2014年
Ralph Waldo Emerson, 1803–82 "Self-Reliance," in *Essays, First Series*, 1841

空前絶後の箴言家

「引き寄せ系自己啓発本」ランキングで、まず第一に取り上げるべきは、ラルフ・ウォルドー・エマソンの『自己信頼』です。これは一人私のみならず、ある程度自己啓発本に詳しい人であれば誰もが同意するであろう、このジャンルにおける圧倒的なナンバー1。

エマソンは弱冠18歳で名門ハーバード大学を卒業し、その後ハーバードの神学校を出て牧師となり、若くして一つの教会を預かるようになった大秀才。しかしその後、伝統的なキリスト教教会の在り方のみならず、キリスト教神学自体に疑念を抱くようになった彼は、結局牧師職を辞し、その後の生涯を文筆家として過ごすことになります。

そんなエマソンは、「哲学者」と紹介されることもありますが、私の見るところ、彼は己の信条を「哲学」として表現したと言うよりは、むしろその信条に基づいた暮らしを生き抜いた人。 日々の生活の中で考えたことを折に触れて筆にしたわけですから、言葉の真の意味で「エッセイスト」と言った方がしっくりくる。無論、エッセイストだから哲学者よりも下、という意味ではありません。エッセイの中に綴られたエマソンの信条は、アメリカ国内のみならずヨーロッパにも響き渡り、かの哲学者ニーチェにも大きな影響を与

えたほど。エマソンが19世紀アメリカを代表する知識人とされるのは、故なき事ではないんですね。彼がアメリカ文学史の中で、超大物として扱われているのも当然です。

　本項でご紹介する『自己信頼』という短い文章は、エマソンの代表的著作の一つである『第一エッセイ集』の中に収録されたエッセイの中の一篇。さして長い文章ではありませんが、エマソンの思想のコアをなすようなものであることから、エッセイ集の他の文章を差し置いてこの文章だけ独立して言及されることも多い。日本でもこの短い文章だけが訳出され、一冊の本として出版されています。

　とまあ、それほど有名な文章ではあるのですが、このエッセイ、実際に読んでみると結構難しい。論理に飛躍が多いので文脈がたどり難く、文意が取り難い。色々なことが書いてあるものの、結局、何が言いたいのかよく分からない。

　しかし！　エマソンのエッセイは、全体として見ると難解なのですけれども、そのエッセイの中から任意の一文を切り取ってみると、あーら不思議！その一文は途端に輝きを増し、圧倒的なインパクトを伴いながら、読者の心に突き刺さる！　文脈のくびきから解き放たれたその一文は、それ自体が一つの「箴言」となり、綺羅をまとった絶世の美女の如く、燐光を放ちながら読むものを圧倒する！

　そう、エマソンという人は、エッセイストとしては超一流とは言えないものの、箴言家としては空前絶後の人だったのでした。

　ですから、この本を読むときは文脈を追ってはいけません。文脈なんてものは一切無視し、一文一文を独立した箴言だと思って読んでみる。そうやって文脈を気にせず読むと、『自己信頼』なるエッセイが、豪華絢爛な箴言の宝石箱であることに気づくでしょう。

エマソンの「超越主義」とは

　試しに『自己信頼』の中から、任意の文章を切り取って並べてみましょう

まあ、はっきり言って、エッセイの書き手としては、あまり優秀な人ではないと私は思います（爆！）。

か。

○自分の考えを信じること、自分にとっての真実は、すべての人にとっての真実だと信じること——それが天才である。　　　　　　　　　　　　（7頁）

○幼児は誰にも従わない。世界が幼児に従うのだ。それが証拠に、赤ん坊がひとりいれば、その周囲では四、五人の大人たちが片言でその子に語りかけ、あやそうとしている。　　　　　　　　　　　　　　　　　　　　　（13頁）

○結局のところ、自分の精神の高潔さ以外に、神聖なものはない。自分自身を牢獄から解き放てば、いずれ世界の賛同を得られるだろう。　　　　（17頁）

○しかし、なぜいつも分別を持っていなければならないのか。公の場で述べたことと矛盾するまいと、なぜいつまでも記憶の屍を引きずりまわさなければならないのか。（中略）

　愚かな一貫性は子どもの想像力が生みだすおばけであり（中略）一貫性を気にするのは、壁に映った自分の影を気にするようなものだ。

　いま考えていることを断固として語りたまえ。そして明日は、たとえ今日いったことのすべてと矛盾していても、そのときに考えていることを断固として語るのだ。

　そんなことをすれば間違いなく誤解される、と思うかもしれない。では、聞こう。誤解されることはそれほど悪いことだろうか？　（中略）

　偉大であることは、誤解されることなのだ。　　　　　　　　（31-33頁）

○こうなりたいと思う自分にいま、なるのだ。いま行動せよ。どんなときも人目を気にしないように努めれば、常にそうできるようになる。　　　（37頁）

○穏やかな気持ちでいるとき、なぜかはわからないが魂の中に実在の感覚——自分はあらゆるものや空間、光、時間、人間と異なるものではなく、一体であり、それらの命や存在と同じ源から生じているという感覚が湧きあがってくる。

　私たちも最初は万物を支えている命を共有しているが、やがて人間以外のものをたんなる自然現象と見なし、自分も同じ大本から生まれたことを忘れ

てしまう。　　　　　　　　　　　　　　　　　　（47-48頁）

〇自己信頼を実践すると、新しい力が姿を現す。
　　神の言葉が肉体をまとったのが人間だ。人間は、世界中の人をいやすために生まれた。同情されるのは恥ずべきことであり、法や書物や偶像崇拝や慣習などは窓から投げ捨て、自分自身に従って行動するなら、即座に世間はその人をあわれむのをやめ、むしろ感謝し、尊敬の念を抱くようになる――この事実を教えてやるのだ。
　　　　　　　　　　　　　　　　　　　　　　（74-75頁）

　とまあ、こんな感じ。上から目線での決めつけ方がかっこいい！　さすがは元説教師、読者を挑発して、なおかつ有無を言わさないところがあります。
　さて、『自己信頼』に綴られたこれら光り輝く箴言の羅列を読んでいくと、エマソンという思想家の頭の中が少しずつ分かってきます。
　先に挙げた箴言、「自分はあらゆるものや空間、光、時間、人間と異なるものではなく、一体であり、それらの命や存在と同じ源から生じている」という一文からも伺えるように、エマソンは宇宙の万物を「一なるもの」、すなわち「神」の分身と捉えていました。エマソンがしばしば「汎神論者」だと言われるのは、このためです。また万物が神の一部ということになると、人間もまた神の一部ということにもなる。被造物とはいえ、人間は神の本質を受け継いでいると言ってもいい。

　だから神は人間に直接語りかけることができるし、神の語り掛けるその言葉を人間は「直感」という形で受け取ることができる。あるいは人間がその視力を研ぎ澄まし、一個の「透明な眼球」になりきれば、万物の中に神意を見て取ることすらできる。そう、神と人間とは、エマソンの考え方からすれば、いわば「ツーカーの仲」なんですね！

　ゆえに神が人間（＝自分）に何を期待しているかを知りたかったら、聖書とか教会の牧師の言葉など

エマソンの「透明な眼球」

ではなく、そんなものは超越して、直接自分の心の内を探るしかない。なんとなればそこには神がいて、直感を通じて人間に語り掛けてくれるのだから——これがエマソンの「超越主義（超絶主義）」と呼ばれる考え方です。

　だからエマソンは『自己信頼』というエッセイの中で、アメリカの同胞たちに向かって「自己信頼を実践せよ！」と獅子吼したんですね！　自分にとっての真実はすべての人にとっても真実である！　こうなりたいと思う自分にいま、なるのだ！　昨日とは異なることを今日言ったとしても恥じることはない！　一貫性などクソ食らえ！　自分本位の生き方に徹すれば、当初批判的だった世間もいずれ赤子の奴隷となる大人たちのごとく自分の前にひれ伏し、自分の後に従うであろう！　と。教会とか政府とか、世間的な権威なんか無視して自分本位の生き方をしろと言ったのですから、相当に革命的な思想と言っていい。

ニューソート思想の伝道師

　なお、上に述べてきたようなエマソンの考え方、つまり「万物は一なるもの（＝神）からできている」とか、「神は（直観を通じて）人間に直接語りかけ、サポートしてくれる」といった一連の考え方が、本章の最初に解説したスウェーデンボルグの「ニューソート」の考え方に近いことにお気づきでしょうか。

　それもそのはず、実はエマソンはスウェーデンボルグの思想に非常に強い影響を受けているんです。エマソンには『代表的人間像』（*Representative Men,* 1850）という著作があって、この中で世界史上に際立つ偉人6人を論じているのですが、プラトン、モンテーニュ、シェイクスピア、ナポレオン、ゲーテと並べてスウェーデンボルグを「偉人」として取り上げていることからもそのことは明らか。またエマソンが伝統的な教会と相いれず、結局キリスト教の牧師を辞めてしまったことも、彼がニューソートの信奉者であったと考えれば納得できます。

　つまり19世紀アメリカ最大の思想家であるエマソンは、スウェーデンボル

グのニューソート思想を、きらびやかな箴言の形で同胞たちに伝えたんですね。しかも「教会とか政府といった権威的なものは全部超越して、自分自身の内面の声（それこそが神の声！）に従え」という「ちょいワル」なスタンスで。

だけど、こういう「ちょいワル」なスタンスというのが、アメリカでは受けるんです。 なぜなら、アメリカという国の思想的伝統の中に「反知性主義」というものがあるから。「教会とか政府とか、あるいは宗主国イギリスとか、知的な人たちが運営している権威主義的な組織は、無知で純良な人民を策略によって支配しようとするものだ」という不信感がアメリカの一般大衆の間には根強くある。エマソンはまさにそういう知的で権威主義的な組織のことを信頼するな、我々衆愚の内にこそ神は宿るのだから！　と言ったわけですから、アメリカの一般大衆からしたらエマソンは、それこそ「我らがヒーロー」に見えたに違いない。

だからエマソンはアメリカで絶大な人気があるんですね。エマソンは晩年、自宅が火事になったことがあるのですが、すわ、エマソン大先生の一大事！　ということで近隣住民が寄付金を出し合い、傷心のエマソンをすぐさまヨーロッパの旅に送り出してしまった。で、しばらくしてエマソンがヨーロッパからアメリカに帰国したところ、既に人々の喜捨によってエマソンの自宅は見事再建されていた、なんてこともあったそうですが、エマソンの人気というのは、実にそれほどのものだったんです。

後世の自己啓発本から盛んに引用される『自己信頼』

かくしてスウェーデンボルグのニューソートは、エマソンを通じて広くアメリカ一般大衆の間に広まり、「神は人間の味方」「自分の内面に直感的にひらめいたアイディアは天与のものだから、ためらうことなく実行すべし」、そして**「人間が心の中に強く願ったことはすべて実現する」**といったポジティヴな姿勢を生み出す契機となります。要するに、ニューソートの伝道師・エマソンの思想とアメリカの自己啓発思想の間には、非常に強い親和性がある

んですね。アメリカで19世紀後半以降に書かれた自己啓発本のほとんどすべてがエマソンの箴言を引用しているのも、この点から考えると納得させられます。

　で、後世の自己啓発本から盛んに引用されるエマソンの著作物の中でも特に頻繁に引用されるのが、『自己信頼』というエッセイであると。**その意味で、『自己信頼』は、エマソンの数多い著作を代表するエッセイであると同時に、アメリカ独自の「引き寄せ系自己啓発思想」の支柱の一つでもあり、後世のこの系統の自己啓発本にお墨付きを与え続けている原典であるということにもなる。**

　だから、エマソンの『自己信頼』というエッセイは、引き寄せ系自己啓発本ランキングの中でどうしても第1位にランクインさせないわけにはいかないものなんですね！

　最初に言いましたように、通して読むものとしては、このエッセイは決して読みやすいものではありません。しかし、文脈を無視し、ただ読者をすごくポジティヴな気分に導いてくれる宝石のような箴言がランダムに並んでいるだけの箴言集なのだと思って読めば、どのページからも、自信と勇気をもらえるような言葉に出会えるはず。そういうものとして、必読の本です。

第
2
位
ジェームズ・アレン
『「原因」と「結果」の法則』

自分の内面から自分を取り巻く世界の在り方を変えよう
自己啓発本の原点である薄い本

サンマーク出版、2003年
James Allen, 1864–1912 *As A Man Thinketh*, 1903

自己啓発本の原点？

　私が自己啓発本の研究を始めたのは2014年のこと。それまで自己啓発本なるものを一冊も読んだことがなかった私ですが、この文学ジャンルが男性に、それも向上心あるサラリーマンに人気だということはなんとなく知っていました。

　そこで私は、研究を開始して間もなく、勤め人をしている親友T君に「お前、自己啓発本って読む？」と尋ねてみたんです。まあ、手始めの市場調査のようなつもりで。するとT君はすかさず「読む、読む！」と。そしてこれまでに読んできた様々な自己啓発本を並べたてた挙句、「でも、結局はジェームズ・アレンの『「原因」と「結果」の法則』という本に戻っていくんだよなあ。あれが自己啓発本の原点だから」と呟いたんです。遠い目をしながら……。

　ほう！　ジェームズ・アレンという人が書いた『「原因」と「結果」の法則』という本は、それほどの名著なのか！　というわけで、何にせよ素直な私は「そうとなれば、まずはアレンの本を読んでみなくてはなるまい」と決意した次第。

ジェームズ・アレンという男

　さて、そんなわけで、私はまだ自己啓発本の西も東も分からないまま、とりあえず『「原因」と「結果」の法則』を読んでみたのですが、その話をする前に、ひとまずこの本の著者ジェームズ・アレンについて簡単に解説しておきましょう。

　ジェームズ・アレンは1864に生まれ、1912年に没したイギリスの作家です。生家は紡績業を細々と営んでいましたが、繊維産業の不況に伴って事業が立ち行かなくなり、ジェームズの父親がアメリカに出稼ぎに行くことになった。無論、父親としては、いずれ新天地で生計が立てられるようになれば家族を呼び寄せて、と思っていたのでしょうが、なんと！　現地に着いた途端、強盗に殺されてしまいます。

　かくして15歳にして父親を失ったジェームズは、就学をあきらめて社会人となるのですが、様々な会社で事務職を務めているうちに自分には文才があることに気づくんですね。そこで1893年にジャーナリズムに身を投じると、1901年に最初の著書となる『貧困から成り上がる』（*From Poverty to Power*）を上梓。そして2冊目の著書、『「原因」と「結果」の法則』がそこそこ売れたことで筆一本の生活となり、生涯で19冊の本を執筆しています。**生前はライターとして大成功を収めたというところまでは行かなかったようですが、主著である『「原因」と「結果」の法則』だけは本国イギリスよりもむしろアメリカで評判となり、自己啓発本の名著としてアレンの死後も長く売れ続けました。**そしてそれが日本語に翻訳されると我が国でも評判となり、日本中のサラリーパーソンの心の琴線に――もちろん我が親友Ｔ君の琴線にも――触れたと。

　それにしても、今から100年以上も前に死んだイギリス作家の虎の子の自己啓発本が、一旦アメリカを経由して、遠く日本にまで届いていたというのですから、一冊の本の来歴としてなかなか面白いではありませんか。

目が点！『「原因」と「結果」の法則』の大胆な主張

　さて、そんな来歴を知ってますますこの本に興味を抱いた私は、早速これを取り寄せたのですが、実際に読んでみて色々驚くことがありました。

　まず驚いたのは、この本のコンパクトさ。予備知識がなかった私は、世の自己啓発本の原点というからにはよほど大部な本なのだろうと思っていたのですが、実際に手にしたそれは大きな活字で組んでも100頁に届かないような薄い本だったんです。なるほど、『「原因」と「結果」の法則』というのは、本というよりはパンフレットのようなものだったのか！

　しかし、私がもっと驚いたのはこの本の冒頭の一節。そこにはこんなことが書いてあったんです。

　「人は誰も、内側で考えているとおりの人間である」という古来の金言は、私たちの人格のみならず、人生全般にあてはまる言葉です。私たちは、文字どおり、自分が考えているとおりの人生を生きているのです。なかでも人格は、私たちがめぐらしているあらゆる思いの、完璧な総和です。　　　　　(13頁)

　ん？　人は誰でも、内側で考えている通りの人間？　人格とは人間の思いの総和？　この人は一体、何を言っているの？　何しろそれまで自己啓発本というものを読んだことがなかったもので、冒頭の一文からして私は目が点になってしまったのですが、その後、この本を何度も読み返しているうちに、実はこの冒頭の一文が、何度も姿形を変えながらこの本の中に何度も登場していることに私は気がつきました。たとえばこんな具合に。

　○「人間は思いの主人であり、人格の制作者であり、環境と運命の設計者である」　　　　　(16頁)

　○環境は人間を創りません。私たちの環境は、私たち自身のことを外側に漏ら

すのみです。気高い思いばかりをめぐらしている人が、邪悪な道に落ち、苦悩する、などということはけっして起こりません。同様に、邪悪な思いばかりをめぐらしている人が、気高い目標を達成して真の幸せを感じる、などということも絶対に起こりません。　　　　　　　　　　　　　　　　　（26頁）

○私たちは、自分の環境を直接はコントロールできないかもしれません。でも、自分の思いは完璧にコントロールできます。よって、私たちは間接的に、しかし明らかに、自分の環境をコントロールすることができます。　　（40頁）

○気高い理想を掲げ、そのビジョンを見つづけている人間は、いつの日にか、それを現実のものにします。　　　　　　　　　　　　　　　　　（71頁）

　つまり、人間が心の内に思ったことは必ず実現し、その人の人格や環境を作り出すのであって、その逆ではない。**人間は環境とか運命などに翻弄される弱い存在であるどころか、むしろ人間が思考したことが、巡りめぐって環境や運命を作り上げるのだと。**

　ふうむ！　これはまた、すごいことをアレンは言っています。当時の世の常識からすると、真逆のことを言っていると言っていい。

　19世紀の終わりから20世紀初頭にかけて、つまり『「原因」と「結果」の法則』が書かれた頃の西洋諸国では、「自然主義文学」が流行していました。人間というのはきれいごとで語られるような崇高な存在ではない。むしろ欲望にまみれた薄汚い存在であり、そんな人間が構成する社会は当然、弱肉強食の世界にならざるを得ない。そしてこの強い者が勝ち、弱い者が蹂躙されるような社会の中で、人は運命に翻弄され、環境に左右されながら獣のように生きていく他ない――これが当時の一般的な人間観／社会観だったんですね。**少なくとも文学史的に言えば、運命と環境に翻弄される弱い人間の姿を描く自然主義文学が、この時代を象徴する文学の形だった。**

　ところがそこへ持ってきて、ジェームズ・アレンは逆のことを言っているわけです。人間は運命や環境に翻弄されるような存在ではない。むしろ人は

思いの力を使って、運命や環境を自分で作り上げているのだと。

　ね！　当時の一般的な人間観／社会観に真正面からチャレンジするような『「原因」と「結果」の法則』の大胆な主張に、あなたもビックリするでしょう？

気高い思いが「原因」となる

　とはいえ、『「原因」と「結果」の法則』は、いたずらに景気のいいことを言っているのではありません。「人の思いの力は強いので、何でも自分に都合のいいことを考えれば、それらが全部実現する。だから環境とか運命など少しも恐れなくてもいいんだ」などといい加減なことを主張しているわけではないんです。

　たとえば本書にはこう書いてある。

　　私たちは、自分が望んでいるものではなく、自分と同種のものを引き寄せます。口先だけのきれいごとやたんなる夢物語の類は、成長をことごとく阻まれますが、もっとも内奥にある真の思いや願望は、たとえそれが清らかなものであろうと、けがれたものであろうと、それ自身の食べ物をもち、それによって着々と育まれます。

（26頁）

　これはどういうことかと申しますと、ただ単に心に願望を抱いたところで、それは実現されない。「金持ちになりたい！」などと心に強く願ったところで、金持ちになることはできない。むしろ「金持ちになりたい」という汚れた強欲さにエネルギーが供給され、育まれてしまうので、あなたのもとにはそうした強欲にまみれた汚れた未来がやってくることになるだろうと。

　さらに続けてアレンはこうも言っている。

　　人々の多くは、環境を改善することには、とても意欲的ですが、自分自身を改善することには、ひどく消極的です。かれらがいつになっても環境を改善で

きないでいる理由が、ここにあります。

　自分自身を改善するということは、真の意味での自己犠牲を払うということにほかなりません。真の自己犠牲とは、心の中からあらゆる悪いものを取り払い、そこを良いものだけで満たそうとする作業です。　　　　（28頁、強調筆者）

　要するにここでアレンが言っているのは、「まずあなた自身が、自己犠牲の痛みに耐えながら気高くなりなさい」ということですね。そうやってあなたの内側がキレイになれば、あなたをとりまく外側の世界が、あなたに対して微笑みかけるようになりますよと。人間の内側の気高い思いが「原因」となり、それが素晴らしい環境、望ましい運命を「結果」として引き寄せる——これこそがジェームズ・アレンが『「原因」と「結果」の法則』を通じて読者に伝えようとしたメッセージの核だったんです。**本書の原題である *As A Man Thinketh*（あなたの思うまま）というのは、「何でもあなたの思い通りになる」という意味ではなく、「あなたが自分自身の人格を高めた分だけ、ちょうどその分だけ、あなたの運命は良い方に拓ける」という意味だったんですね！**

自分と世界はつながっているという思想

　さて、『「原因」と「結果」の法則』がそういうことを言っている本だと聞いて、あなたはガッカリしたでしょうか？　なあんだ、結局、自己犠牲を払って一生懸命努力しなきゃいけないのか、だったら当たり前のことを言っているだけではないか、と思いましたか？

　私はどうだったかと言いますと、私はこの本を読み、アレンが言わんとしていることを知って、非常に驚くと同時に、すごく感動しました。私にはアレンの主張が非常に斬新であると思われたからです。

　私だって、自己犠牲を払って一生懸命努力したら自分自身を改善することはできるだろうとは思っていました。しかし、自分が良くなったところで、それが自分を取り巻く環境や運命を改善することにつながるとは信じていな

かった。それはそうなることもあるかもしれないけど、そうならないことの方が多いだろうと思っていたんです。つまり、自分と世界との間に直接のつながりなどあるわけがないと思っていた。

しかし、アレンが言っていることは、そうではありません。**アレンは、「自分が変われば、自分を取り巻く世界がガラリと変わる」と言っているわけです**。自分の状態（インサイド）と世界の状態（アウトサイド）は常に一対一対応で密接につながっているので、自分が気高くなれば、そうなった分だけ必ずや世界はあなたに対して微笑む。インサイドの変革は、必ずやアウトサイドの変革を引き寄せる。そしてこの「インサイド・アウト」の引き寄せの法則には一つも例外はないのであって、その点、この世界は完全に公平な世界なのだと。

なるほど！　そうなのか！　そこまで確固たる自信をもってアレンがそう言うのであれば、私も一度、世界の公平さに賭けてみよう！　と私は思いました。インサイド・アウトの発想で、自分の内面から自分を取り巻く世界の在り様を変えてみようと。それは、この世界に対して希望を持ったということであり、その意味で本書『「原因」と「結果」の法則』は、私を楽観的でポジティヴな方向に動かしたということになる。

かくのごとく、私は『「原因」と「結果」の法則』を読んだことによって「インサイド・アウト」という発想を、そして「自分を変えることで望ましい環境や運命を引き寄せる」という「引き寄せ系自己啓発本」特有の発想を知ることになりました。そしてそのことは、私にとって大きなプラスになった。

私がこの本を強くすすめるのは、そうした実感があるからなのです。

私にとってこの本は、「希望の書」になったわけですね！

第3章　アメリカ独自の自己啓発思想！引き寄せ系自己啓発本10選

第3位　ウィリアム・W・アトキンソン『引き寄せの法則』

「病は気から」は本当か？
「引き寄せ系自己啓発本」草分けの本

KKベストセラーズ、2007年／William Walker Atkinson, 1862–1932
Thought Vibration or The Law of Attraction in the Thought World, 1906

精神療法の誕生

　この本の著者であるウィリアム・W・アトキンソンは1862年、メリーランド州はバルティモアに生を受けました。15歳にして食料品店で働き出しながら法曹界を目指し、1894年にペンシルバニア州で弁護士となった苦労人。しかし弁護士として多忙な日々を過ごしているうちに彼は身心の健康を害してしまう。今の言葉で言えば、重度のうつ病に罹ってしまうんですね。

　で、このままではダメだ、なんとか立ち直ろう、元のような健康体になろうと様々なことを試みている中でアトキンソンが出会ったのがメンタル・サイエンス、すなわち精神療法でした。

　アメリカで精神療法なるものが産声を上げたのは19世紀の半ば頃。フィニアス・クインビーという人が考案したものでした。クインビーはもともと時計職人だったのですが、結核に罹患してしまいます。結核といえば当時は死病ですから、クインビーも一時は世を儚むのですけれども、人づてに「乗馬は健康にいい」と聞き、藁にも縋る思いで馬に乗ってみた。で、馬から振り落とされまいと病気のことも忘れて必死に手綱を握り締め、鞍にしがみついていたら……なんと結核がケロッと治ってしまった。

　そう、結核のことを忘れて一心不乱にときを過ごしている内に、結核が治

ホントに?!

ってしまったんです。となれば、この衝撃的な体験から、クインビーの脳裏に「病は気から」というのは真実なのではないかという発想が浮かんできたのも道理。ひょっとして病気などというものは本来実体のない幻影であって、「すでに病気は治った／もう病気ではない」と強く信じさえすれば、その幻影は雲散霧消するのではないか？　そう言えば新約聖書に綴られているイエス・キリストが起こした数々の奇跡も、その多くは重い病に罹っている人に「あなたの病は癒された」と信じさせることによってその病を治すというものだったのであって、あれはキリスト自らが人間たちに、病気の治し方を教えてくださっていたのではなかったのか？

　かくして一介の時計職人であったクインビーは、患者に「あなたは病気ではない」と信じさせることによって病気を癒す療法、すなわち精神療法の施術者に転じ、医者から見放された1万2000人もの重病人を精神療法で救ったと言われています。そしてクインビーが先鞭をつけた精神療法は、クインビーの元患者であったメアリー・ベイカー・エディによって「クリスチャン・サイエンス」として継承されたほか、同様の施術を行なう精神療法家が雨後の筍のように輩出されたことで、19世紀後半のアメリカはまさに精神療法の百花繚乱時代となった。**アメリカのように国土が広大な割に人口が少なく、医療インフラが十分に行き渡らない国において、心の持ちようだけで病気を治す精神療法は、まさに福音だったんですね。**

　そして深刻なうつ病に悩んでいたアトキンソンが出会ったのも、まさにこの種の精神療法でした。そしてそれは確かに効いた。アトキンソンは「自分は病気ではない」と強く思い込むことで、健康を取り戻すことに成功したんですね。そしてそれは同時に、彼が「思考の力は本当に存在するのだ」という確信を得た瞬間でもありました。

弁護士からニューソート・ライターへ

　かくして精神療法によって心身の不調を脱したアトキンソンは、弁護士の仕事はそっちのけで精神療法の仕組みを研究し始めます。

なぜ「強く信じること（＝思考力／念）」が、病気の治癒につながるのか。この点について思いを巡らせたアトキンソンは、人間の思考（＝念）は、光や音や磁気と同じように一種の波動、すなわちエネルギーなのではないか、と思いつきます。その辺り、アトキンソンの『引き寄せの法則』から引用してみましょう。

　私たちは何かを念ずるときに、光、熱、電気、磁気と同じほど、現実的かつ繊細な波を出しています。それを見たり、聴いたり、触れたりできないからといって、存在しないと決めつけることはできません。強い磁石は波を出し、五十キロの鉄を吸い寄せるほどの力を発揮します。しかし、それほどの力を人は見ることも、味わうことも、嗅ぐことも、聴くことも、触れることもできません。
　同じように、念の波も普通の方法では、見たり、聴いたり、嗅いだり、触れたりできません。それでも、強い念波を受け取るかなり敏感な人々がいることは記録されていますし、多くの人が遠くからでも念をはっきり感じることを証明しています。このテレパシー現象は空想ではありません。（中略）
　前にも述べたように、人は思うときに非常に高い波を出し、それは光、熱、音、電気の波と同じほど現実的なものです。このような波を出して伝える法則を理解すれば、既知のエネルギーを扱うように、日常生活に念を応用できるようになるのです。
（7-8頁）

アトキンソンの主張をこのように引用しますと、現代人の誰もが「人間の思考が波動／エネルギーだって？　そんな馬鹿な！」と思うかもしれません。**しかしアトキンソンが生きた19世紀後半から20世紀前半にかけての時代というのは、「目に見えない力」が次々と発見された時代でもありました。**ドイツのハインリヒ・ヘルツが電波の存在を立証したのが1888年、イタリアのグリエルモ・マルコーニが電波を使ってモールス信号を送る実験に成功したのが1895年、また同じ1895年にはドイツのヴィルヘルム・コンラート・レントゲンがX線を発見していますし、1898年にはキュリー夫人らによるラジウムの発見があった。さらに1898年には天才科学者ニコラ・テスラが無線で模型のボートを動かす実験に成功し、1900年にはカナダの電気技師レジナル

ド・フェッセンデンがラジオの送受信に成功している。要するにこの時代、我々の身の回りにある「目に見えない力」が次々と発見されていたんですね。加えて1905年にはかのアインシュタインが、「光は粒子であると同時に波動である」という説を出し、「波動」というワードが沸騰していた。そのような時代を背景として見れば、「人間の思考の力だって、目には見えないけれども波動であり、つまりはエネルギーなのだ」という考えが素人の頭に思い浮かんだのも、むしろ自然な流れだったのではないでしょうか。

　人間の思考が音や電波やX線のような波動であることを踏まえれば、精神療法の原理は次のように説明できることになります。すなわち、人が「自分はもはや病気ではない」と強く願うと、その思考が人間の脳から電波のように宇宙に向けて発出され、その結果「病気ではない」という状態が願った人のもとに引き寄せられるのだと。

　では、人間の思考の波動を宇宙で受け取り、その人の願い通りの結果を返送してくれたのは一体誰なのか？

　アトキンソンは、それを「宇宙の意志」と呼びました。それは人間よりも崇高な叡智と無限のパワーを持つ存在であり、しかもその存在は、気高い思考の力をもって接触してくる人間の希望を叶えようとしているのだと。ここでもう一度、『引き寄せの法則』の一節を引用してみましょう。

　　もちろん、その背後に存在があります。宇宙の意志は人の意志より高いのですが、人の意志は一般に考えられている以上に、宇宙の意志と密につながっています。人が低い自分を克服して、真我を肯定すれば、宇宙の意志とつながり、多くの驚くべき力を授かります。

（24頁）

　意志を持つ人間のさらに上に「宇宙の意志」があって、修行を積んで「真我」を得た人間は、この宇宙の意志とつながり、そこからパワーを受け取ることができる……上に示したアトキンソンの文章を読めば、彼が想定している「宇宙の意志」とはすなわち、エマニュエル・スウェーデンボルグが創始

し、ラルフ・ウォルドー・エマソンがアメリカに広めた「ニューソート」の神概念そのものであることは明らかでしょう。そう、アトキンソンは精神療法の原理を突き詰めた結果、人間は思考を波動として発出することにより、宇宙に遍在する創造エネルギーたる神とつながることができるという可能性を見出したんですね！　そして神に直接お願いができるのであれば、「病気を治す」こと以外のどんな人間の願いであってもそれは聞き届けられ、良い結果を引き寄せられるはずだという可能性が出てきた。つまり、「引き寄せの法則」の作用原理が仮説として打ち立てられたわけです。

　そのように理解して読めば、以下に示す『引き寄せの法則』からの一節がアトキンソンの思想の集大成であり、ニューソートと精神療法の双方に理論的根拠を持つ「引き寄せの法則」の核心を語ったものであることも容易に理解できることでしょう。

　あなたは自分が何者であるかを冷静に考えたことがあるでしょうか。あなたは「すべてのもの」の表れであり、あるものすべてに対して、完全な権利をもっているのです。「無限者」の子供であり、そのすべてを継ぐ存在だといってもいいでしょう。何を求めているにせよ、あなたは自分のものを求めているにすぎません。真剣に求めれば求めるほど、得る自信が増し、ますますそれに手を伸ばし、確実に得るのです。

　強い願望、確信、行動する勇気。それが自分のものを引き寄せます。しかし、この力を働かせる前に、あなたは自分のものを求めているだけであり、権利外のものを求めているのではないことを悟らなければなりません。望むものへの権利を少しでも疑えば、法則との間に摩擦を起こします。権利をわずかでも疑っていれば、どれほど熱心に求めようとも、行動する勇気が失われます。

　また、あなたが他人のものを望むような思いでいれば、物乞いや泥棒と変わらなくなってしまいます。そうなれば、あなたの心は作業できなくなります。他人のものを得るという考えに、心が本能的に抵抗するからです。心は正直です。しかし、宇宙の最善のものが「聖なる継承者」たる自分に属していること、盗まなくてもすべてが十分にあることを悟っていれば、摩擦はなくなり、障壁は崩れて、法則がその作業を進めます。

(96−97頁)

ヨガの先駆的伝道者

　ここまで解説してきたように、ウィリアム・W・アトキンソンは、アメリカの自己啓発本の二大潮流の一つである「引き寄せ系自己啓発本」を書き記した初期引き寄せ系自己啓発本ライターの代表格の一人であって、この系統の自己啓発本のことを語るとなると、どうしても取り上げなければならない人物なんですね。

　しかし！　彼には引き寄せ系自己啓発本ライターのほかにもう一つ、別な顔があります。実はアトキンソンには、「ヨギ・ラマチャラカ（Yogi Ramacharaka）」というペンネームがありまして、*The Hindu-Yogi Science Of Breath: A Complete Manual of the Oriental Breathing Philosophy of Physical, Mental, Psychic and Spiritual Development,* 1903をはじめ、身体操法と瞑想によって心の平安を得る東洋的方法論としてのヨガの本を沢山出している。**つまり彼は、いわば引き寄せ系自己啓発本ライターの余技として、ヨガをアメリカに紹介した最初期の人物でもあるんです。**

　アトキンソンが弁護士から自己啓発本ライターへ転身したのは、精神療法によって健康を回復したことがきっかけであったのは既に述べましたが、彼が1893年にある会合で偶然インド人のヨガ行者に出会って以来、すっかりヨガに夢中になり、以後、ヨガの紹介・普及に力を尽くすようになったのも、おそらくは健康回復法としてのヨガの効能に気づいたからでしょう。それにしてもアメリカでヨガが本格的に普及し始めるのはようやく20世紀も半ばを過ぎた頃の話ですから、アトキンソンのヨガへの傾倒はそうした時流をはるかに先取りしたものでした。ですから、ウィリアム・W・アトキンソンは、引き寄せ系自己啓発本の最も初期の著者としてだけでなく、ヨガ／東洋思想のアメリカへの先駆的伝道者としても注目に値する、実に興味深い人物と言えるのです。

第
4
位

ウォレス・ワトルズ
『富を「引き寄せる」科学的法則』

「世の中には無限の金がある」という前提から始める

信念を持つことで行動が変わる

角川文庫、2007年
Wallace D. Wattles, 1860–1911　*The Science of Getting Rich*, 1910

キリスト教社会主義者としての問題意識

　著者のウォレス・ワトルズは、先にご紹介したイギリスのジェームズ・アレンやウィリアム・W・アトキンソンと同世代の作家であり、この二人と同様、ニューソート系の自己啓発思想家です。

　アレン同様、ワトルズの経歴も詳しくは分からないのですが、庭師の父親の下、シカゴ近隣の田舎町の小さな農場に生まれた彼は、経済的な理由から正規の教育はあまり受けられなかったものの、1896年にキリスト教社会主義者ジョージ・D・ヘロン（George D. Herron）の講演を聴いたことを機に政治の世界に入り、一時はアメリカ社会党から下院議員選挙に打って出るほど入れあげたらしい。結果はもちろん落選でしたが、その後もキリスト教社会主義の理想は捨てず、終生この理想の実現を志したとのこと。

　ところで、ワトルズがキリスト教社会主義者であったという事実は、彼の思想を理解する上で重要です。彼はマルクス主義的な唯物史観に基づく社会主義を信奉していたわけではないけれど、金持ちと貧乏人の格差を広げる資本主義社会のままではダメだという強い問題意識を持っていたんですね。だからそこにキリスト教倫理を導入し、富の分配を公平にしなければならない——これが、ワトルズが「キリスト教社会主義者」であったことの真意であ

り、彼の自己啓発思想の原点です。

　ただ、ここでさらに重要なのは、ワトルズが社会改革のために導入しようとしたキリスト教倫理とは、伝統的なキリスト教のそれではなく、エマニュエル・スウェーデンボルグが創始し、ラルフ・ウォルドー・エマソンがアメリカに広めた新しいキリスト教概念、すなわち「ニューソート」のそれだった、というところ。

　聖書——特にイエス・キリストの教えが記されている新約聖書——は「貧しき者は幸いである」というのが基調音ですから、そもそも経済的な豊かさを奨励していません。「何を食べようか、何を飲もうかと、自分の命のことで思いわずらい、何を着ようかと自分のからだのことで思いわずらうな。命は食物にまさり、からだは着物にまさるではないか。空の鳥を見るがよい。まくことも、刈ることもせず、倉に取りいれることもしない。それだのに、あなたがたの天の父は彼らを養っていて下さる。あなたがたは彼らよりも、はるかにすぐれた者ではないか」（マタイ6：25-26）とあるように、新約聖書の経済論は究極の運否天賦主義。伝統的なキリスト教の教えからすれば、明日のことを心配してあくせく働いたりしちゃいけないんですね。

　ところが、本書でもすでに述べた通り、キリスト教の中でもプロテスタント信者の多いアメリカでは、18世紀末くらいから自助努力の徳が説かれるようになり、正直に一生懸命働いて稼いだお金は神も是認してくださる、という考え方が広まっていきます。またそうなりますと、金持ち＝一生懸命働いた良い人、貧乏人＝一生懸命働かなかった悪い人、という色分けになりますから、今度は今までとは逆に金持ちの株が上がってしまう。**マックス・ウェーバーの名著『プロテスタンティズムの倫理と資本主義の精神』でも説かれているように、プロテスタントの信仰は、案外、資本主義のシステムを肯定してしまうところがあるんですね。**自由・平等を国是とするアメリカで、貧富の差が生じてしまうからくりがここにあります。

　しかし、ニューソートが経済的な豊かさを是認するのは、プロテスタント的な考え方、すなわち「自助努力の結果稼いだお金はノープロブレム」に基

づくものではありません。ニューソートの考え方というのは、まったくそういうものではないんですね。

　ではニューソートでは、そしてニューソートの信者であるワトルズは、「豊かさ」というものをどう捉えていたのか？

人間の願望は、神の願望でもある

　ワトルズは、世の中には無限の金がある、と考えていました。だから金持ちになろうと思えば、思った人全員が金持になれる。限りある資源、限りある量の金を奪い合うのではないから、他人と競争する必要もない。**「一生懸命働いた人、何らかの傑出した才能がある人だけが勝ち組になり、そうでない人は負け組にならざるを得ない」という弱肉強食の資本主義的経済観念とはまるで異なる、ニューソート独自の経済観念がここにあります。**

　ワトルズは、宇宙とは「形のない唯一の物質」というただ一つのものからできていて、この物質は創造のエネルギーに満ちているというニューソートの考え方を信奉していました。しかもこのエネルギーに満ちた唯一の物質は、人間の要請を受けて常に「形あるもの」になろうとしているので、もしあなたに何か欲しいものがあるならば、この「形のない唯一の物質」を自分の欲しいものに変えればいい。そうすればあなたは常に自分の欲しいものを手に入れられるのだから、豊かになろうと思えばいくらでも豊かになれる。ワトルズが「世の中には無限の金がある」というのは、そういう意味です。

　ではその創造エネルギーに満ちた「形のない唯一の物質」とは一体何なのか？　この問いに対してワトルズは、それこそが神だ、と答えます。それどころか、ニューソートの神概念からすると、我々人間もまたこの形のない唯一の物質（＝神）が物体化したものであって、しかもその物質は我々の中で常に広がろうとしている。もっと豊かな生活をしたいという拡充のエネルギーに満ちているんですね。で、豊かな暮らしを実現できるパワーがあるからこそ人間は願望を抱くのであって、その願望は決して「物欲」などと呼ばれる汚らわしいものではない。むしろ人が「金持ちになりたい」と願うのは、

その人の内部にある神が自らを表現したいと願っていることの証左であって、その意味で人が心に抱く願望は、そのまま神の神聖なる願望でもあるんです。

願いを叶える具体的方法

とまあ、ワトルズはニューソートの神概念を敷衍して人間の物欲を「神聖なるもの」として肯定し、遠慮することなくどんどん欲しいものを手に入れればいいと主張するんですね。誰もが欲しいものを手に入れれば、世界中の人間が平等に幸せになれる——これがワトルズの考える「キリスト教社会主義」なんです。

では、「形のない唯一の物質」から、自分の望むモノをどうやって創り出すのか。

ワトルズによれば、ここで重要な役割を果たすのが人間の思考です。この広い宇宙の中で、人間だけが思考することができる。これは神が人間に与えた特権に他ならない。だから人が「形のない唯一の物質」に自分の思考を伝えれば、物質はその思考通りの形を成し、その人の願望は実現する。

とはいえ、願望実現のためには幾つかのコツがあります。

「形のない唯一の物質」に自分の思考を伝えるとなると、何はともあれ、その物質と調和しなければなりません。**そのためには、まず「感謝」が必要。**感謝する気持ちを持つことで、思考の効力は倍化されます。逆に、邪悪な願望を実現させようとして、一生懸命、邪悪なことを考えても、それは「唯一の物質」の性質とは異なるものなので、決して実現はしません。

次に、自分が何を望んでいるか、理路整然とした明確なメッセージを物質に伝えなくてはならない。願いの叶ったときの状態をイメージし続けることが大切。そしてそれができるという信念をしっかり持つ。

ところで信念というものは、自分が見たもの、考えたことに大きく影響されます。だから金持ちになろうと思ったら、貧しさに目を向けてはいけない。貧困の内に困窮している人たちを目にして気の毒に思ったり、そういう人た

ちのために喜捨などしてはいけません——と言うと、何だか人でなしなことを言っているようですが、人は誰も望む通りの豊かさを手に入れることができるのですから、まず自分が願望を実現させ、裕福になることによって、今、貧しさに苦しんでいる人たちに手本を示せばいい。

とにかく感謝の心を忘れず、必ず願いは叶うという信念と、それが実現したときの明確なイメージを抱きつつ、他人を傷付けることのない真っ当な願いを思考し続ければ、その思考は「形のない唯一の物質」に届き、願い通りの形となった上で、反作用によってそれを思考した人のもとに引き寄せられる——これが、ワトルズが『富を「引き寄せる」科学的法則』という本の中で主張していることです。この引き寄せの法則が科学的な真理であることは、これまで人間が正しく願ったことで実現しなかった試しがないことから証明できるとワトルズは豪語しています（38頁）。だからこそ本書のタイトルは『富を「引き寄せる」科学的法則』となっているわけです。

自助努力系自己啓発本との接点

さて、ここまで『富を「引き寄せる」科学的法則』という引き寄せ系自己啓発本をご紹介してきたわけですが、いかがだったでしょうか。ワトルズのニューソート的キリスト教社会主義をユニークで面白いと思われた方もおられるでしょうし、とんでもない与太話と呆れられた方もおられることでしょう。

かく言う私はと言いますと、私はワトルズの主張には一理あると思っています。なぜなら、『富を「引き寄せる」科学的法則』をよく読むと、ワトルズは「思考」の重要性を盛んに口にしながら、その一方で「行動」の重要性にも言及しているから。

事実、本書第12章には、「思考するだけでなく、効率よく行動することも重要」と書いてある。

ではその行動とは何かと言えば、今いる場所で、今していることに全力を注ぐ、ということ。もしあなたが社会人であるならば、今の職場でその日に

できる仕事を最大限の熱意をもってやりなさいと。そのようにして日々努力を続けていれば、上司に認められるか、他社から引き抜かれるか、いずれにせよ今よりももっといい職場環境に移ることができる。それは生物の進化と一緒。生物の進化とは、その生物の生命力が限界を超えたときに生じるわけだが、それと同じく人間が成長して今居る場所に収まり切らなくなったとき、はじめてステップアップが生じるのだと。

　ね！　ワトルズはまともなことも言っているでしょ？

　また本書『富を「引き寄せる」科学的法則』の中でワトルズは、「自分の願いは必ず実現する、自分は必ず豊かな生活を手に入れることができる」というポジティヴな信念を強く持ち続けることが願望実現のコツだ、ということを繰り返し述べているのですが、さらに第15章まで読み進めると、そのようなポジティヴな信念を持っている人は、必然的に前向きな性格になる、と書いてある。そして一般に人は、前向きな性格の人が好きなのだと。だから前向きな人の周りには、その人を慕って多くの人が集まってくる。そうなると当然、人脈が増え、より条件のいい仕事や職のオファーも舞い込むことにもなる。そして次々と舞い込む仕事やオファーに応えるようにさらに一生懸命働けば、お金もどんどん入ってくる。ということは、そう、その人の「豊かになりたい」という願望は、見事、実現したではないですか！

　と、ここまで読むと、もうこの本が「引き寄せ系自己啓発本」なのか、それとも「自助努力系自己啓発本」なのか、分からなくなってきます。否、もともとこの二つの自己啓発本の系統は、実は見かけほど離れてはいないんですね。だから、一見すると「『思考』が『形のない唯一の物質』に働きかけて……」などと書いてあるものですから、眉唾な本のように見えますが、その実、「引き寄せ系自己啓発本」というのは、実に堅実なことを主張している本でもあるのです。そのことは『富を「引き寄せる」科学的法則』を読むとよく分かる。そういう意味でもワトルズのこの本は、典型的な「引き寄せ系自己啓発本」と言っていいのです。

第5位 チャールズ・F・ハアネル『ザ・マスターキー 成功の鍵』

「強く望めば実現する」を現実にするための24週レッスン
ナポレオン・ヒル、ロンダ・バーンにも影響を与えた本

角川文庫、2023年
Charles F. Haanel, 1866–1949 *The Master Key System*, 1912

自己啓発本界のラスボス?

　この本がアメリカで出版されたのは1912年のこと。今から100年以上も前に出た本ということになりますが、ある種、自己啓発本界のラスボス的な位置付けにある本になっているところがある。本書について解説する前に、まずはこの本のラスボスぶりについて、ご紹介していきましょう。

　アメリカ初の自己啓発本である『フランクリン自伝』が、貧しい生い立ちから「アメリカ建国の父祖」とまで呼ばれるまでに成り上がったベンジャミン・フランクリンによって書かれた本であったことからも明らかなように、自己啓発本というのは元来、成功者によって書かれるべきものでありました。が、時代が下り、自己啓発本が一つの文学ジャンルとして確立されるようになると、自己啓発本を書くプロのライターというのが登場するようになってくる。つまり、自己啓発本は社会的成功者だけが書くものではなくなっていくんですね。とはいえ、どうすれば金持ちになれるか/どうすれば出世できるか、といったことを説く自己啓発本の著者が金持ちでもなければ出世もしていないというのでは、その本の説得力が低下するのも事実。やはり自己啓発本は成功者が書いてこそ、というところはある。

　その点、本書の著者であるチャールズ・F・ハアネルは、15歳のときにと

ある会社のオフィス・ボーイ（小間使い）になったのを皮切りに叩き上げで出世を続け、最終的にはいくつもの会社を切り盛りするようになった文字通りの成功者。そんなハアネルが46歳のとき、自分がどういう風にしてビジネスマンとして成功したのか、その秘訣を伝授するものとして書いたのが『ザ・マスターキー』なのですから、ハアネルには自己啓発本を書く資格が十分にあったし、また同書は「成功者が書く」という自己啓発本本来の在り方を復活させたと言えるわけ。

　ですからハアネルは、一般読者からはもちろんのこと、自己啓発本のライターたちからリスペクトされるんですね。たとえば本書でも先にご紹介した「自己啓発本界のナポレオン」ことナポレオン・ヒルは、1919年、わざわざハアネルに手紙を書いて、「よくぞこの本を書いてくださった」と感謝しています。「自分が成功したのも、すべてあなたの『ザ・マスターキー』を読んだおかげです」と。また、後ほどご紹介するオーストラリアの超売れっ子自己啓発本ライター、ロンダ・バーンも、その著書『ザ・シークレット』の中で、ハアネルの『ザ・マスターキー』を自身の自己啓発思想の源泉の一つであると認めています。このように後の世代の多くの同業者からリスペクトされるわけですから、ハアネルを「自己啓発本界のラスボス」と私が位置付けているのも、納得していただけるのではないでしょうか。

ビル・ゲイツ伝説

　しかし、ハアネルとその著書『ザ・マスターキー』が自己啓発本界のラスボスとなるのに最も貢献したのは、誰あろう、マイクロソフト社を作ったIT業界の寵児ビル・ゲイツです。ゲイツはハーバード大学在学中に図書館でこの本と出合い、一読大いに感銘を受けまして、それでこの本に書いてある各種アドバイスをそのまま実行したところ、とんでもない大成功を収めてしまった。要するに『ザ・マスターキー』にはそれだけの実効性があったんですねで。で、「ビル・ゲイツは『ザ・マスターキー』という本を読んで成功したらしい」という噂がパッと広がり、彼の後に続いて二匹目、三匹目のドジョ

ウを狙ったシリコンヴァレーのIT技術者たちがこぞってこの本をむさぼり読んだため、**この大昔の自己啓発本が20世紀末のアメリカで飛ぶように売れた――これが『ザ・マスターキー』という本にまつわる「ビル・ゲイツ伝説」というヤツ。**

　ド文系の私からすると、IT技術者のような理系の秀才たちというのはきっとものすごく頭がいいのだろうと想像されるのですが、今述べたビル・ゲイツ伝説のような事象を見ると、彼らも案外人間的というか、単純な儲け話的なものに割と簡単に引っ掛かるものなんだなと……。

「成功のための24週レッスン」

　それはともかく、ビル・ゲイツを成功に導いたというこの伝説の自己啓発本には、一体何が書いてあったのか。

　実はこの本、「成功のための24週レッスン」と称する一種の訓練マニュアルでありまして、毎週１章（＝１レッスン）の課題をこなすことで、個々の読者がそれぞれの望むゴールへと近づいていく仕組みになっている。既に述べたように、アメリカ初の自己啓発本たる『フランクリン自伝』には、ベンジャミン・フランクリンが「13の徳目」というのを設定し、この徳目を毎週ひとつずつマスターしていくことを通じて成功への階段を昇って行ったことが書かれていたわけですが、そのことからしますと『ザ・マスターキー』は、アメリカの自己啓発本の伝統とも言うべき「ステップ式訓練システム」を採用していたと言っていいでしょう。

　では『ザ・マスターキー』が指南する個々のレッスンとは果たしてどういうものなのか。

　とりあえず１週目のレッスンを見てみると、「１日15分から30分、誰にも邪魔されず一人になれる部屋に入り、瞑想しなさい」という課題が書いてある。

　ん？　瞑想？

　気を取り直して２週目のレッスンを見てみましょう。２週目のレッスン

ん？　思考をコントロール？　邪念を追い出す？

ん？　筋肉と神経のリラックス？

は、「1週目と同じく誰にも邪魔されない部屋に一人で籠り、思考をコントロールして心の中から一切の邪念を追い出し、無の境地を保つ練習をしなさい」というもの。

　3週目のレッスンはどうなっているか。3週目の指示を見ると、「思考をコントロールするだけでなく、筋肉の緊張を解き、神経をリラックスすることに努めよ」とある。

　はい、この辺りでこの本の読者は薄々気が付き始めるでしょう。『ザ・マスターキー』でいうレッスンとは、『フランクリン自伝』における「13徳目のマスター」とはまったく異なる種類のものであることを。

『ザ・マスターキー』によれば、人間の心というのは創造的なものであり、人生の状況や環境、経験などはすべて習慣的な心の持ち方や傾向が生み出す結果に過ぎない。だから、人生でどれだけの力を持ち、どれだけのことを達成できるか、そしてどれだけのものを所有できるかは、どのように考えるかにすべてかかっている（19頁）。つまり、思考と感情とパワーの世界である内面世界に降りていって、そこに無尽蔵に蓄えられている可能性を認識し、それを成長させさえすれば、それが外側の世界に反映され、あなたはどのような成功でも手に入れることができる（27頁）――これがハアネルの拠って立つ基本的な世界観であり、『ザ・マスターキー』がその読者に指南しようとしている個々のレッスンの理論的根拠なんです。

　そう！　チャールズ・F・ハアネルの『ザ・マスターキー』は、「人が強く明確に望むことはすべて実現する」という引き寄せの法則をベースとしたステップ式訓練法だったんですね。だから「瞑想」とか「心身の自在なコントロール」を最初にマスターしておくことが重要なポイントだったわけ。またそうと分かれば、5週目のレッスンでは「友人に最後に会ったときの状況を明確に思い描きなさい」、9週目のレッスンでは「好きな花を思い浮かべ、それが種から開花するまでをイメージしなさい」などという課題が課され、自分が引き寄せたいと願う状況を具体的に心に描くための訓練を一歩ずつ進めていくようになっていることも容易に理解できるでしょう。

第 3 章　アメリカ独自の自己啓発思想！引き寄せ系自己啓発本10選

そしてこの調子でレッスンが続き、12週目には「全能の神と一体であること
とを自覚しなさい」、23週目には「人間はスピリットを持った身体ではなく、
身体を持ったスピリットである事実に集中しなさい」となって、いよいよ最
終24週目ともなると「わたしたちの住んでいる世界が本当に素晴らしい世界
であり、あなたが輝かしい存在であることを肝に銘じなさい」というレッス
ンが課されることになる。そんな具合に、自分の夢を具体的にイメージ化す
る訓練を24週にわたって行えば、その夢は必ずや実現し、誰でもが望んだ通
りの輝かしい自分になれると。

アブラムシのたとえ

ところで、こういうことを言いますと、「自分の望む未来を具体的に頭の中
にイメージ化する訓練を24週にわたって積む程度のことで、本当に望む通り
の未来が来るの？」と、いささか懐疑的になる読者もおられることでありま
しょう。ハアネルもそういう読者の反応があるだろうことを予想していたの
か、本書の中にちょっと面白い傍証を提示しています。

たとえば沢山のアブラムシがたかっている鉢植えのバラの木があるとす
る。そのバラの木を部屋の中に持ち込み、そのまま水もやらずに放置すれば、
その木は枯れてしまいます。するとそこにたかっていたアブラムシはどうな
るか？　なんと、突如としてアブラムシに羽が生え始め、一斉に飛び立つの
が観察されるそうです（198−199頁）。「このままここに居たんじゃ死んでしま
うから、羽を生やして別な木のところに行こう！」とアブラムシなりに衆議
一決したわけですね。

つまり、アブラムシのような下等な虫ですら、必要に応じて体の仕組みさ
え変え、飛べなかったものが飛べるようになる。いわんや、人間をや！　**人
間のような高等生物ならば、強く「こうありたい」と望めば、そのようにな
るに決まっているではないか！　というのが、ハアネルの言い分なわけ。**

なるほど、説得力あります……よね？　とにかく、ハアネルはこうして半
信半疑の読者を励まし、引き寄せの法則を信じて自分の望みを叶え、輝かし

い未来へと羽ばたけというメッセージを伝えているんです。

人間の思考力に対する信頼がすごい

　さて、ここまでチャールズ・F・ハアネルの古典的名著『ザ・マスターキー』をご紹介してきましたが、いかがだったでしょうか。

　いささかインチキ臭いなと思われた方もおられることでしょう。実のところ、私自身もハアネルの主張を100％受け入れているわけではありません。話半分……否、話四分の一くらいの心づもりで読んでいるところがある。

　しかし、この本には引き寄せ系自己啓発本特有の「人間の思考力に対する信頼」や「万能感」というものが横溢していて、そのハイテンションぶりはすごいなと思います。この人は本当に自分で確信していることを書いているのだろうなと。そしてそんなハアネルの書きぶりに影響を受け、何十万、否、ひょっとしたら何百万というアメリカ人が、24週にわたるレッスンを本気で試してみたのだろうなと。**そしてナポレオン・ヒルやビル・ゲイツやロンダ・バーン等々、実際にこの本のおかげで成功できたと実感した人たちも、その内の何割かはいたのではないかと。**

　その何割かの中に、あなたも入るかもしれない。そう考えれば、1世紀以上にわたって引き寄せ系自己啓発本の名著として親しまれているこの本を、読んでみる価値はあるのではないでしょうか。

第6位 C・H・ブルックス&エミール・クーエ『自己暗示(新版)』

無意識のレベルで自分の成功を信じるための「呪文」
うまくいくと思えないときに読む本

法政大学出版局、2023年
Cyrus Harry Brooks & Emile Coué, 1857–1926 *Better and Better Every Day*, 1960

薬剤師だったクーエの治療法

『自己暗示』は、エミール・クーエによる短い論文とC・H・ブルックスによる全般的な解説を合本したものですが、自己啓発思想史的観点から重要なのはエミール・クーエという人物の方。実際、エミール・クーエという人物とその業績は、20世紀の自己啓発思想の発展経緯をたどる上で絶対に欠かせない、重要な1ピースなんです。

ではそのエミール・クーエ、一体、どんな人物だったのか?

クーエはもともとフランスで薬局を経営していた薬剤師です。が、いつしか催眠療法に興味を持ち、アメリカの通信教育でしばし学んだ後、自分の薬局に診療所を付設して治療を始めるんですね。すると通ってきた病人がどんどん良くなるものだからその評判は鰻登り、イギリスやアメリカにまでその名声がとどろくようになってしまった。

では、クーエはどうやって病人を治していたのかと言いますと、「暗示法」を使っていたんです。

クーエは、何しろ本業は薬剤師ですから、一応、科学者ではあるわけです。西洋医学が生み出した治療法に基づいた薬物を使って、患者を治す。ただ、クーエはそこに暗示を付け加えるわけ。「この薬は効くんだよ。実によく効

く。あなたと同じ病気の人で、この薬で救われた人を何人も見てきたよ」などと言いながら薬を患者に手渡す。そうなると、薬本来の薬効にプラスして暗示効果まで加わるわけだから、これは効果テキメンなんです。

　ならばなぜ、暗示には効果があるのか？

　人間に「意識」と「無意識」があるのは既に常識の内ですが、この両者のうち、無意識は意識よりもはるかに広大な領域を司っています。たとえば何かを食べて、それを消化するということ一つ取ってみても、それは人間が意識的にやっていることではなく、無意識的にやっている。事実、意志の力で胃液を出したり引っ込めたりすることはできません。

　あるいは「明日は6時に絶対起きなきゃ」と思って寝るとする。すると翌朝5時59分にハッと目が覚めて、目覚まし時計が鳴る直前にそれをオフにすることができたなんてこと、誰だって一度や二度は経験があるのではないでしょうか。熟睡していたはずなのに、どうしてそんな芸当ができたのか？　と言えば、それは無意識層が睡眠と起床をコントロールしているからと言う他ない。無意識層の働きって、普段我々が想像している以上にすごいものなんですね！

　では意識層と無意識層の関係性はどうなっているのか？

　このことについてクーエは、意識層が「受付」のような役割、無意識層が「判断機関」のような役割を果たしていると考えました。ですからたとえば意識上に何かアイディアが浮かぶと、それは一旦無意識の方に送られて、そこで検討される。そしてその検討結果（＝判断）が、意識層に返送されることで、意識上に浮かんだアイディアが実現したり、しなかったりする、と。

　で、意識層と無意識層の両者がうまく連携していると、人間は健やかでいられるのですけれども、この両者に齟齬が生じ、意識層の問いかけに無意識層が「No!」という否定的な回答を返送すると、そこに何らかの問題が生じる契機となる。

　例として「吃音」のことを考えてみましょう。

　吃音に悩んでいる人は、とりあえず意識層の上でなんとか吃音を止めよう

と必死に努力するわけです。しかし、無意識の領域が「絶対どもるぞ」という判断を返送してくる限り、意志とか努力はまったく無力。それどころか、意志と努力で「止めよう」とすること自体が無意識層を活性化させ、「ほら、やっぱりダメだ！　ますますダメだ！」と追い打ちをかけるので、さらに吃音が止まらなくなってしまう。

　このことからクーエは、無意識層をコントロールしなければ、いかに意識的に改善しようと努力したところで、望む結果は出ないという結論を導き出すわけ。ちなみに、意識層は人間の「意志」の、また無意識層は人間の「想像力」の源泉です。だから上の結論を言い直せば、「想像力と意志が相争っているとき、勝者は常に想像力の方である」ということになる。

意 志 よ り も 想 像 力 が 勝 つ

　実際、この「想像力と意志が相争っているとき、勝者は常に想像力の方である」というクーエ理論は、我々の日常生活の中でいくらでも例を見出すことができます。

　たとえばゴルフの大きなトーナメントの一場面。次のホールでバーディを取ればあなたが優勝というシーン。だけど、難しいホールで、そこここにバンカーの罠がある。さあ、あなたが打つ番です。

　意識層、すなわち「意志」は、「よーし、何がなんでもグリーンに乗せてやる」と思い、「そのために死ぬ思いで練習してきたんじゃないか！　絶対成功するぞ！」と思う。ところが、無意識層すなわち想像の世界では、「絶対にバンカーにつかまるぞ。優勝どころか大恥だ。お前はいつだって大舞台で失敗ばかりしていたじゃないか。今度もきっと失敗するだろう。ボールはバンカーのど真ん中に飛んでいくに決まっている」という結論を出す。

　しかし、先にも言ったように、クーエの理論からすると、意志と想像力が喧嘩した場合、必ず想像力が勝つのですから、この場合、想像力（＝無意識層）が勝ちます。ですから、無意識層の支配下にある全神経が一致協力して彼の身体とクラブを操り、その結果、ボールは絶妙の軌道を描いて、想像し

ていた通り、バンカーのど真ん中に飛んでいく。それは見事に。

　もう一つ例を挙げましょうか。今度の舞台は嵐に翻弄される船の中。屈強のベテラン船乗りに向かって「顔色が悪いですね。船酔いじゃないですか？」とカマをかけても、船乗りはなんの影響も受けません。いくら船乗りの意識層に「船酔い」という概念を植え付けたとしても、その船乗りの意識層と無意識層がこぞって「俺は船に酔わない」という答えを用意しているから。

　ところが、同じ船に乗って心細い顔をしている乗客に同じことを言うと、無意識層の中で「酔うかもしれない」という想像をしているところへ、意識層にまで「船酔い」という概念を植え付けられたわけですから、とたんに船酔いしてしまいます。

　とまあ、これらの例からも明らかなように、意識層と無意識層の認識が一致していなければ、意識的にしようとしたことは絶対に実現しないし、逆に両者が一致しているときには、認識したことはすべて実現してしまうんですね。

自己暗示によって無意識層を変える

　そのように考えていくと、結局、ポイントは「無意識層」だということは明らかでしょう。意識層は意志の管轄ですから、自分でいかようにもコントロールできる。あとは無意識層をコントロールできさえすれば、色々なことが自分の自由になってくるはず。

　しかし、無意識層を意図的に支配するのは無理な話。ではどうするか。

　で、ここで登場するのが「自己暗示」という方法です。

　意志の力で無意識層を直接押さえつけるのは無理なんですけれども、無意識層が一番不活発なとき、すなわち入眠前など、いわば無意識層がノーガードな状態のときに、「大丈夫、すべてはうまく行くから」と自己暗示をかける。すると、するりと無意識層に忍び込んだこの言葉によって無意識層に変化が起こり、次に意識層から問いかけがあったときに、暗示に従って肯定的な返事を出す。「吃音は止まるだろうか→きっと止まるよ」、「ボールはグリー

ンにオンできるだろうか→きっとできるよ」、「船に酔って困ったことになる
だろうか→きっと大丈夫だよ」と。これによって、意識層と無意識層が協力
するので、結果、望んだ通りにことが進むようになると。

なぜ人は思い通りに生きられないのか

　ちなみに、意識的に「自己暗示」をかけなかったとしても、人は社会生活
を営んでいる限り、常に「暗示」に晒されています。新聞・雑誌、本、人か
ら聞いた話、インターネット、テレビ、ラジオ、そういったものが常に我々
の無意識層にメッセージを送っており、また無意識層は我々が気づかないう
ちにそのメッセージを暗示として受け取って、次に判断を下すときの材料に
している。

　**ですから、人がなかなか思い通りに生きられないのは、知らぬ間に無意識
の中にたまった様々な暗示によって無意識層の返答の仕方にバイアスがかか
っていて、それで意識層から問い合わせがあったときに否定的な返事を出す
からなんですね。**

　しかし、もしそれが現状であるのなら、この現状を変えることもまた、い
ともたやすいと言えなくもない。つまり、我々が日々植え付けられている方
向性のない「暗示」を、建設的な「自己暗示」にすり替えればいいわけです。
そうすれば、万事、物事はうまく行くはず。

クーエの魔法の呪文

　で、その観点からクーエは我々に一つの万能薬——魔法の呪文——を処方
してくれています。

　**それは何かと言いますと、毎日、夜寝る前など無意識層が油断していると
きを狙って、「私は毎日あらゆる面でますます良くなっている」と20回つぶや
くというもの。**英語ですと「Day by day, in every way, I'm getting better and
better.」となります。本書の原題である *Better and Better Every Day* も、この
魔法の呪文から来ているんですね。

私もひそかに実践しています。

165

ちなみに、この魔法の呪文は、あまりにも漠然としているように見えますが、このままがいいみたいです。というのは、無意識層というのは万能なので、この言葉をつぶやいた人にとって何を改善するのが一番いいのか、ちゃんと分かっているから。だから、変に特殊なものに変えて、「私は毎日頭が良くなっている」とか、「健康が良くなっている」、あるいは「懐具合が良くなっている」といったようにしない方がいい。あくまでも漠然と「あらゆる面でますます……」と言うべきなんだそうで。読者の皆さんの中で、「私もこの魔法の呪文を試してみたい！」と思われる方も多いと思いますので、老婆心ながら付け加えておきます。

「思考」の力を過大評価する自己啓発思想

　さて、ここまで述べてきたように、エミール・クーエは最初、薬剤師兼「暗示を使って病気を治す催眠療法士」としてスタートしたわけですが、その目覚ましい治療実績の中から「意志（＝意識）と想像力（＝無意識）が喧嘩した場合、必ず想像力が勝つ」というクーエ理論が生まれ、またその過程でクーエ自身、「無意識」の力の大きさを改めて認識し、「暗示療法」をさらに発展させる形で「自己暗示」という方法論を編み出した、ということなんですね。そしてクーエが考案した「私は毎日あらゆる面でますます良くなっている」という自己暗示の呪文が、病気の改善のみならず、人生全般の改善につながることが判明したことで、クーエは単なる精神療法士から自己啓発思想家としての地位を獲得したと。

　ちなみに、クーエの名がアメリカ中に知れ渡ったのは、彼が渡米した1923年から亡くなるまでの数年の間、すなわち1920年代であるわけですが、この頃のアメリカは「ポップ心理学」の真っ只中でありまして、誰も彼もが「ジグムント・フロイト」だの「心理学」だの「無意識」だのといった耳新しい言葉に夢中になっていた。**そこへ持ってきてクーエが「無意識に自己暗示をかけさえすれば、誰でも自分の思い通りの人生を生きることができる」というようなことを言い出したわけですから、ポップ心理学ブームに輪をかけた**

自己暗示ブームが到来したのも当然。第一次世界大戦後のバブル景気を背景に、アメリカ中の野心家たちが、日々、「私は毎日あらゆる面でますます良くなっている」と呟いたのも何ら不思議なことではない……。

とまあ、1920年代のアメリカにおけるエミール・クーエの人気というのは大したものだったのですが、しかし、そのことはさて置いたとしても、クーエがアメリカ自己啓発思想に与えた影響は重要です。

アメリカの自己啓発思想の中には、19世紀後半以降、人間の「思考」の力を過大評価する考え方があります。で、この考え方を支持する一派は、いわゆる「引き寄せの法則」、すなわち「人間が強く願うことはすべて実現する」という夢物語をまともに信じている。出世したかったら、お金持ちになりたかったら、そのことを一心に願うだけでいい。そうすれば、何の努力もせずに出世もできるし、お金持ちにだってなれると。で、そのような伝統を踏まえた上で考えると、1920年代に流行したクーエの自己暗示法というのは、引き寄せ系自己啓発思想を肯定する側の伝統の中にあることが分かります。クーエの自己暗示法も、引き寄せの法則同様、「私は毎日あらゆる面でますます良くなっている」と念じるだけで、あらゆる夢は叶うと言っているわけですから。

「努力不要論」という誤解

ところでこの種の「引き寄せ系」自己啓発思想は、一見すると「努力不要論」に見えます。努力が要らないのだから、楽でいい。それゆえ、すごく人気のある考え方で、信奉者も多いのですが、反面、「努力もせずに夢を実現させよう」などと考えること自体不謹慎だと思うアンチも多い。アメリカの自己啓発思想は、「引き寄せの法則」などという馬鹿馬鹿しいことを言い出すから嫌いだ、という人は多いんですね。ですから、アメリカの自己啓発思想を論じる上でも、「引き寄せの法則」を受け入れるか否かは、結構、大きな論点……と言うか、分水嶺であるわけ。

しかし、ここまで本項をお読みの皆さんは理解されていると思いますが、

クーエの自己暗示法の一番重要なポイントは、「努力をする必要はない」ということではありません。そうではなくて、「意志の力で無理やり努力したことは成功しない」ということを主張しているんですね。つまり「努力」という美徳を頭から否定しているわけではなく、「意志の力で無理やり努力しても、無意識の内に巣食っている『いくら努力したって、どうせ自分は失敗するだろう』という否定的な思いが邪魔をして、せっかくの努力が無駄になるケースが多い」と。だから、まずは夢が既に叶った状態を強く念じ、自分には夢を実現するだけの十分な能力があることを自分自身で確信しなくてはならない。その確信を、自己暗示法によって無意識の中まで浸透させれば、努力に一層身が入り、実際にその努力が実を結ぶ確率が高くなる——クーエが主張していることというのは、結局、そういうことです。

　そして、このクーエの主張というのは、実は他のすべての「引き寄せ系」自己啓発思想にも当てはまります。引き寄せ系の自己啓発本がアピールする「強く念じるだけで、あなたの夢はすべて叶う」という主張もまた、クーエのそれと同様、努力不要論ではなく、「無意識のレベルまで自分自身の成功を信じられないようでは、そもそも夢など叶うはずがない」ということなんですね。で、そうであると知れば、引き寄せ系の自己啓発思想に対してネガティヴな感情を抱いているアンチの人たちも、引き寄せ系自己啓発本の主張に、少しは耳を傾ける気になるというものではないでしょうか？

　ということで、本書『自己暗示』は、エミール・クーエというフランス生まれの自己啓発思想家のことを知る上でも、また世に数多ある引き寄せ系自己啓発本の、一見、努力不要論に見える言説が、実はそうではないことを理解する上でも、非常に役に立つ本なのでした。

第7位 マクスウェル・マルツ『自分を動かす』

「自己イメージ」を変えることで目標は必ず達成できる
過去の失敗を断ち切るための本

知道出版、2016年
Maxwell Maltz, 1899–1975 *Psycho-Cybernetics*, 1960

「サイコ・サイバネティクス」とは？

　この本の原題は『サイコ・サイバネティクス』（*Psycho-Cybernetics*）というのですが、「サイバネティクス」というのは、アメリカの天才数学者ノーバート・ウィーナー（Norbert Wiener, 1894–1964）が1948年に提唱した概念で、ウィキペディアによると「通信工学と制御工学を融合し、生理学、機械工学、システム工学、さらには人間、機械の相互関係（コミュニケーション）を統一的に扱うことを意図して作られ、発展した学問」のこと。そう言われても何のことやらですが、サイバネティクスの理論が素人にも分かり易い形で応用されているのは、ミサイルの制御システムです。

　ミサイルを目標物に向かって発射するところをご想像ください。ミサイルはコンピュータで計算された飛行ルートを通ってその目標物に向かって飛んでいくわけですけれども、その間、強い横風を受けるなど、様々な予想外の障害に遭遇し、当初計画した飛行ルート通りに飛べなくなることも多々ある。でもそういうとき、ミサイルは飛行ルートから外れてしまったことをフィードバックし、それを元にコンピュータがルートを再設定、その結果、ミサイルは自動的に舵を修正しながら、最終的には目標物に着弾すると。

　つまりミサイルは、一度目標を設定すると、途中、予想外の障害に出くわ

しても、その都度フィードバックと再計算を行い、何度も方向修正を繰り返して最終的に目標に到達する。で、この種の自動修正システムの総称が「サイバネティクス」であって、そういう意味の言葉として、1960年代のアメリカで大流行したんですね。そしてその流行語にピンときた本書の著者マクスウェル・マルツが、人が一度決めた人生の目標に向かって、適宜、修正舵を切りながら進んでいくことの謂いとして「サイコ・サイバネティクス」という言葉を作り、それを自著のタイトルにしたというわけ。

目標を定めることの重要性

　そんな説明をしますと、本書の読者の皆さんには、既にマルツの『自分を動かす』という本の内容がおおよそ推測がつくのではないでしょうか。

　そう！　まさにそれでありまして、マルツが本書を通じて言わんとしているのは、「あなたがもし人生で何かを達成したいのであれば、まずは確固とした目標を定めろ」ということですね。そうすれば、ちょうどミサイルが途中で障害に遭ったとしても最終的には目標物に着弾するように、あなたの望みも必ずや達成されるであろう」と。要するに本書でも既に何度も取り上げた、典型的な「引き寄せ系自己啓発本」の言説です。

　ところが。マクスウェル・マルツの引き寄せ言説には一つ、面白い特徴があります。**それはマルツが、目標を定める際に重要なのは、その目標の達成を願う自分自身に自信を持つことである、ということを強調する点。**

整形外科医としての体験から

　実はマクスウェル・マルツは、元々整形外科医だったんですね。だから彼のもとには「顔に自信のない人」が整形手術の相談にやってくる。

　で、ここでマルツが驚いたのは、自分のところに相談に来る人たちの中に、どう見ても不細工ではない人が相当数含まれていることでした。しかもそういう人たちに、「あなたは手術の必要なんて全然ないですよ」といくら説得しても、彼ら／彼女らはまったく耳を貸さない。

そんな経験を幾度も重ねた結果、マルツはハタと気がつくんです。容姿の美醜に悩んでいる人にとって、不細工か否かというのは客観的な事実ではなく、当人の「自己イメージ」によるのだということに。で、その自己イメージに自信がない場合、いくら他人が「あなたは十分美しい」といっても説得できず、その人の人生は暗澹たるものであり続けると。

勘のいい方はお気づきかと思いますが、この事実は、前項に挙げたエミール・クーエの「意志（＝意識層）と想像力（＝無意識層）が喧嘩をしたら、必ず想像力が勝つ」という理論を裏書きしているんですね。無意識層の中に「私は醜い」という思いが沈殿している限り、周囲の人たちがそれを否定したところで効果はないんです。

しかし、そのことは逆に言えば、自己イメージさえ改善すれば、その人の人生そのものが改善されるということにもなる。**自己イメージの改善とは、要するに劣等感の排除、ですね。**

では、どうすれば自己イメージを改善し、劣等感を排除できるのか。

この点に関し、マルツが勧めるのは、劣等感の元である「過去に失敗した自分」と「現在の自分」を別人と考えること。

普通、人は「過去に失敗した自分」と「現在の自分」を同一視するので、つい「自分は駄目な奴なんだ！」と思い込んでしまいます。しかし「失敗した自分」は「過去の自分」ですから、厳密に言えば「現在の自分」とは別人です。だから、「自分は（過去に）失敗した」と認識するのはいいけれど、「だから自分は失敗者だ」と自己規定するのは正しくない。

そう言えば先に紹介したラルフ・ウォルドー・エマソンも、『自己信頼』というエッセイの中で同趣旨のことを言っています。人間は毎朝生まれ変わるのだから、昨日とまったく違うことを言い出したっていいんだと。私はそれを初めて読んだとき、「いや、それではあまりに無責任なんじゃないの？」と思いましたけれども、マルツの「自己イメージ改善」の話を絡めて考えれば、エマソンが言わんとしたことの真意が分かります。**要するに、過去の自分の失敗を棚上げするのは、自己啓発思想の観点から言うと、とってもいいこと**

IKKOさん流に言えば「『過去の自分』なんて背負い投げ〜！」

だったんですね！

他人の判断や偏見を頭から追い出す

　それからもう一つ、世間の常識とか他人の判断、そういうものも「サイコ・サイバネティクス」をうまく機能させられなくなる要因になるとマルツは言います。たとえば「そんなこと無理に決まっている、絶対失敗するさ」というような他人の考え方を、人は無意識のうちに取り込んでしまう。人間の脳は「現実」と「偏見」を区別できないので、もし他人の偏見を取り込んでしまったら、それを現実と認識し、「自分には不可能だ」と結論づけてしまう。だから、そういう他人の偏見を追い出して、「絶対できる」というポジティヴな思いに変えていくことが重要なんですね。

　幸い人間の脳には「エングラム」という記憶をストックする場所があって、そこに成功した記憶も失敗した記憶も蓄えられているのだけれど、そのうち成功した記憶の方を頻繁に取り出していけば、その成功記憶はさらに強化される傾向がある。ゆえに、そうしたエングラムの性質を利用し、成功記憶を強化するにしくはない。**成功記憶を強化して、ポジティヴな思いを蓄積していけば、必ずや上手に「サイコ・サイバネティクス」を働かせることができるようになり、思うような人生を歩むことができますよと。**

　まあ、マクスウェル・マルツの引き寄せ系自己啓発思想というのは、そういうものです。

　本書は典型的な自己啓発本なんですけれども、特に「失敗した過去の自分を、現在の自分と同一視するな」というのは、なかなか面白いアドバイスなのではないでしょうか。私も、過去、色々と恥ずかしい失敗を積み重ね、そういう過去の失敗を赤面しながら思い出しては身の置き所のない思いをしておりますのでね。「それは過去の自分。今のオレはそのときのオレじゃないもんね」と割り切れば勇気百倍！　あとはサイコ・サイバネティクスの自動操縦で、人生の目標に到達するのみ！　なのかもしれません。

第8位 ジョセフ・マーフィー『眠りながら成功する』

潜在意識に幸福の種を蒔く方法とは
闘病体験をきっかけに目覚めた著者の代表作

知的生き方文庫、2001年
Joseph Murphy, 1898–1981　*The Power of Your Subconscious Mind*, 1963

「マーフィーの法則」の原点？

　少し前……いや、今からすると大分昔のことになってしまいますが、日本でも「マーフィーの法則」というのが流行ったことがありました。「マーフィーの法則」には色々なものがあって、たとえば「高級カーペットの上にトーストを落とすと、バターを塗った面から着地する」というのがある。要するに「泣き面に蜂」とか「降れば土砂降り」みたいなことなのでしょうが、そう言われれば誰もが「ああ……」と納得するようなユーモラスな法則、ですよね。

　そもそも「マーフィーの法則」として知られるようになる法則を思いついたのは、エドワード・マーフィーというアメリカ空軍のエンジニア。彼はあるとき、加速度計の故障の原因が誰かの配線ミスであったことを突き止め、「If there is any way to do it wrong, he will do it.」と嘆いた。要するに「間違える可能性が少しでもあるならば、人は必ず間違える」ということなのですが、このときマーフィーは期せずして「そうならなければいいなと思っていることは、必ず実現する」という残念な法則性にスポットライトを当ててしまった。で、このエンジニアの詠嘆がきっかけとなって、他にも同じような事例があるのではないかという話になり、たとえば「洗車をすると、直後

に雨が降る」とか、「新しいワイシャツを着ると、その日にボールペンのシミをつけてしまう」といった法則が色々な人によって次々と発見され、その都度「マーフィーの法則」に付け加えられていったんですね。先ほどの「高級カーペットの上にトーストを落とすと、バターを塗った面から着地する」も、その一例と言っていいでしょう。

とまあ、「マーフィーの法則」の原点はあくまでもエドワード・マーフィーというエンジニアの経験則に由来する詠嘆にあったのですが、実はこれには一つ異説があります。**この法則を唱えたのはエドワード・マーフィーではなく、ジョセフ・マーフィーという人物なのではないかという説があるんです。** ではそのジョセフ・マーフィーとは、一体何者なのか？

ニューソート系精神療法で病から救われた男

ジョセフ・マーフィーは、名前からしていかにもアイルランド系ですが、実際、私塾の校長を務める父の下、アイルランドに生を受けました。当然カトリックであり、一時はイエズス会に所属していましたが、ティーンエイジャーの頃、イエズス会の教義に疑問を抱くようになったのに加え、とある出来事があって宗旨替えを決意。そんなこともあり、彼は1922年、単身アメリカへ乗り込みます。

マーフィーにカトリックからの宗旨替えとアメリカ行きを決意させた「ある出来事」というのは、彼自身の闘病体験でした。彼は若い頃、悪性肉腫（がん）に罹ったのですが、アメリカのフィニアス・クインビーが提唱したニューソート系精神療法（本書143頁参照）を用いて完治させてしまったんです。となれば、カトリックの神様よりアメリカのニューソートの神様の方が頼りになるとマーフィーが思ったのも無理はない。かくしてニューヨークに着いたマーフィーは、クリスチャン・サイエンス教会と並んでアメリカを代表するニューソート系精神療法の牙城となっていたディヴァイン・サイエンス教会（Church of Divine Science）の信者となり、そこで著名なニューソート指導者のエメット・フォックス（Emmet Fox）の指導を受けます。またロスアン

ゼルスに移住した1940年代には、これまた有名なニューソート指導者である
アーネスト・ホームズ（Ernest Holmes）の下で研鑽を積み、自身ディヴァイ
ン・サイエンス教会の牧師に任命されています。

**このようにニューソート系精神療法で病気から救われた人がニューソート
信者となり、やがて自らも治療者となるというパターンはよくあることなの
ですが、ジョセフ・マーフィーの場合もまさにそれ。**しかもエメット・フォ
ックスやアーネスト・ホームズの薫陶を受けていたとなれば、ニューソート
指導者への道筋として王道を歩んだと言っても過言ではない。

潜在意識に種を蒔け！

そしてその期待に違わず、1940年代後半から1970年代にかけて数多くの
著書を出したマーフィーは、20世紀のニューソート指導者として最も成功し
た一人となります。そしてそんな彼の代表作が『眠りながら成功する』。**邦題
のタイトルが少し誤解を招きそうですが、原題を見れば分かるように、この
本は潜在意識の重要性に着目し、これを自在に操ることで自分の望みを叶え
ることを指南した本です。**「悪性腫瘍は必ず治る」という自身の願望を潜在意
識に吹き込むことで実際にがんサバイバーとなったマーフィーが書いた本と
して、これ以上ふさわしい内容はないでしょう。

では実際に、この本にはどのようなことが書いてあるのか。

マーフィーはニューソートの思想家ですから、「全能の神と人間は直接つ
ながっている」という考え方が彼の思想の大前提。ならば神は私たち人間と
どこで接触しているのか。そのことを考えたとき、マーフィーは潜在意識に
思い至ります。マーフィーは『眠りながら成功する』の中で、潜在意識につ
いて以下のように証言しています。

　　あなたの潜在意識は途方もない力をもっていて、あなたを鼓舞し、導き、記
　　憶の倉庫から人名、事実、情景を取り出して示してくれます。あなたの心臓を
　　鼓動させ、血液の循環を制御し、消化、排泄などを操作しているのはあなたの

潜在意識です。

　パンを一切れ食べると、潜在意識はそれを体の組織や筋肉や骨や血液に変えてくれます。この作用には、この地球上のどんな賢い人の知能も及びません。潜在意識はあなたの体のあらゆる重要な作用や機能を制御し、あらゆる問題に対する解答を知っています。

　潜在意識は眠ることも休むこともありません。いつでも働いています。何か具体的なことを達成するようにと、就寝前に潜在意識にはっきりと言ってごらんなさい。そうすれば、あなたの潜在意識の奇跡を起こす力がどれほどのものかわかるでしょう。あなたは自分の内なる力が解き放され、望んだ結果が得られることを発見して喜ぶことでしょう。

　ですから、潜在意識にこそ全能者、すなわち世界を動かし、星に軌道の上を運行させ、太陽に輝きを与えている、あの力にあなたを接触させてくれる、力と知恵の根源があるのです。

（上巻82頁）

　このように、マーフィーが人間の潜在意識を全能者（＝神）の座と捉えていることは確かなのですが、それと同時に、彼はしばしば潜在意識を庭にたとえます。その庭はあまりにも肥沃なので、ここに種を蒔けば、その種はたちまち発芽し、開花し、見事に実る。だからもし人が潜在意識という庭に自分の心からの願いを種として蒔けば、それは必ず実現する、というわけ。

　しかしその一方、潜在意識には「選択」という概念がないので、この庭に蒔かれた種であれば、どんなものでも見境なく実らせてしまいます。だから仮に人が自分の潜在意識に「不安」や「怖れ」といった種をうっかり蒔いてしまうと、それらもまた必ず実現してしまう。ここが少しやっかいなところではありますが、ともあれ、これがマーフィーの潜在意識についての理論のすべてです。

　そしてこのシンプルな理論からすると、人が「こういうことが起こるとまずいな……」と不安に思っていると、それが潜在意識に入り込み、結果としてその不安が的中することになる。そう！　ジョセフ・マーフィーの潜在意識理論が、エドワード・マーフィーの「マーフィーの法則」に限りなく近づくのはここです。**カーペットの上にバター付きパンが落ちるのは、「そうなら**

ないで欲しい」という不安が、**潜在意識を通じて実現してしまった例だった
んですね！** 「マーフィーの法則」の提唱者はジョセフ・マーフィーなのでは
ないか、という異説が生じる理由がここにあります。

夢 の 実 現 法

　しかし、潜在意識の性質がマーフィーの言う通りであるならば、それを活
用するのは簡単です。我々人間には自分の意志で操ることのできる顕在意識
があるのですから、その顕在意識を使って潜在意識の庭に幸福の種を蒔けば
いい。**顕在意識を使って潜在意識に自分の希望を伝えるというのは、要する
に自己暗示をかける、ということです。** そうすれば、その暗示を受け取った
潜在意識は、全能者のパワーでもってそれを見事に実現させてくれるはず。
『眠りながら成功する』の中に、「ですから、平和、幸福、正しい行為、善意、
繁栄という考えの種子をまき始めてください。今述べたような良いことを、
静かに、また関心をもって思い浮かべ、それを自分の意識し、思考する精神
の中で十分受け入れてください。このようなすばらしい種子（考え）をあな
たの心の庭にまき続けてください。そうすれば、あなたはすばらしい収穫を
得られるでしょう」（上巻36-7頁）と書いてあるのは、その意味です。

　ただし、自己暗示をかけるにもコツがあって、自分の希望をコロコロ変え
てしまったのでは、潜在意識を惑わせるばかり。タクシーに乗るにしても、
行き先をしょっちゅう変えてしまったのでは運転手さんはどちらの方向に走
ればいいのか分かりませんよね？　**だから、自分がどうしても実現させたい
希望があるならば、その希望一つに絞って潜在意識に植え付けるのが重要。**

　また潜在意識に自分の希望が通じるかどうかは、思いの強さに比例するの
で、自分の希望は必ず叶うという信念を込め、あるいはその希望はもう既に
叶ったというようなフリをして、そのリアルな喜びの実感を感謝の気持ちと
共に潜在意識に伝えるのが大事。

　……とまあ、マーフィーの『眠りながら成功する』を熟読していると、と
にかく潜在意識に自分の希望を植え付ければなんでも実現するのか！　とい

う気になってきて、何だか妙にワクワクしてきます。たまに「でも、本当に
そんなことがあるのかなあ？」という疑念が差し込んできても、「あなたの潜
在意識はあらゆる問題に対する解答です。もしあなたが眠る前に、『私は六時
に起きたいんだ』と潜在意識に暗示を与えると、潜在意識はあなたをちょう
ど六時に起こしてくれます。」（上巻47-8頁）と畳み掛けられると、「確かにそ
ういうことはあるよな……。だとすると、マーフィーの言う潜在意識の力と
いうのは本当にあるのかもしれない」という気にもなってくる。

　信じる者は救われる──ジョセフ・マーフィーの『眠りながら成功する』
という本の真価を云々するとき、私の脳裏に思い浮かぶ言葉がコレです。

　でも、私は思うのです。別に高価な壺を買えと言われているわけでもない
のですから、一度くらい、マーフィーの言うことを真に受けて、潜在意識の
パワーに頼ってみたらどうかと。果たしてどんな幸福の種が実るか、それを
想像するだけでも、人生に一つ、楽しみが増えるではないですか。

第
9
位

ブルース・リプトン
『思考のすごい力』

コレラ菌をがぶ飲みしてもコレラにならなかった?!
心が身体に与える力を利用する

PHP 研究所、2009年
Bruce Lipton, 1944– *The Biology of Belief*, 2005

コレラ菌をがぶ飲みするペッテンコーファー

　リプトンは、発生生物学（Developmental Biology）を専門とする歴とした科
学者で、お医者さんでもあります。ただこの人は「人間の信念は、DNA 以上
に人間の成長・発達に影響を与える」という説を唱えていて、『思考のすごい
力』もその主張を元に書かれた本なのですけど、当然のことながら、正統的
な学問の世界からは異端視されている。まあ、そうなるでしょうねえ……。

　ではこの本がつまらないかと言いますと、これが意外に面白い。「おお
っ！」と思わせるような面白エピソードが随所に書かれておりまして、少な
くとも科学の素人が読む分には相当楽しめます。

　その面白エピソードの中でも特に私が爆笑してしまったものを一つ、ご紹
介しましょう。

　「ロベルト・コッホ」という名前に、聞き覚えはあるでしょうか。19世紀の
ドイツの細菌学者で、北里柴三郎の師匠に当たる人。コレラ菌の発見者で、
コレラという病気はコレラ菌という細菌が引き起こすということを最初に主
張した人ですね。

　ところが、今でこそ小学生だって知っていそうな細菌学の基礎的知識も、
19世紀の医学界ではまだ疑問視されていて、「目に見えない『細菌』」だなん

て、そんなもの、ナンセンス！」と、コッホに批判的な学者も多かった。で、その批判的な学者の一人がマックス・フォン・ペッテンコーファー。そう、森鷗外がドイツに留学していたときの指導教授です。

　で、ペッテンコーファーがあまり「コレラ菌説」をバカにするものだから、あるときコッホが怒って「じゃあ、このコレラ菌がたっぷり入った水、飲んでみろよ！　これ飲んだら絶対コレラになるぞ」と言って凄んだんですね。そうしたらペッテンコーファーの方も売り言葉に買い言葉、負けずに「上等だ！　飲んでやるよ！」とか言って、そのコレラ水を一気飲みしたと。

　どうなったと思います？

　ペッテンコーファーは、コレラにはなりませんでした。で、「ほーれ見ろ。コレラ菌でコレラになるなんてウソ、ウソ！」と勝ち誇ったという。

　つまりペッテンコーファーみたいに「コレラ菌」の存在とか「コレラ菌がコレラを引き起こす」とかいう言説をまったく信じていない人がコレラ水を飲んでも、コレラにはならないってことなんですね。まさに「病は気から」でありまして、それほど信念の力というのはすごいと。

手術にも「プラシーボ」効果がある？

　あと、もう一つ面白かったのは、「プラシーボ手術」のエピソード。

　ご存じかと思いますが、「プラシーボ現象」というのは、医学的にはなんの意味もない乳糖などを「よく効く薬だよ」とか言って患者に飲ませると、言い聞かせた通りの薬効が生じてしまうという現象のこと。実はこれと同じ現象が、外科手術にも生じるというのです。

　たとえば膝の軟骨の異常によって引き起こされる、とある病気がある。あまり深刻な病気ではなく、膝をちょっと切って、軟骨をちょっと削って、後は縫合すればそれで治る。簡単な手術ですから、これまでにも数限りなく行われてきたのですが、この手術にもプラシーボ現象が応用できると。

　実際にどうやるかと言いますと、まずこの病気に罹った人を２グループに分けまして、一方では本当の手術をする。片や第２グループでは、一応、膝

を切って、いかにも手術をしているようなカチャカチャいう音を当該の病人に聴かせた後、そのまま縫合する。そう、第2グループでは軟骨を削る施術はしていないんですね。

ところが、術後の経過をみると、どちらのグループの患者も同じ位の割合で症状が完治する。

つまりこの病気に関して、手術をしても治るけど、「手術をしたフリ」をしても治るということが明らかになったと。

いやはや、ビックリ。**もしここに書かれているのが本当だとすると、「病は気から」ということは本当だし、「治療も気から」ということだって実際にあるのでしょう。**確かにリプトンの言う通り、「信念の力はDNA以上」なのかもしれません。

さらに面白いエピソード

本書『思考のすごい力』には、さらに面白いエピソードもあります。

それはイボ治療の話なんですが、イギリスでは1950年代まで、イボの治療にしばしば催眠術が使われ、それが標準的な治療法だったというのですね。イボのある患者に催眠術をかけ、眠っている患者に「はい、あなたのイボはもう取れましたよ～」などと言いきかせると、本当にそうなると。

で、あるとき、ある田舎医者のところにひどい皮膚病に罹った少年患者が大病院から紹介されてきた。ただ、その少年の場合は、イボどころじゃなくて、全身の皮膚がガサガサになっていたんです。

だけどその田舎医者は、「どうせこれもイボの一種だろう」と思って、その少年に催眠術をかけ、とりあえず左腕だけに集中し、いつものように「ほーら、君の左腕はすっかり治って、つるつるのお肌だよ」などと暗示をかけてみた。

そうしたら、1週間くらいして左腕の皮膚病はきれいに治ってしまった。そこで今度は右腕、次は左足……という具合に、その田舎医者は短期間のうちにその少年の皮膚病を催眠術だけで完治させてしまったと。

ところが、この件でびっくりしたのは、当の少年よりも、少年を田舎医者に紹介した大病院側でした。と言うのも、その少年の皮膚病はイボどころじゃなく、象皮病的な遺伝性の不治の病だったから。治療不可能として大病院が放り出した患者を、田舎医者が簡単に治しちゃったものだからもう大騒ぎ。イギリス中の同じ病に悩む患者たちが、一縷の望みをもってその田舎医者のもとに殺到したのは言うまでもありません。

　しかし、その田舎医者は、その後、二度とその病気を治すことはできませんでした。

　その田舎医者は、自分が治したのは不治の病だということを知ってしまったんですね。「基本、治らない病気なんだ」という知識がその医者の脳裏に取りついてしまい、「こんなの簡単に治せる」というつもりで気楽にやっていたのと同じ催眠術がかけられなくなってしまった。そしてそれと共に彼の神通力も消え失せてしまったと。

3つのエピソードから分かること

　さて、上に示してきたこの3つのエピソード全部に共通するのは、身体と心の関係性です。もっとはっきり言えば、精神的な思い込みが身体に及ぼす影響は、一般に我々が思っている以上に強いのかもしれない、ということですね。

　しかし、西洋医学は、伝統的にこの種のプラシーボ系のエピソードをほとんど考慮してきませんでした。どこまでも還元主義で、ということはつまり、人体の仕組みをばらばらに把握し、そのどこかに病巣があるならば、その部分だけ治すなり取り除くなりすればいい、という考え方で行こうとする。**それはまた、心と身体は別物であって、身体の障害は身体だけ面倒みていればいいんだ、という考え方でもあります。**

　無論、こういう考え方からは対症療法しか出てきません。何？　体のどこかに炎症が起こってヒスタミンが出ている？　ならば抗ヒスタミン剤を飲ませればいい。抗ヒスタミン剤の副作用？　それは仕方ないんじゃない？──

こういう考え方ですね。しかし一説によればアメリカでは年間12万人もの人が薬害で亡くなっていて、それはアメリカ人の死亡原因の第3位を占めるという。

こうした現状を指摘しながら、リプトンは、西洋医学の知見の後進性を論難します。物理学の世界ではニュートン力学はとうに乗り越えられ、量子力学のレベルでモノを考えるようになっているのに、生物学・医学の世界では、いまだにニュートン力学で対処しようとしているのではないかと。

ちなみに、リプトンの言う「生物学・医学におけるニュートン力学」とは、「DNAボス説」を指します。人間のすべては、遺伝によって偶然与えられたDNAの指令によって決まって行くという考え方。その人の頭の良さ、性格、病歴、寿命は、生まれたときから決まっているんだ、という考え方ですね。

だけど、リプトンは、自身の研究に基づいて、このDNAボス説に異を唱えます。

確かに設計図としてDNAはよくできているし、コンピュータとしてもよくできている。だけど、実際にはすべてがその設計図通りに行くわけではない。事実、プラシーボ現象が存在し、またストレスが現代人の病気の大半を生み出していることを考えれば、外部環境がDNAの指令を上書きすることもあり得るのかもしれない。だとしたら、人間が「思考」という武器を使って外部環境を操り、自分の好きなようにDNAの設計図を変えてしまえばいいのではないか？　そうすれば、人間はDNAの中にあらかじめ仕込まれた運命をかなぐり捨て、自分自身の信念で、自分の運命を切り拓いていけるのではないか？

リプトンの自己啓発思想

人間は、思考を操ることによって、自らの人生を主体的に変えていけるのではないか、という考え方。ブルース・リプトンの生物学／医学的な見解が、引き寄せ系自己啓発本のそれと奇妙に一致していくのは、まさにここです。

人間には意識と潜在意識の二つがあって、人間の行動の95％は潜在意識の

プログラムによるものだから、その潜在意識のプログラムを自分の意志で、自分に都合のいいように書き換えてしまえばいい。そうすれば「こうなりたい」という意識と「こうなることは可能だ」という潜在意識が協働することとなり、自分の望みは見事に実現！　結果として思い通りの人生を生きることが可能になるはず——本書『思考のすごい力』が最終的に主張しているのはそういうことであり、その辺り、本章第6位で取り上げたエミール・クーエの『自己暗示』の主張と重なってくるところがある。だからこそ本書は、引き寄せ系自己啓発本として読める、ということなんですね。否、それだけでなく、科学者の立場から引き寄せ系自己啓発思想を支持する人もいる、ということを知る上で、本書の存在意義は大いにあると言っていい。

　アメリカの医学界がリプトンの言説をあまり高く評価していない、という事実は厳然としてあります。しかしながら、リプトンが本書の中に挙げている種々のエピソードが事実であるのならば、精神的なものが身体的なものに何らかの影響を与える可能性がある、という程度のところまでは認めてもいいのではないかと、私は個人的に思います。何しろ、「そんなはずない」と思って飲めば、コレラ菌がたっぷり入った水を飲んでも、コレラにはならないんですから！

　それにしても、ペッテンコーファーがコレラ水をがぶ飲みしたってエピソード、何度読んでも笑える。その個所を読むためだけであったとしても、この本、一読の価値あり、です。

第3章 アメリカ独自の自己啓発思想！ 引き寄せ系自己啓発本10選

第10位 ロンダ・バーン『ザ・シークレット』

不景気の時代に「引き寄せの法則」を再ブレイクさせた本
過去の偉人を成功に導いた「秘密」とは

角川書店、2007年
Rhonda Byrne, 1951– *The Secret*, 2006

引き寄せ系自己啓発本、人気復活のきっかけとなった本

　ここまで引き寄せ系自己啓発本の名著を9冊、ご紹介してきました。これらの本は、それぞれ、それが出版された時代の社会状況を反映しながら、引き寄せ系自己啓発思想なるものを、その時代を生きる人々に訴えてきました。

　しかし、1960年代から70年代にかけて活躍したジョセフ・マーフィーの後、若干の例外こそあれ、引き寄せ系自己啓発本の人気は一時的に低迷します。**1970年代後半には痩身系／スポーツ系自己啓発本の流行があり、さらに1980年代末頃からはビジネス系／コーチング系自己啓発本の隆盛があって、自己啓発本の指南内容が即物的になっていくんですね。**また時代がそういうものを求めているとなると、「強く心に抱いたことはすべて実現する」といった、いわば「夢物語」的なところのある引き寄せ系自己啓発本の人気が落ちていくのも、なんとなく分かる気がします。

　が！　意外なことに21世紀に入ってから、引き寄せ系自己啓発本の人気は劇的に復活します。

　その主たる原因は、ズバリ、不景気。2001年9月のアメリカ同時多発テロとITバブルの崩壊を引き金として、アメリカでは世紀が変わるのとほぼ同時に景気が失速するのですが、これらに対処するためにFRBが取った超低利

金融政策のため、今度は一時的な不動産バブルが生じます。しかしこの不動産バブルに当て込んだサブプライム・ローンが2007年に崩壊したことがきっかけで大手投資会社リーマン・ブラザーズ・ホールディングスが倒産し（リーマン・ショック）、これが世界的な金融危機を引き起こすことになるなど、次々と負のスパイラルが生じてしまった。こういう時代になりますと、1990年代に絶大な人気を誇ったビジネス系／コーチング系自己啓発本は立つ瀬がありません。経営難に陥った会社からリストラされたり、会社自体が倒産してしまったのでは、この種の自己啓発本で学んだノウハウは何の役にも立ちませんからね。

　では、このような時代に役に立つ自己啓発思想は何かというと、一つは「ポジティヴ心理学」です。社会が暗いときこそ、あなた自身のメンタルが明るくなくては！　ポジティヴ心理学系自己啓発本については、この後、「心理学系自己啓発本」の章で詳述します。

　そしてもう一つ、この時代に再び脚光を浴びるようになるのが、引き寄せ系自己啓発本です。何となれば、「強く心に抱いたことはすべて実現する」という引き寄せ系自己啓発本の主張は、不景気だった2000年代のアメリカの社会状況を見事に説明していたから。誰もが「景気が悪い」という思いを募らせていたからこそ、それが実現してアメリカ全体が不景気になったのではないか？　ならば、この流れを逆転させるには、個人個人が心の内で「私は豊かだ！　願ったものはすべて手に入れた！」と強く念じるしかないのでは？

『ザ・シークレット』著者自身が引き寄せた大成功

　アメリカ社会の景気低迷を順風にして、2000年代に華麗な復活を遂げた引き寄せ系自己啓発本ですが、その人気を牽引したのが『ザ・シークレット』という本。何しろ2006年に売り出されるやアメリカにセンセーションを巻き起こし、その波は全世界にまで広まって、今日までにおよそ3000万部を売り上げたというのですから、その影響力の大きさは半端ではない。

　この本を書いたロンダ・バーンはオーストラリア出身のテレビ・プロデュ

第 3 章　アメリカ独自の自己啓発思想！ 引き寄せ系自己啓発本10選

ーサーですが、そもそも彼女が自己啓発本というものの存在に気づいたの
は、彼女の娘のおかげでした。

　実はロンダ・バーンは、この本を出す１年ほど前まで、公私ともに絶不調
の只中にありました。まず父親が亡くなり、当時つきあっていた恋人との関
係が破綻、さらには仕事仲間との不和もあり、心身共にズタズタな状態だっ
た。そんなとき、母親のピンチを思いやった娘が、彼女に一冊の本をプレゼ
ントしたんですね。お母さん、これを読んで元気になってね、と。

　このようにして娘から母親に手渡された一冊の本、それが自己啓発本だっ
たんです。それも大昔に書かれた引き寄せ系自己啓発本。それを読んだロン
ダ・バーンは驚愕します。心の中で願いごとをするだけで、あらゆることが
実現するだなんて、これは一体何事かと。しかし、そこはプロデューサーの
性というべきか、この一冊の本をきっかけに、ロンダ・バーンは猛然と引き
寄せの法則について調べ始めるんです。そして引き寄せの法則というのが
100年以上も前から唱えられていて、しかも古くはプラトン、シェイクスピ
ア、ニュートンから、ベートーベンやエジソン、そしてかのアインシュタイ
ン博士に至るまで、歴史に名を残す多くの名士たちが、いずれもこの法則を
使って成功していたのだということを発見する。そんな「秘密」があったな
んて！　そしてその秘密がごく一部の人たちの間だけで伝えられていたなん
て！　これは……ドキュメンタリー映画のネタになる！

　**かくしてこの世の究極の「秘密」、すなわち「引き寄せの法則」を発見した
ロンダ・バーンは、その後、『ザ・シークレット』を編集し、またそれを元に
してドキュメンタリー映画も制作、その両方が大成功を収めたことで、彼女
自身、それこそ一夜にして大富豪になってしまった。**

　少し前まで絶不調だったはずのロンダ・バーンは、引き寄せの法則の存在
を知ってからわずか１年にして、望んだ通りの大成功を引き寄せたのです。

様々な格言がリレーのように語られる

　では、その世紀のベストセラー、『ザ・シークレット』とはどのような本な

187

のか？

『ザ・シークレット』は、古今の引き寄せ系自己啓発本ライターたちの言説を寄せ集めて編集した格言集のような本です。ですから、悪く言えば、非常にお手軽な本ということになる。あっちのライターから一言、こっちのライターから一言、という具合に様々な文章を寄せ集めてきて、「要するに引き寄せの法則の使い方というのはこういうものだ」と主張するだけですから、こんなものすぐに作れてしまう。

ただ、そこがテレビ・プロデューサーの腕と言うべきか、ロンダ・バーンは盛り上げ方が抜群に上手い。様々な語り手の言葉をリレー形式で引き継ぎながら、引き寄せの法則なるものが、あたかも古代から選ばれし者たちの間だけに細々と伝えられてきた神秘の秘教、あるいは究極の叡知ででもあるかのように語り出すんです。たとえばこんな具合に。

ジョン・ディマティーニ博士
「これこそが人生に成功をもたらす**『偉大なる秘密』**なのです」
デニス・ウェイトリー博士
「過去の権力者たちはこの**『秘密』**を知っていましたが、それを人々に隠して独占していたのです。一般の人々はこの**『秘密』**を知らずに、毎日、職場で仕事をして、家に戻る、単調で退屈な日々を過ごしていました。この**『秘密』**を知っていたのはほんの少数の人たちでした」
　歴史上、多くの人々がこの「**秘密**」を隠そうとしてきました。また一方で、多くの人々がこの「**秘密**」を世界に広めようとしてきました。
マイケル・ベルナルド・ベックウィズ
「多くの人々の人生に奇跡が起こるのを実際に自分の目で見てきました。金銭面での奇跡、体の癒し、心の癒し、人間関係の癒しなどです」
ジャック・キャンフィールド
「この**『秘密』**の使い方を知っていたので、私にこれら全ての奇跡が起きたのです」
　（中略）
ボブ・プロクター

第3章　アメリカ独自の自己啓発思想！引き寄せ系自己啓発本10選

「その『秘密』とは『引き寄せの法則』だったのです」 （16-18頁）

ね！　読んでいるとなんだかワクワクしてきて、その引き寄せの法則とやらのことを俄然、知りたくなってくるでしょう？

「秘密」を伝授する

　その読者の期待に応えるように、本書は引き寄せの法則の原理や使い方を順次解説していきます。曰く、宇宙は豊かさに溢れているので、人は他人と競争することなく誰もが望むだけの富を得ることができる。豊かさを引き寄せるカギとなるのは人間の思考。思考とはすなわち波動であり、それは磁石のようなエネルギーを持つので、思考が宇宙に向けて放出されると、その波動に同調するものを引き寄せる。よって、人が思うことはすべて実現する。

　現在のあなたの状況は、すべてあなた自身が過去に抱いたあなた自身の思いが現実化したものである。その現状に満足できないのであれば、思考の波動を変え、望ましい未来像を心に抱くことで、未来を変えることは容易にできる。ただ望ましい状況を宇宙に向けてお願いし、それが実現することを信じ、成果を受け取るだけ。この「お願いする」「信じる」「受け取る」という3ステップを加速するのは「感謝」の念。常に感謝の気持ちを持ち続けることで、あなたの望む未来はすぐにやってくる。また「感情」も非常に重要で、自分の願いが実現したときの喜びの感情を「お願いする」「信じる」「受け取る」のすべての段階に付与すると、あなたの願いは一層叶いやすくなる。

　引き寄せの法則で身心の健康も引き寄せることができる。病気にかかったとき、「病気が早く治るように」と願うと、思いが病気のことに向かってしまい、余計に病気を引き寄せてしまう。そうではなくて、「私は健康だ」という思いに焦点を当てることが重要。普段から心掛けて、病気や老い、貧しさといった負の概念に目を向けてはならない。

　……とまあ、こんな具合に引き寄せの法則の使い方を伝授した後、ロンダ・バーンは読者に向けて高らかに宣言します。「**地球はあなたのために回っ**

ています。（中略）あなたは宇宙のマスターです。あなたは完璧です。今あなたは『秘密』を知っているのです」（293頁）と。こんなことを言われたら、誰だって今伝授されたばかりの「秘密」を駆使して、素晴らしい人生を引き寄せてみようと思うではないですか。

引き寄せ系自己啓発本は永久に

　一般に引き寄せ系自己啓発本は、読者を選ぶタイプの文学ジャンルです。『ザ・シークレット』にしても、面白い！　と思う読者もいれば、一読、馬鹿馬鹿しいと吐き捨てて、放り出してしまう読者もいることでしょう。

　しかし、それはそうとして、少なくとも『ザ・シークレット』は100年以上もの歴史を持ちながら一時期その存在が忘れ去られていた「引き寄せの法則」を21世紀初頭の不景気に喘ぐ人々、それも3000万人以上の人々に改めて伝えるという功績があったことは事実。そしてそのことによって、うつむいていた彼ら／彼女らの眼差しを天高く蒼穹の彼方に向けさせ、笑顔を取り戻させたのですから、この本は、現代に蘇った引き寄せ系自己啓発本として、その役割を十分に果たしたと言っていいのではないでしょうか。

　ところで、ロンダ・バーンが娘さんに手渡された「100年以上も前の自己啓発本」とは一体なんだったのか？

　本書の中でロンダ・バーンはあまり大々的には明言しておりません。しかし本書の中で一度だけ「私の人生を変えた本」という紹介の仕方がなされているところをみると、おそらくそれはウォレス・ワトルズの『富を「引き寄せる」科学的法則』（本章第４位参照）だったろうと思います。

　優れた自己啓発本を読んだ読者が、優れた自己啓発本を書く著者になる──自己啓発本という文学ジャンルの中で繰り返される伝統の一例がここにある、と言っていいでしょう。

第4章

学術的な根拠あり！心理学系自己啓発本10選

心理学は「不幸の研究」から始まった

　自己啓発本の存在意義、というか自己啓発本が本来的に持っている目的は、それを読んだ人を今まで以上に幸せにすること。しかし、人を幸せにすることを目的にした本は、何も自己啓発本だけとは限りません。たとえば心理学の本は人の心の悩みを解決することを目指しているわけですから、その意味では自己啓発本と変わらない。心理学の本は自己啓発本という文学ジャンルの一角を占めるもの、自己啓発本のサブカテゴリーと言ってもいいでしょう。

　とは言え、心理学が大昔から人間の幸せを追究していたわけではありません。ジグムント・フロイトの精神分析を想起すれば明らかなように、もともと心理学は「不幸の研究」から始まったのでした。何だか分からないけれども、生きているのが辛くて仕方がない、そんな不幸を背負った人の心の奥を探って行ったら、なんと！　幼い頃に非常に不快な体験をしていて、それがトラウマになってその不幸を生み出していたのだった！　……というようなことを発見するのが、心理学の役割だったんですね。

　しかし、不幸の原因となっていたトラウマを知ることにより、その人の不幸は解消するかもしれませんが、それはマイナスがゼロになっただけであって、プラスになったわけではない。不幸だった人が不幸でなくなったに過ぎず、その人が幸せになったわけではないんです。

「性善説」から始める心理学

　そんな「不幸の研究」を生業にしてきた心理学が、思い切って方向転換し、「幸福の研究」に舵を切り始めたのは1960年代に入ってから。「不幸の研究」から「幸福の研究」へのスイッチのきっかけとなったのは、アブラハム・マ

ズローという心理学者の存在でした。

　マズローが、彼以前の心理学者と決定的に違うところは、彼が徹底した「性善説」主義者であったこと。

　神を騙そうとしたアダムとイヴの嘘に人間の根源的な悪を見るキリスト教の教義に端を発し、17世紀イギリスの哲学者トマス・ホッブズが主著『リヴァイアサン』（1651）の中で展開した「人間を自然状態に置けば、万人の万人に対する闘争が起こる」という説から、フロイトの「攻撃衝動」概念に至るまで、西欧社会においては人間の本質を悪と見る「性悪説」の方が主流でした。しかし、マズローはこうした西欧社会の伝統に楯突くかのように、人間の本質を「善」と捉えた。ドングリに十分な日光と水を与えれば、どのドングリも健やかに育って大きな樫の木になるように、人間だってさして問題のない環境の中で普通に育てれば、スクスクと育って良い人間になるはず——この気持ちの良いほど楽観的な考え方、これこそがマズローの人間観だったんです。

　そしてその良い人間の最終形が「幸せな人間」であると考えたマズローは、ではどういう状態が「幸せな人間」の条件なのか、それを追究することに生涯を費やしたんですね。このようなマズローの発想の大転換から、「幸福心理学」の道のりが始まったことは言うまでもありません。

　本章では心理学が不幸の研究から幸福の研究へと方向転換し、自己啓発本に限りなく近づいていく、そんな道筋を跡付けていきたいと思います。またそうとなれば、そのトップバッターが誰になるのか、もうお分かりですよね！

第1位

アブラハム・マズロー
『改訂新版 人間性の心理学』

どのようにして人は「なるべき自分」へと成長していくのか?
人間性の本質はポジティヴであると定義した本

産業能率大学出版部、1987年
Abraham Harold Maslow, 1908–70 *Motivation and Personality*, 1954

心理学の「第三勢力」

　マズローは1960年代にアメリカで起こった「ヒューマニスティック心理学（人間性心理学）」の祖と呼ばれており、同調する研究者たちを糾合して心理学の「第三勢力」を築き上げた人。

　その上、期せずしてではありますが、心理学と自己啓発思想の間に架け橋をかけた人でもあって、自己啓発思想史上どうしても見逃せない人物。本書『人間性の心理学』は純然たる心理学の研究書ですが、ここはどうしてもこの本を取り上げないわけにはいかないんです。

第一勢力：行動主義心理学

　さて、マズローは心理学の第三勢力を築いたと言いましたが、では心理学の第一勢力とか第二勢力というのは何なのか？　本項ではその辺の話から始めてみましょう。

　心理学の第一勢力は、「行動主義心理学」です。

　行動主義心理学を説明するのに一番分かりやすいのは、例の「パブロフの犬」でしょうか。犬に餌を与える直前にベルを鳴らすということを続けていると、しまいには犬はベルの音を耳にしただけで唾液を出すようになるとい

う奴。行動主義心理学では動物が刺激に対してどういう反応をするかを観察することによって、動物の在り様を科学的に解明しようとします。で、行動主義心理学では人間も動物の一種と見なしますので、パブロフの犬の実験で得られた知見は、当然、人間にも当てはまると考える。**「刺激に対してどういう反応を示すかを観察していけば、人間性の本質は分かる」**というわけ。

　実験と観察によって構築していく行動主義心理学の知見は科学的かつ客観的ですから、客観的であることを重んじるアメリカでは、伝統的に行動主義心理学が心理学の主流、「第一勢力」だったんですね。エドワード・ソーンダイクとかJ・B・ワトソン、ネズミやハトの条件付け行動を観察するための実験装置「スキナー・ボックス」で名高いB・F・スキナーなど、有名どころの研究者も大勢いる。

　で、若き日のマズローも、当然のごとく行動主義心理学の学徒でした。彼が学生時代・院生時代に所属していたウィスコンシン大学マディソン校は行動主義心理学の牙城の一つでしたからね。

　しかし、行動主義心理学に携われば携わるほど、マズローには疑問が生じてきた。その疑問とは「ネズミのような下等生物を使った実験で得た知見を、高等生物である人間にそのまま当て嵌めることは妥当なのか？」というもの。食欲とか性欲とか、あるいは痛みを避けようとする本能だとか、そういうものは確かにネズミと人間が共有するものかもしれない。しかし、万物の霊長たる人間には、ネズミのような下等動物にはない特殊な性質があるのではないか？　鮭やハトに特殊な帰巣本能があるのだとしたら、人間にだって他の動物にはない特殊な本能があると考えてもいいのではないか？

第 二 勢 力 ： フ ロ イ ト 流 精 神 分 析

　かくして、若干の疑念を抱きつつも行動主義心理学を専攻したマズローは、1930年代半ばくらいまでには優秀な若手研究者として業界内で少しは知られるようになり、やがてニューヨーク市立大学ブルックリン校に教授として招聘されることになるのですが、この頃、彼に一つの転機が訪れます。

それは第二次世界大戦の余波で、ヒトラーの迫害を恐れたヨーロッパ中の優秀なユダヤ系心理学者たちが大挙してニューヨークに逃げてきたこと。**具体的に名前を挙げると、アルフレッド・アドラーとかエーリッヒ・フロム、カレン・ホーナイやオットー・ランクといった人たちですが、彼らはヨーロッパでは主流の「ネオ・フロイディアン」だった。**つまりフロイト流精神分析学の延長線上にある研究者たちですから、その研究対象は当然、人間ということになる。同じユダヤ系学徒であるマズローは、彼ら亡命ユダヤ系心理学者たちとの付き合いが始まってから、行動主義心理学と決別します。人間の本質を知るためには、やはり人間を調べなければならないと、そう思ったわけ。

マズローによるヒューマニスティック心理学

さて、人間を対象に人間の本質を探る心理学ということになりますと、先行研究としてはフロイト流の精神分析学がドーンと存在しているわけでありまして、マズローの分類によれば、この精神分析学が心理学の第二勢力ということになります。

しかし、行動主義心理学と決別したマズローが、そのまま心理学の第二勢力たる精神分析学に向かうことはありませんでした。**というのは、フロイト流の精神分析学が主な研究対象にしていたのが、精神の病を抱えた人たちだったから。**彼は病的な人間ではなく、健康な人間の研究がしたかったんです。

とまあ、そんなわけで、マズローは、心理学の第一勢力である「行動主義心理学」とも、第二勢力である「フロイト流精神分析学」とも決別し、健康な人間を対象として人間の本質とは何かを解明する研究に向かいます。で、そんな彼の考え方に同調する心理学者たちの結集を募り、1961年に学会誌『ヒューマニスティック心理学雑誌』を創刊、1963年の夏には「ヒューマニスティック心理学会」を創立し、自分たちの存在を行動主義心理学・フロイト流精神分析学に続く「第三勢力」と位置付けるわけ。

人間は「善なるもの」である

　ではヒューマニスティック心理学における「健康な人間」とは何か？　マズローは、「人間」というものをどういう風に捉えていたのか？

　思いっきり単純に言えば、「善なるもの」です。マズローは、人間性の本質というものをビックリするほどの性善説で捉えていました。

　たとえば、樫の木のドングリを思い浮かべてください。可愛い、コロッとしたドングリを。さて、このドングリの中に、将来、悪くなってやろうという「悪の根源」のようなものがあると思いますか？　まあ、普通に考えたらそうは思えないですよね？

　ドングリの中に悪がないように、人間という種子の中にも基本的には悪はない、と、マズローは考えていました。だから、ドングリを適切な環境の中に植え、光と水を十分に与えてやれば、自然に発芽してぐんぐん育っていくように、人間もまた適切な環境の中に置いて育ててやれば、誰もが自分の内部にある善なるものを自然に発露しながら素直に成長していくはずだと。**で、このように内部にある善なるものをごく自然に発露していくことをマズローは「自己実現」と呼び、自己実現した人間のことを「自己実現者（self actualizer）」と呼んだんですね。**この辺り、マズロー自身の言葉を、本書『人間性の心理学』の中から引用しておきましょう。

　　自己実現的人間の特徴の一つは、彼らが物理的環境や社会環境からある程度独立していることである。自己実現者は欠乏動機よりも成長動機によって動機づけられるので、現実世界や他者、文化や目的達成のための資力などといった「外部的なもの」から主たる満足を得ることはない。むしろ彼らは自分自身の可能性と潜在能力を頼みとして、自分自身の発展やたゆみない成長を志す。ちょうど樹木が日光や水、あるいは養分を必要とするように、人もまた愛や安全といった外部からのみ得られる基本的欲求を満たすことが必要である。しかし、一度、これらの外的欲求が満足させられ、内的欠乏が飽和されると、人にとって一番重要な問題である成長ということ、すなわち「自己実現」への探求が始

まるのである。 　　　　　　　　　　　　　　　（242-243頁、改変）

　いやはや、気持ちのいいほどの性善説。生育環境が劣悪で、個々人の自然な成長を阻害するような状況下であれば、その人は病気になったり悪の道に入ったりすることもあろうけれども、そういう特殊なケースを除けば、総じて人間は己自身の内部にある成長動機に従って素直にのびのびと成長していくものだ、というのがマズローの考え方なんですね。

　でまたこういう文章を読むと、マズローの思想とアメリカの自己啓発思想との間に強い親和性があることがよく分かります。たとえばアメリカの自己啓発思想の原点の一つともいうべき思想家にラルフ・ウォルドー・エマソンという人がいて、彼は有名なエッセイの中で「バラが何の屈託もなく花を咲かせるように、人間も己の本性に従って自然に開花すべきである」という趣旨のことを言っているのですが、「人間の内側には善なるものがあるのだから、その内なる善を解放し、自然に発露させればいい」という風に考える点において、エマソンとマズローは完全に一致している。だからエマソンの思想の延長線上にあるアメリカの自己啓発思想家たちは、マズローの人間信頼の姿勢を高く評価するわけ。そして彼を自陣に取り込もうとする。マズローもまた自分たちと同じように自己啓発思想家である、と。

マズローの欲求5段階説

　さて、ここまで長々と前振りをしてきましたが、とにかくマズローは、しかるべき環境さえあれば、人間というのは、それぞれが内部に抱えている種を発芽させるようにして自然に「なるべき自分」になっていくものだ、という風に考えていたわけです。

　では、もう少し具体的に言って、人間というのはどういう段階を踏んで「なるべき自分」になっていくのか？　ということを考えたときに、マズローは「段階」というものがあるだろうと考えた。人間というのは、いくつかの段階を踏んで、段々と「なるべき自分」へと成長していくのだと。これが有名な「欲

求5段階説」というものなのですが、以下、簡単にその説を説明しましょう。

マズローは、人間の動機の中には「より高い欲求」と「より低い欲求」があると考えていました。

では一番低次の欲求とは何かと言いますと、これは「生理的欲求」です。もっと簡単に言えば「飢え」ですね。人間、腹が減って死にかけているときには、もう食べ物のことしか頭に浮かばない。ですから「生理的欲求」というのは、最低次の欲求であると同時に最も強力な欲求ということになります。

ところが、これもマズローの説の面白いところなのですが、欲求というのは一度満たされると、その時点で欲求としての力を失ってしまうんですね。あれほど強力な欲求だった生理的欲求も、一旦、腹が満たされてしまえば跡形もなく消えてしまう。で、それが消え失せた時点で、今度は下から2番目の（＝2番目に強力な）欲求である「安全欲」というのが頭をもたげてくると。確かに、原始人の生活を想像しても、飢えが満たされたら、今度は穴倉が欲しくなるでしょう。特に狼やライオンなどがうろうろしている環境を想像したら、身を守る術がどうしても必要になるはず。食べ物と同様、安全もまた、人間にとって生存の可能性を高める上で絶対に欠かせない、強力な欲求であることは理解できます。

さて、生理的欲求が満たされ、安全欲も満たされた人にとって、次に来る3番目の欲求は何かと言いますと、「愛」です。これは男女の愛のことだけを言っているのではなく、もっと広い意味での同胞愛のこと。要するに「仲間が欲しくなる」ということですね。人間は一人では生きられませんから。

で、「愛（＝仲間）が欲しい」という欲求が満たされたとき、次にどんな欲求が生じて来るかというと、「尊重」です。人間たるもの、仲間ができたらできたで、今度はその仲間から一目置いてもらいたいと思うようになると。

さて、お腹も一杯、住む家もあり、仲間もでき、その仲間から尊敬もされるようになった人には、次にどんな欲求が生じて来るか？

そう！　ここで登場するのが、人間にとって5番目の、すなわち最高次の欲求である「自己実現欲」なんですね。「『なるべき自分』に何としてもなる」

という欲求。これが満たされれば、その人は人間が抱き得るすべての欲を満たしたことになる。**ただ、これは5つの欲求の中で一番弱い欲求ですから、この欲求を感じずに生涯を終える人も大勢います。**

ところが、ここがまた面白いところなんですが、5つの欲求の中の最高次にして最も弱い「自己実現欲」を満たそうというレベルの人間の中には、この欲を満たすためならば低次の欲求、つまり生理的欲求や安全欲求まで犠牲にすることも厭わないという人も出てくる。最弱の欲求が最強の欲求を凌駕(りょうが)するという逆説。たとえば第三世界の貧しい人々を救おうと自らの生涯を捧げたマザー・テレサのことなどを思い浮かべると、この逆説も納得です。いや、わざわざマザー・テレサを引き合いに出すこともない。高次の欲求を達成するために低次の欲求を我慢するということはよくあります。事実、周囲の人の羨望の眼差しを勝ち取るために、食べたいものも食べずにダイエットする人なんてどこにでもいるでしょう。

いずれにせよ、人間というのは、上に述べたような形で、欲求のレベルを次々と上げていきながら、「なるべき自分」になるための階段を一段ずつ昇って行き、自己実現を試みようとするものだ、というのが、ヒューマニスティック心理学の祖、アブラハム・マズローの人間観だったんです。

個人の改善から世界の改善へ

以上、アブラハム・マズローが『人間性の心理学』という本の中で唱えた「欲求5段階説」というのは、その根っこのところに「人間というのは、基本的に善なるものである」という信頼感がまずあって、その上でその素晴らしい個々の人間が、それぞれの内面の自然な発露によって「なるべき自分」になっていく（＝自己実現していく）、その過程を説明するものだったんですね。**その意味で、マズローの提唱した「ヒューマニスティック心理学」は、極めて自己啓発的だと言っていい。**

ただ、ここでもう一つ付け加えておきたいのは、マズローの自己啓発思想における「自己」とは、単に一人の人間を指すだけのものではなかった、と

いうこと。マズローは「なるべき自分になった人」、すなわち自己実現者が増えていけば、それは社会の形をも変えるだろうと考えていたんです。

先にも若干触れましたが、マズローのヒューマニスティック心理学以前の心理学は、フロイトの精神分析学の影響もあって、基本的に人間の欲求というのは邪悪なものだ、と考えていました。となると、現行の社会制度が邪悪な人間の欲望の暴走をいかに制御するかということをベースに組み立てられていることも当然でしょう。

しかし、もしマズローが言うように、人間の内面にあるものが善良なものであったとしたら？

その場合、従来の社会の仕組みとは逆に、社会制度は人間の欲求の発露を抑制するどころか、促すものとなるでありましょう。またそういう具合に欲求の自然な発露を実現しやすい環境が整えば、人間はますますのびのびと自己実現してゆくはず。そして従来、欲求の自然な発露を妨げられることによって精神的／肉体的に病気になっていた人たちも、その病から解放されることになる。まさに理想郷の実現です。このような理想郷の実現は、一足飛びにはいかないでしょうけれども、自己実現者の数が増えていけば、おのずと社会全体がその方向に動き出すだろうと、まあ、マズローはそのように考えていたんですね。

だからマズローの思想というのは、短期的には個々人の幸福を考えるものであったとしても、究極的には社会改革の方向性を持っていたわけ。またそのように考えると、マズローのヒューマニスティック心理学は、本書328ページで取り上げるリチャード・モーリス・バックの『宇宙意識』であるとか、341ページ、エックハルト・トールの『ニュー・アース』などの自己啓発本の主張とも重なってくるところがあると言えるでしょう。

というわけで、アブラハム・マズローの『人間性の心理学』という本、人間性の本質をポジティヴなものとして再解釈したという点において、また個人の幸福と社会全体の幸福の在り方を明示したという点において、自己啓発本としても傑作に分類できる名著なのでした。

第 **2** 位

ミハイ・チクセントミハイ
『フロー体験 喜びの現象学』

幸福は「達成」ではなく、その「過程」にある
日常へ「フロー」を持ち込むための方法

世界思想社、1996年
Mihaly Csikszentmihalyi, 1934–2021 *Flow: The Psychology of Optimal Experience*, 1990

無心の境地に幸福がある

　それにしても、まず著者の名前がすごいですよね！　「ミハイ・チクセントミハイ」。ワープロで普通に変換すると「未配・竺仙と未配」になってしまう。「未配」はまだいいとして、「竺仙」って何？

　それはともかく、チクセントミハイはシカゴ大学の有名な心理学者です。

　で、チクセントミハイの研究テーマは「フロー」という現象なんですけど、これ、日本語にしたら何になりますかね。「三昧」とか、そんな感じでしょうか。**あることに無我夢中で取り組んでいるときの無心の境地、ということですね。**あまり熱中しているために時間の感覚もなくなり、30分くらい経ったかなと思ったら、既に３時間を超えていた、みたいな、そういう境地。

　で、チクセントミハイ曰く、この三昧の境地こそが、人間にとって「幸福」な状態と言えるのではないかと。

幸福の追求と「フロー」

　もともと心理学というのは、フロイトの時代から「不幸の研究」が基本でした。なんか鬱っぽいなあ、幸せじゃないなあ、と思ってその原因をよくよくたどって行ったら、子供のときに受けたトラウマ（心の傷）が原因だった

とか。そんな感じで、「現在陥っている不幸の原因は、過去における悲惨な体験にあった！」的なことを追究する学問だった。

ところが、そんな不幸の研究ばかりしていてもつまらないから、代わりにもっと楽しいことを研究しようよという流れが20世紀の中頃に生じてきて、そのあたりから逆に「幸福」の研究がなされるようになってきたんですね。で、そんな幸福研究の第一人者となったのが、前項で取り上げたアブラハム・マズローという心理学者で、彼は種々研究の結果、人間が幸せになれるのは「自己実現したとき」だ、という結論を得た。自己実現というのは、簡単に言えば「なるべき自分になる」ということ。いくらお金持ちになっても、社会的地位が上がっても、当の本人が「今の自分って、もともと私がなりたかった自分じゃないよね」と思っているのだとしたら、それは幸せな状態ではない。逆にオリンピックで金メダルを取りたいと思っていた人が実際に金メダルを取ったら、それは自己実現を達成したことになりますから、当人は至福を味わったはず。

で、チクセントミハイはチクセントミハイで、どういうときに人は幸せになるかということを考えて、彼なりの結論を得た。

それによりますと——ここがマズローと違うところなのですけど——本当の幸せというのは、達成するものではないと。**目標を達成した瞬間にだけ訪れるものではない。そうではなくて、人間にとって幸せとは「過程」にある、と喝破した。**

ある有意義な目標に向かって時間も寝食も忘れて取り組んでいる人が、その忘我の境地からふと我に返ったとき、充実感に圧倒されながら「あ、今、自分は幸せだった」と思う。人の幸せって、そういうものじゃないのかと。

だから、チクセントミハイの理論から言えば、人が幸せになろうと思ったら、この三昧の時間、彼の言うところの「フロー状態」をいかに増やすか、というところに意を用いなければならないことになるわけです。

フローには条件がある

とは言え、こういうフローを体験するのには、いくつかの条件があります。無我夢中になることのすべてがフローではないんですね。

たとえば、映画好きな人が面白い映画を2時間、無我夢中で楽しんで、ああ面白かった、というだけではフローになりません。**その過程を通り過ぎたことによって人間的に成長することがフローの条件なので、ただ娯楽を消費しただけの映画鑑賞はフロー体験にはならないんです。**

では何か有意義な仕事に取り組もうと一念発起し、「地球を救う」という壮大な目標を立て、そのために無我夢中で活動したらどうなるかと言いますと……おそらく、その場合でもフロー状態には入り込めません。なぜなら「地球を救う」ことは個人の手には余る仕事だから。フローを得る可能性のある活動というのは、まずその活動の目標自体が明確で、それに挑戦する自分の能力がその目標達成へのチャレンジにふさわしいものである必要があるんですね。

あと、自分がやっていることに対する適切なフィードバックがあることも必要です。たとえば、一生懸命に顧客サービスに努めた結果、お客さんから「あなたのサービスは最高だ、また来るよ」と言ってもらえたら、それは、その人の行動が目標に叶っていることを表す指標ですから、非常に嬉しく感じるはず。そういう、「自分のやっていることは間違ってないな」と実感できるようなフィードバックが適度にあることが重要なわけ。

というわけで、フローにはいくつかの条件があるのですけれども、とにかく、フロー体験をしているときの人間は、最も幸福な人間であるということは間違いない。

日常生活の中のフロー

もっとも、フローが人間の幸福の原点だと知ったところで、人生、そんな無我夢中になれるようなことばかりではないわけですよ。年がら年中、無我

夢中で仕事に取り組んでいる人なんて、そうそういるわけではない。

　たとえばごく普通のサラリーパーソンの生活を想像してみるに、彼／彼女は会社に行って、好むと好まざるとにかかわらず、その都度会社から割り振られた仕事をし、仕事が終われば満員の電車に揺られて家に帰ってくる。帰宅後はもう疲れてしまって、自分の趣味を始める元気もなく、ただ晩御飯を食べて、ちょいとSNSでもして、後は寝るしかない。朝になれば、また昨日と同じような仕事をしに、満員電車に揺られて会社に行かなくちゃ……。

　これが一般の人間の日々の生活だとなると、そこにフローはないということになります。フローがないということは、幸せがないことと同意。実際、先進国に住む人々にアンケートすると、幸福じゃないと思っている人がすごく大勢いる。歴史上、こんなに豊かな時代ってないのに、それにもかかわらず、人は幸福になっていない。

　じゃあ、旅行に行くのは？　豪華なレストランで食事をするというのは？

　ま、普通の人に思いつく気晴らしというのは大体こんな感じでしょうけれども、先程も述べたように、これらの娯楽的な活動は、それがいかに楽しいものであったとしてもフローはもたらさないので、多少のストレス解消になりこそすれ、幸福の追求にはなっていない。事実、休暇旅行中の人にアンケートを取ると、意外にも、その期間中、幸せを感じる人は少ないそうです。

　では、どうすればいいのか？

　もう、日常の生活にフローを持ち込むしかない──チクセントミハイが唱道するのは、そういうことです。

　最もつまらないとされるような仕事ですら、そこに心的エネルギーを注ぎ込めば、それはフローになり得る、というのがチクセントミハイの考えです。たとえばベルトコンベアーをつかった組み立て作業といった単純作業でさえも、やり様によってはフローする作業に変えることができる。どういう手順でやれば最も効率よく組み立てられるか、1分間に最高、何個組み立てられるか、などの自分なりの目標を持ち込めば、そういう作業ですら一つのチャレンジになると。

結婚生活も同じ。新婚時のワクワクを維持しようと思ったら、それには大変な努力がいる。だけど、その努力を持ち込むことによって、結婚生活がフローになり、幸せがずっと継続するかもしれない。

カオスである人生に自分で意味を作り出す

結局、人生というのは、もともとがカオスなんですね。当然、放っておいたらそれはカオスのままであって、意味も何もない。**だから重要なのは、そのカオスの中に積極的に意味を作り出すこと、なんです。それを作り出す過程と努力の中にこそ、人間の幸福はあると。**

だからこそ、幸せになりたかったらカオスに身をゆだねるのではなく、そこに意味を生み出しましょうと。つまらない仕事と思っているのは、あなたがその仕事をカオスにゆだねているだけ。平凡な結婚生活だと思っているのは、その結婚生活をカオスにゆだねているだけ。あなたがそこに意味を見出せば、それはチャレンジに値するものになるし、そうなったときにこそ幸せを体験することができる。そういうもんだよと。

これが本書でチクセントミハイが主張していることです。

私も大学に職を持っていて、「研究は面白いけど、それ以外の仕事はつまらない」などと密かに思っているわけですけど、本書を読んだ後では、これが間違った認識であると気づきます。「それ以外の仕事」がつまらないのではなく、私がそこに熱を入れていないからつまらないのでしょう。面白くしようと思ったら面白くできるはず。それをせずに不満を言っているだけなのだとしたら、私はそれに費やしている時間をまるまる無駄にしていることになる。それは馬鹿馬鹿しいことなのじゃないか？　人生を無駄にしていると言えないか？

というわけで、私はこの本を読んで、非常に考えさせられました。

この本、人生を無駄にせず、とことん充実して生きようとする人には、必読の本と言っていいでしょう。

第3位 エリザベス・キューブラー・ロス『死ぬ瞬間 死とその過程について』

末期患者に聞いたことで分かった「死の5段階説」
死に向き合うための超・必読書

中公文庫、2001年
Elisabeth Kübler-Ross, 1926–2004　*On Death and Dying*, 1969

死にゆく人の尊厳とは

　エリザベス・キューブラー・ロスは、スイス・チューリヒの生まれで、かの有名な精神科医カール・グスタフ・ユングと同郷の人。実際、彼女がチューリヒで医学生をしていたときには、町でユングの姿をよく見かけたそうですけれども、当時、スイスはヨーロッパの中では辺境も辺境、近代科学とは無縁の場所だったんですね。で、そういう辺境の土地では人間の死も単なる人生の一側面と言うか、ごく自然な成り行きと捉えられていた。つまり、死にゆく人は家族に見守られ、また家族は死にゆく人から後のことを頼まれて、そうやって双方納得の上、尊厳を保ったまま死んでいった。

　ところがその後、彼女は医者になり、アメリカに渡って近代的な医学に携わるのですけれども、アメリカでは死にゆく人に尊厳なんかありゃしない。瀕死の病人は病院の中で人間味のない白い壁に囲まれ、延命のための機械につながれ、身体中の穴という穴にチューブを差し込まれて、医師と看護師からモノのように扱われながら死んでいく。

　で、そういう人の死に様を目の当たりにして、これは一体何事だと。**死にゆく人をどう扱えばいいのか、もっと真剣に考えなきゃいかんのじゃないか**と。まあ、ロスはそう考えたわけ。

末期患者へのインタビュー

　ならば死にゆく人をどう扱えばいいか、またそれを考えるためには、誰に話を聞けば一番参考になるかと考えたときに、実際に死にかけている人に聞くのが一番いいと、ロスは考えた。

　そこで彼女は、当時勤務していたシカゴ大学の附属病院で、もうすぐ死ぬ人たち、すなわち末期の患者たちにインタビューをしようと計画するのですけれども、ここで彼女は激しい抵抗に遭います。

　と言うのも、シカゴ大学病院の医師・看護師たちがロスの試みに猛反対したから。死にかけている人に、「あなた、もうすぐ死ぬんだけれど、今、どんな気分？」と尋ねるなんて、なんという非人道的なことか！　お前それでも人間か？　というわけ。私の患者にそんなインタビューをすることは絶対に許さん！

　ところが実際にインタビューしてみると、末期患者はむしろその種のインタビューを歓迎します。彼ら／彼女らは、自分がもうすぐ死ぬことを十分理解していたし、そのことを語ること自体、何ら抵抗がなかった。というか、むしろ医者や見舞いに来る人たちがその話題を避けるため、人生の終わりに際して言うべきことも言えない、そんな状況に苦しんでいたんですね。それに加え、末期患者に対する病院の対応にも不満が多く、その不満をインタビューの中でぶちまけたかった。

　で、ロスの企図に賛同した患者がインタビューに応じ、またそのインタビューから得られた知見に価値があるということが段々明らかになるにつれ、今まで強く反対していた医者の中にも賛同者が現れ始め、やがて末期患者へのインタビューは、医者の卵、すなわち医学生にとっての必須のカリキュラムになっていったそうです。

　というわけで、本書『死ぬ瞬間』は、そういう末期患者とのインタビューを軸にして、そのインタビューから浮かび上がる末期患者の思いを明らかにし、そういう思いに対処するにはどうすればいいかを考察していく、そんな

本になった次第。

死 の 5 段 階 説

　さて、では末期患者のインタビューを通じて、どのような事実が浮かび上がってきたのか。

　ロスによりますと、人間は一般に、自分がもうすぐ死ぬと分かった瞬間から、実際に死ぬまでに、5つの過程を踏む、というんですね。これがこの本を世界的に有名にすることになる「死の5段階説」という奴。

　具体的にはどういう過程・段階かと言いますと、たとえば「末期のがんです」みたいなことを医師から伝えられた際、その最初の衝撃を受けた後、患者は「否認」します。 そんなわけないだろう、別な患者のカルテと自分のカルテを混同したんじゃないか？　と。これが第1段階。

　これを通り過ぎると、今度は「怒り」の段階に入ります。「何で私なんだ、私は何も悪いことをしていないのに、何で私が死ななくちゃならないんだ」という怒りがむくむくと湧き起こってくる。患者自身が猛烈に怒っているわけですから、医師も看護師も、そして見舞いに訪れる家族も一番やっかいな時期です。これが第2段階。

　次、第3段階に入りますと「取り引き」が始まります。 これは子供が親に向かって取り引きを持ちかけるのと一緒。子供はよく「自分の部屋を掃除するから、午後は遊びに行っていいでしょ？」的な取り引きを親に持ちかけることがありますが、これと同じで、「この病気を治してくれたら、何でもします。一生を奉仕に捧げてもいい」とか、そういうことを持ちかける——もちろん、神さまに対して。

　しかし、どう取り引きを持ちかけようと、自分の病気は良くならないと悟ったとき、「抑鬱」の段階に入ります。 これが第4段階。これは患者によって様々なパターンがあります。もう自分には未来がなく、やりたいと思っていたこともできなくなったと悟って嘆くというのもあるし、自分が死んだら、残された家族はどうなる、という思いからの悲しみもある。この状況もまた、

医師・看護師・家族にとって対処の難しい時期になります。ただし、この時期の患者に「悲しまないで」と励ますのは良くないそうで、むしろ思い切り悲しませてあげた方がいい。

　そしてこの時期を通り越すと、今度は「受容」の時期が来ます。これが最終段階となる第5段階。もう患者は自分が死ぬことを受け入れています。だから、この段階では、家族が「死なないでくれ！」と言ったり、「病気がよくなったらどこそこに行こう」というようなことを言うのは逆効果だったりする。患者自身が既に死を受け入れているのだから、その意志に沿うように、家族もまた静かにこの運命を受け入れないといけないんですね。尊厳をもって、最後までその人らしく死なせてあげるにはどうすればいいかということを考えるべきときに来ております。

　そしてこの第5段階の後、「虚脱」がやって参ります。この時期に入ると、患者は自分をこの世に結び付けているものを一つずつ切り離していきます。もう友人のお見舞いもいらない、もう子供達の顔も見なくていい。最後の最後、自分の夫や妻といった、長年連れ添った人が一人居ればいいといった心境になっている。心境もそうだし、体力の面でもそうなんですね。そして、その一人を最後の絆として、その絆を切り離してあの世に旅立つと。

　とまあ、人間というのは、そんな具合に自らの死を準備していくんですね。

　ですから、そのそれぞれの段階に応じた対処を、患者の周辺に居る人々は心掛けなければならない——これが、ロスが末期患者たちとのインタビューの中から摑み出した、終末期医療のあるべき形です。

　ただ、ロスも強調していますが、どの段階にいる患者——たとえ「受容」期に居る患者ですら——一寸の希望だけは持ち続ける。これはもう最後の最後まで持ち続けると言います。つまり、「ひょっとしたら明日、画期的な治療法・治療薬が開発され、自分は助かるかもしれない」という気持ち、奇跡を待つ気持ちだけは持ち続ける。

　だから、死病に取り憑かれた患者に「もう絶望です」と医師が言っては絶対ダメなんです。それだけはやってはいけないこと。ここ、重要です。

近代医学で忘れられた存在は患者である

　とまあ、ロスの「死の5段階説」について簡潔に解説してきましたが、とにかく本書が指摘していることの中で最も痛烈だったのは、「近代医学の中で一番忘れられた存在なのは、当の患者だ」ということです。そのことを明らかにした本書が世界的なベストセラー、ロングセラーになったことも頷けます。

　実際、この本は医療関係者はもとより、一般人の我々も是非一度通読しておくことが望ましいのではないかと、私は思います。なんとなれば、我々もいつか必ず家族のメンバーの死に立ち会うことになるし、自分自身もまた死の床に臥せる日が必ずやってくるのですから。

　その意味で、本書は「死をめぐる自己啓発本」として、必読です。

第4位 ウエイン・W・ダイアー『自分のための人生』

自分の感情を選択し、「今、この瞬間」を生きろ
「周囲に流されやすい自分」に悩んでいる人へ

三笠書房、2014年
Wayne Walter Dyer, 1940–2015　*Your Erroneous Zones*, 1976

自分本位の生き方

　さて、ここでご紹介するウェイン・ダイアーですけれども、この人は1940年生まれで2015年に亡くなったアメリカの著名な自己啓発ライター。自己啓発思想の系列で言うと、アルフレッド・アドラー／アブラハム・マズロー／ミハイ・チクセントミハイに連なる心理学系です。**ではそのアドラー／マズロー／チクセントミハイ系の自己啓発思想のキモは何かというと、「徹底的に個人としての人生を生きよ」というもの。**人間は社会の中で生きていますから、社会との軋轢、自分の周囲にいる人々との軋轢で悩むことが多いのは仕方がない。実際、人間の悩みの大半は対人関係の悩みですからね。しかし、社会の在り方とか周囲の人々の思惑は個人の力ではどうにも変えられないのだから、そんなものはとりあえず無視し、自分が自分自身としていかに充実して生きるかを考えた方が得。ダイアーが「徹底的に個人としての人生を生きよ」と指南するのは、端的に言って、その方が得だからです。

　では、世間のことを気にせず、自分本位に生きるにはどうしたらいいか、ということになってくるわけですけど、そこでダイアーがまず強調するのは、「今、この瞬間を生きろ」ということ。

　ダイアーが見るところ、人間というのは、過去を悔むか、将来を不安に思

うか、そのどちらかで人生の大半を浪費している。でも過去を悔んだって今さらどうしようもないし、将来はまだ来ていないのだから心配したってしょうがない。だったらそんなことは放っておいて、徹底的に今を生きろと。

それから、もう一つ、ダイアーが指摘するのは、世の人の多くが本当の自分自身を生きていなくて、他人が規定した自分を生きていること。

たとえば、小学生のときに先生から「あなたは算数がちょっと苦手ね」と言われた一言。この一言のおかげで、以来ずっと「自分は算数・数学は駄目なんだ」と思い込み、その方面のことを避け続けて一生を終えてしまう、なんてことがよくある。

ダイアーは、人間の能力に大した差などないと主張しています。時間さえ十分にかければ、誰でもどんなことでもマスターできる。だから「私は算数・数学の勉強に十分な時間を割かなかった」というのは正しい言説かもしれないけれど、「私には算数・数学の才能はないんだ」と考えるのは誤り。自分の能力は、遺伝でもなければ他人から規定されるものではなく、自分自身で選択するものなんです。同じように、自分の容貌・体格的なことについてもコンプレックスを抱く必要などまったくない、とダイアーは言います。たとえば顔の美醜は生まれつきのものであるとしても、それに対する自分の見方は変えられる。ならば自分で自分の顔を好きになればいいのであって、自分の好みを他人に指図される必要はまったくない。

自分の能力や価値観は自分本位で選択し、今この瞬間をどう充実させるかについても、あくまで自分本位で選択する。この「（自分本位の）選択」というのがダイアー心理学のポイントです。

感情だってコントロールできる

上に述べてきたことからも明らかなように、結局、人生すべては自分自身の選択。だから、自分の感情も自分で選択しろとダイアーは言います。

普通、人は、「感情」というのは自然発生的なものだから、自分ではコントロールしようがないと思っています。でも、そんなことは大嘘であって、感

確かにそうですよね！

情だって自分で選択できる、というのがダイアーの言い分。

　たとえば、言うことを聞かない子供に対し、親がカッとしてしまうことがある。だけど、それは実は不可避な事態でもなんでもなくて、ただ単にその親が「カッとすること」を選択したに過ぎない。カッとすれば自分の怒りを発散できるし、子供もビビって言うことを聞くようになるし、万事都合がいいからその選択をしただけ。しかし、そのような選択をしたことで子供との関係は間違いなく悪化しているので、長い目で見れば、確実に損をしている。そのことに気づいたのなら、次からは「怒らない」という選択をすればいい。

　とまあ、今挙げたのは一例に過ぎませんが、一事が万事。「感情は常に選択の結果だ」と喝破すれば、今後、何かの折にむらむらとある感情が湧き起ってきたとき、その感情に身を任すか、それとも別な感情を選択するか、その判断ができるようになる。**で、その判断を基にして、常に自分本位の選択をしていけば、過去の過ちからも、未来への不安からも、他人の評価からも、また自分自身の感情からも自由になれるはず。**

他人との付き合いも「自分本位」で

　さて、上に述べてきたのは、主に自分自身のことについての話ですが、ダイアーによれば、他人との付き合いについてもすべて自分本位でやるのが吉、ということになります。

　たとえば、他人が自分を頼ってきたら、容赦なく断れと。他人は他人で、自力で人生を歩めばいいのであって、他人に頼るべきではないんですね。だから、頼ってくる人の申し出は遠慮なく拒絶すればいい。

　同じように、自分も他人を頼ってはいけないし、自分の考え方を他人や社会に押し付けようと思ってはいけない。他人との付き合いは、その付き合いをすることが自分にとってメリットがあるときだけ付き合えばいいので、不本意な付き合い方なんてしなくていい。

　そうやって、天上天下唯我独尊で生きて行けと。それがダイアーの人生哲学なんですね。ううむ。どうなんでしょうか……。

「ダイアーの言う通りにしていたら、功利的な人間関係しか構築できないのではないか」とか、「親子関係は損得では判断できないのではないか」とか、色々な批判が飛び出してきそうな感じもします。けれども、ダイアーからすれば、「そんなこと言っているから様々な問題が生じるので、自分はその対処法を示しているだけだ」と言うところでしょう。

人生の落とし穴、「エロニアス・ゾーン」

ちなみに、「過去」とか「未来の不安」とか「他人の目」とか、あるいは「自身に対する過小評価」とか「自分の感情」とか、はたまた「他人と慣れ合った生き方」とか、そういうものを全部ひっくるめてダイアーは「エロニアス・ゾーン（erroneous zones）」と名づけています。**敢えて日本語に訳すとすれば、「間違いを引き起こすゾーン」とか、「失敗へ続く道」とか、そんな感じでしょうか**。要するに、これらは皆、人の人生を攪乱（かくらん）する落とし穴なんですね。確かに、言われてみれば、我々の人生の中には、この種の落とし穴が一杯ある。だからもしあなたが充実した人生を生きたいのであれば、ありとあらゆる「落とし穴／エロニアス・ゾーン」を避け、あくまで自分本位に、自分が幸福になれると思う道を選ぶべし──これが、ダイアーの言う「自分本位の生き方」なんですね。

無論、「ダイアーの提案する生き方がベストだ」とする必要はありません。しかし、ダイアーの言う「自分本位の生き方」に、メリットが多いのも事実。となると、ケース・バイ・ケースで彼のアドバイスを部分的に取り入れる、というあたりが、この本の賢い使い道なんじゃないかと私は思います。実際、そのように割り切って考えれば、ダイアーのアドバイスには聞くべきところが沢山ある。特に「現在を生きろ」という主張と、「感情は選択できる」という主張に関しては、その通りだと思うし、もしそれを実行できたら、人生は大いに改善されると思う。そのような意味で、本書『自分のための人生』は一読の価値は十分にある自己啓発本になっています。とりわけ、自分は周囲の人間に影響されやすく、流されやすいなぁと自覚している人は是非！

第5位 マーティン・セリグマン『オプティミストはなぜ成功するか』

楽観主義的な考え方は後天的に身につけられる
ネガティヴな考え方をやめたいときに読む本

パンローリング、2013年
Martin E. P. Seligman, 1942– *Learned Optimism*, 1990

画期的だった「ポジティヴ心理学」

　セリグマンというのは、アメリカ心理学会の会長を務めたほどの人で、いわゆる「ポジティヴ心理学」の提唱者の一人。「ポジティヴ心理学」という言葉自体は1950年代半ばからあるもので、特に新しい概念ではないのですが、1998年にセリグマンがアメリカ心理学会の新会長に就任した際、その就任演説の中で、今後の心理学のあるべき姿として、ポジティヴさの効用の研究を重視するという発言をした。で、この発言がきっかけとなって、「ポジティヴ心理学」が現代アメリカ心理学の主流に躍り出ることになったんですね。

　ところで、ポジティヴ心理学を提唱し始める以前、セリグマンを一躍有名にしたのは「無力感」の研究でした。その中で彼は、様々な条件下で犬に不快な電気ショックを与えた際、そのショックを回避するために犬がどのような行動をとるかを観察するという実験をしていたのですが、どのような行動をとっても電気ショックを回避できないという風に条件を設定すると、やがて犬はまったく動かなくなってしまった。つまりその犬は、自分が置かれた状況に絶望し、無気力になったんです。

　で、セリグマンのこの実験結果は、当時としては画期的な発見でした。というのは、それまで「犬が無力感を学習し、絶望する」などということはあ

ワンコも絶望するのか……。

り得ないと考えられていたから。動物に「絶望」といったような感情が、つまり精神生活が、あるとは信じられていなかったんですね。それでセリグマンの新説は当時主流だった行動主義心理学の人たちから「そんなことあるはずない」と散々馬鹿にされたんですけど、やがてそれが別な実験によっても確認され、従来の行動主義心理学の理論（行動は褒賞によってのみ強化される、という説）を木端微塵にしてしまった。

犬 は 無 力 感 を 乗 り 越 え ら れ る か ？

　さて、犬が経験を通じて無力感を学び、絶望することが明らかになった以上、その無力感を、さらなる学習によって乗り越えることはできるのか？　ということがセリグマンの次の研究テーマになったことは当然でしょう。

　で、その問いに答えるべく、無力感を覚えてしまった犬にセリグマンは再教育を施すのですが、そうしたら犬はまた元気になりました。そう、犬は絶望を乗り越えて、再度希望を抱くようになったんです。

　だとすれば、ひょっとしてこのことは人間にも通用するのでは？　**人間は環境の中でネガティヴな思考に囚われ、その結果、鬱にもなるけれども、学習によってその鬱を脱し、ポジティヴに、幸福に、生きられるようになるのではないのか？**

　この推測こそ、セリグマンが「幸福の研究」へと足を踏み出す契機となったのでした。

「 鬱 の 時 代 」 へ の 処 方 箋

　でまた、時代もそういう研究を欲していたんです。と言うのも、1960年代あたりからアメリカ社会では、それまでアメリカ人の精神的支柱であった教会への関わりが薄れ始め、さらにベトナム戦争や公民権運動（＝黒人差別撤廃運動）をめぐるごたごたからアメリカ政府への信頼が稀薄になり、その結果として個人主義が蔓延し始めていたから。

　個人主義が広まると、「自分の生き方は自分で選べる」という自由が個人に

与えられるようになります。無論、そのことはいいことでもあるのですが、この種の自由を人々が手にした途端、アメリカに「鬱の時代」がやってきた。共同体のバックアップがないという状況において、個人としての人間は、人生における各種挫折を全部自分一人で引き受けなければならなくなる。その重荷が、多くのアメリカ人をして、鬱に陥らせていたんですね。

実際、セリグマン自身のお父さんもこの時代の被害者でした。時代の流れの中で、個人的野心に囚われた彼は、安定した公務員の生活を辞め、とある公職選挙に打って出たのですけど、それを契機として精神のバランスを崩してしまい、結果、鬱になってしまった。自分の親が、自由な職業選択の中で崩壊していくのを子供時代に目の当りにしたセリグマンが、アメリカが置かれたこの新しい状況への処方箋を探し出したのも無理のない話だったんです。

鬱になる人、ならない人

さて、長じて心理学の研究者となったセリグマンが色々調べてみると、鬱になる人の傾向がハッキリ分かりました。鬱になりやすい人というのは、悲観主義者だったんです。また悲観主義者に共通する傾向を調べてみたところ、「悲観的な説明のスタイル」というものがあることが分かってきた。

人生色々ですから、楽観主義者にも悲観主義者にも、等しく試練は訪れます。しかし、楽観主義者はこの試練を、自分で責任を取らない方向で「説明」する。

たとえばプロ野球のピッチャーが散々打たれたとする。そのとき、楽観的なピッチャーは、「いやあ、今日の相手チームの選手の出来はすごかった。これじゃ、誰が投げたって打たれるよ」と自己説明する。つまり、自分が悪かったのではなく、相手がすごかったのだと。

この説明スタイルを身につけていると、何でも他人事であり、一時的です。「たまたま今回は相手の調子が良かったんだ」「前の試合では俺はこのチーム相手に完封し、自分の才能を完璧に証明したんだから、俺には本質的に何も問題はない」「負けたのは今回だけで、次は自分が勝つさ」と言った調子。

一方、悲観主義者は同じ状況でまったく別な説明をします。曰く「俺が下手だから打たれたんだ」「俺は投手としての才能がないんだ」「次の試合でも、きっと自分のせいでチームはボロ負けするぞ」「俺はこの先もずっと負け犬なんだ」と。

もちろんこういう説明スタイルは、その人が小さいときから（多分に母親の影響を受けながら）培ったものなんですけど、これを続けて行くと、いずれ鬱になる。犬だって無力感を学習できるのですから、ましてや人間だったら、毎日毎日こんな風に自分の行動を悲観的に反芻していたら、鬱になります。

でも、こうした悲観主義者特有の説明スタイルは、もちろん後天的に学習したものですから、変えようと思えば変えられる。悲観主義は克服できるんですね。本書の原題が *Learned Optimism* すなわち『学習された楽観主義』となっているのは、その意味です。つまり、楽観主義は学習によって後天的に身につけられると。

で、実際、鬱の人に悲観主義的な説明スタイルを止めさせ、楽観主義的な説明スタイルに変えさせると、明らかに鬱は治る。それは実際に治るらしいです。だったらもう、悲観主義なんかさっさと投げ捨てて、楽観主義に切り替えればいいんじゃないの？

悲観主義にもメリットがある

ところが、話はそれほど簡単なものではないんですね。**悲観主義はあらゆる悪の根源かと言うと、もちろんそんなことはなくて、人間が生きていく中で、悲観主義が必要なシーンもある。**

たとえば、飛行機を操縦するパイロットが極端な楽観主義だったら？「大丈夫、大丈夫。俺はいつもこの飛行機を上手に飛ばしているんだから、一回くらい点検をさぼったって大丈夫だよ」などとうそぶくパイロットが操縦する飛行機に、あなたは乗りたいと思いますか？

だから、セリグマンもそこは慎重に、「悲観主義が必要な場合もある」と指摘しています。

それでもやっぱり、楽観主義がいい

　ただ、楽観主義で事を行なった結果、引き起こされる事態がさほど深刻なものでない限り、楽観主義でやった方が良いということは確実に言える。

　たとえばアメリカの大統領選挙戦を見ると、確実にポジティヴな候補者が勝っている。だから、選挙戦中、候補者のスピーチを分析するだけで、どちらが勝つか、ほとんど間違うことなく予測ができるそうです。

　スポーツ選手もそう。個人もそうだし、チームもそう。ポジティヴな選手、ポジティヴなチームがいい成績を挙げている。

　さらに病人もそうで、ポジティヴな患者はキラー細胞の活性が高く、病気に打ち克つことが多い。ま、キラー細胞にまで踏み込まなくても、悲観主義者というのは何に関しても「自分が悪い、自分のせいだ、自分には生きる価値がない、自分はいつも不幸に襲われるので、その運命は変えられないんだ」と思い込みがちなので、病気になっても病院に行きたがらないし、治りたいという強い意志を持たない。そうした考え方のクセのようなものが、長い目で見ると、病気に勝てるか負けるかの差になってくるわけですね。実際、統計的に見ても、ポジティヴな人の方がよい生涯を送り、長生きしていることが確かめられています。

　とにかく、共同体の崩壊と個人主義の台頭、このアメリカ現代社会の状況からして、鬱になる原因は山積しているのだから、それに対処するには個人主義的に、すなわち「自分で選んで楽観主義になる」ということを心掛けるしかないのではないか？

　とまあ、それがセリグマンがこの本を通じて言いたかったことです。**自らの意志でポジティヴになることを選択し、その恩恵を受ければいいと。**

　私としては大いに納得、です。また納得するからこそ、セリグマンが提唱する「ポジティヴ心理学」は、要するに自己啓発だ、という私なりの解釈にもなるわけですが。

自分の「楽観主義度」を測る

ところで、この本には心理テストが随所にあって、それをやることで読者それぞれの楽観主義度／悲観主義度が測れるようになっています。

で、当然、私も自分でそれをやってみました。

実はですね、しばらく前に大学の研究室棟の廊下で鬱気味の同僚とすれ違うことがあったんです。そうしたら、その同僚は私を見かけた途端、廊下にへなへなと座りこんでしまいました。で、「どうしたんですか?!」と駆け寄る私にその同僚が告げたのは、「先生があまりにも眩しくて……」という一言。私が底抜けにポジティヴな楽観主義者なもので、その同僚から見ると、後光が差して目がくらむほど眩しかったらしいんです。

とまあ、そんな出来事があったものですから、もし楽観主義度を測るテストがあったならば、私は「針が振り切れるほどの楽観主義者」と認定されるのだろうなと、まあ、そんな風に期待していたわけ。ところが、そうじゃなかったんです。私の楽観主義度なんて「普通」か、「普通よりちょっとだけ楽観主義的」くらいなものでした。中の中か、中の上くらい。上の下ですらないレベル。

自分でも驚きました。え？　じゃあ、この世には私より楽観主義的な奴がゴマンと居るってことなの??

鬱の人を瞬時にへたらせるほど、極彩色の後光に包まれた楽観主義者の私でさえ「普通」って……。

じゃあ、「本物の楽観主義者」って、一体全体、どれほど眩しいんだ??!!

第6位 マーカス・バッキンガム & ドナルド・O・クリフトン『さあ、才能に目覚めよう』

人それぞれの考え方・行動の「癖」が強みである
自分の生まれつきの強みが見つかる本

日本経済新聞出版、2001年／Marcus Buckingham, 1966–
& Donald O. Clifton, 1924–2003　*Now, Discover Your Strengths*, 2001

強みを活かすか？　弱みを克服するか？

　著者の一人であるドナルド・O・クリフトンは民間調査会社であるギャラップ社のお偉いさんで、自己啓発本として名高い『心のなかの幸福のバケツ』（*How Full Is Your Bucket?: Positive Strategies for Work and Life*, 2004）を書いた人でもあります。マーカス・バッキンガムの方はギャラップに長く勤めた後、フリー・ライターになった人。二人はギャラップ社つながりの自己啓発ライター・チームなんですね。

　ですから本書もギャラップ社の調査をふんだんに利用して書いてある本なんですけど、あるとき、63カ国、101の企業に勤める1700万人の従業員を対象に、「あなたは自分の会社の中で、自分の強みを活かせているなと思いますか？」という聞き取り調査をしてみた。

　そしたら、なんと「Yes」と答えた人が20％くらいしかいなかったんですって。つまり、自分の強み、自分の長所を、勤務先では活かせてないと感じている人が大半だった。

　では、なんでそういうことになるかと言いますと、人も、会社も、押し並べて「自分の強みのある部分を伸ばすより、弱みを補強した方が優れた業績を挙げることができる」と信じているから。苦手分野の克服こそが、自分の

出世のためには役に立つと思っている人が大半なんですね。数字に強いなら、その強みをさらに伸ばすようにすればいいものを、「自分は数字に強い。だけど、対人関係の構築は苦手だ。だから対人関係のスキルアップをすれば、鬼に金棒だ！」などと思って、対人関係系のセミナーに行ってしまう。

とまあ、一般に企業は社員に「苦手の克服」を課すし、社員の方でもそういう方針を受け入れてしまうので、その結果、個々の社員の成績は伸び悩み、企業全体としてもなかなか良い成績が出せなくなっている。逆に個々の社員の強みを活かし、適材適所に職場を割り振っている企業は、総じて上昇気流に乗っていると。

なるほど、確かにその通りかもしれません。一般論として、弱みを矯めるより、得手に帆を揚げた方がいいのでしょう。

だけど、それをやるには、まず「自分の強み」って何？　というのを、企業人の一人一人がよくよく認識することが重要になってきます。

強みとは得意と同じではない

では、そもそも「強み」ってのは何か？

実は、ここが本書の一番面白いところなのですが、本書によれば、「強み」というのは、必ずしも「得意」と同意ではない。**そうではなくて、「強み」というのは、その人その人の考え方や行動の癖みたいなものなんですね。**

たとえば「キレイ好き」という癖がある。こういう癖のある人は、部屋の隅にちょっと埃がたまっていたりすると、どうにも気になって気になって、すぐにその埃をキレイにしないと気が済まない。でもそれは、埃をとることが「得意」というのではないですよね？　得意か得意でないか、ということではなく、気になるから気になると。

本書でいう「強み」というのは、まさにそれです。**「そうしないと気が済まない」とか、「どうしても、そういう行動をとってしまう」という類のこと。**だから、「強み」自体に良い／悪いはないんです。たとえば「頑固」というのは、その人の生来の気質であって、ひょっとすると悪いものかもしれないけ

れど、それを「強み」として職業に活かすことはできる。イギリスのチャーチル元首相だって、「わしは絶対にヒトラーの前に屈したりせん」という頑固さがあったから、ドイツに勝ったわけだし。

34種の強みの組み合わせ

で、ギャラップ社では、こういう種類の「強み」の例を山ほど採取し、分類してみました。そうしたら、人間の「強み」は34種類あることが分かった。その34種類の「強み」ってどういうのかというと、たとえば「学習欲」「競争性」「規律性」「公平性」「社交性」「指令性」「慎重さ」「責任感」「戦略性」「達成欲」「調和性」「適応性」「分析思考」「未来志向」……とか、そういう感じ。こういうのが34種類ある。

で、この34種類の「強み」の中で、「自分に当てはまるなあ」と思うものを5つ選びましょう。その5つの組み合せが、つまりは「あなたの強み」です！

ちなみに、34種類の中から5つをピックアップするだけだったら、同じ5つを選ぶ人が大勢居そうですよね？　だとしたら、その人と自分は同じタイプの人間ということになってしまうけど、それでいいの？　と思った人。あなたは多分、数学が苦手な人です。

34種類の「強み」から5つをピックアップするとなると、その組み合わせは34×33×32×31×30通り。すなわち3300万通り以上です。自分が勤めている会社の中で同じ5つを選んだ人に出会う確率なんてほとんどない。

なるほど。ならば私の場合はどうかな？　私の強みは……「学習欲」「着想」「責任感」「分析思考」「ポジティヴ」かなあ、などと言ってみたりして。

ま、その辺りは人それぞれで、それぞれ自分の5つの強みを決定すればいいんですが、とにかくそれが決まったら、その5つの強みを活かせるような職種は何かなと考える。そうすると、自ずと自分の道が見えてくる。

もっとも、5つの強み全部を活かそうとしなくてもいいんです。**何だったらそのうちの3つとか、2つとかを活かせるものでもいい。**とにかく自分の

強みが十分に活かせそうだなという職種こそが、その人の進むべき道なのははっきりしているわけ。

強みの活かし方も無限にある

で、もう一つ注意すべきことは、「強み」の活かし方にも色々ある、ということ。

たとえば、自分は「責任感」があって「規律性」もあるから、警察官にぴったりだな、と考える人がいる一方、自分は「公平性」があって「コミュニケーション」力もあるから、警察官にぴったりだな、と考える人がいるかもしれない。そしてそのどちらのケースも、それぞれのやり方で、いい警察官になる可能性がある。だから、自分の強みがこうだから、選ぶべき職業はこれに決まる、というのではなく、どんな職業に就くのであれ、それぞれの強みを活かせば、その職を全うし、充実した人生を生きることができる、ということなんですね。

いずれにせよ、本書によれば、人の強みというのは一生のものであって、途中で変わるというものではないし、学習や訓練によって身につけるものでもない。まさに生まれつきの才能です。だから、その生まれつきの才能に気づき、それを活かす方向で人生を歩んでゆけば、成功する確率はぐんと高まると。

とまあ、本書は「そういう風にするといいよ」とアドバイスしているのですが、同時に企業の側にも社員がそれぞれ強みを活かしながら働けるように企業内風土を変えていかないとダメ、という風に主張しています。

たとえば、クラス運営のうまい先生がいる。その先生の強みは生徒指導にこそある。だけど、その先生が段々年齢を重ねていくと、教頭先生とか校長先生とか、そういう立場にならざるを得ず、その結果、生徒指導という、本来その先生に一番適した仕事ができない立場になってしまう、なんてことはよくある。

そういうのはいかん、と本書は主張するわけ。もしその先生が、「自分は教

頭にならなくてもいい、校長になんかなりたくない。その代わり一生、生徒指導をやりたい。それが自分の強みを活かすことだから」と言うのだったら、その先生のやりたいようにやらせてやって、しかも、その先生の仕事がそれほど卓越したものであるのなら、校長先生と同じくらい高い給料を支払ってやれと。そういう制度を作ってこそ、社員それぞれの強みを活かし、会社のパワーを最大限に引き出すことになるんだよと。

　それにしてもこの本、「強み」は34種類あります、とか、その中から選んだ5つがあなたの強みです、とか、論述の仕方がすごく実際的。さすがギャラップ社だねえ、アメリカだねえ、っていう感じがします。もっとも、あまりにもプラグマティック過ぎて、時々、「あれ？　人生って、こんなに簡単に上手く行くものなのだっけ？」という気がしてこなくもないのですが。

　でも、とにかく、いい本ですよ。少なくともこの本を読んで、自分の強みって何かな？　と考えたり、果たして自分はその強みを活かした生き方をしているかしら？　などと考えるのは、誰にとっても、また年齢を問わず、無駄ではないはず。一読の価値は十分にあります。

なるほどね、って感じでしょ？
私自身は、すっかり納得です。

第7位 ケリー・マクゴニガル『スタンフォードの自分を変える教室』

やり遂げるための「意志の力」は鍛えられる
「意志力が弱くて何も続けられない」と思っている人へ

だいわ文庫、2015年／Kelly McGonigal, 1977– *The Willpower Instinct: How Self-Control Works, Why It Matters, and What You Can Do to Get More of It*, 2012

スタンフォード大学の人気講座

　スタンフォード大学やハーバード大学など、アメリカの一流大学で行われている人気講座の授業内容をそっくり紙面に移しました、という体の一連の自己啓発本があって、私は勝手に「スタンフォード系自己啓発本」なんて呼んでいますが、この本もそんな一冊。ケリー・マクゴニガルさんはスタンフォード大学で「健康心理学」を講ずる先生で、本書の表紙に映っている著者近影を見ますと、こんな頭の良さそうな女性に分かりやすく紙上講義してもらえるっていうだけで、何か読む側のこちらまで頭が良くなってきそうな予感がする。別に我々読者はスタンフォード大学の学生ではないのに……。

まあ結局、この手の自己啓発本って、そこを狙っているんでしょうけどね！

意志力をつける方法

　さて、本書のタイトルには漠然と「自分を変える（教室）」とあって、これだけでは何のために自分を変えるのか、またどうやって変えるのか、といったことまでは見当がつきませんが、本書は、端的に言うと、「意志力のつけ方講座」です。要するに「あることを何が何でもやり続け、やり遂げる意志の力」、もしくは「あることを断固やめる意志の力」をどうやって養うか、という話。

確かに「断固やる」もしくは「断固やめる」という行動が取れないために、人は思い通りの人生を送れないわけですよ。何か自分にためになることをやろうと一旦は決意しても、それが長続きしない。あるいは酒・たばこ、ギャンブル、怠け癖などの悪癖を直そうと決意して努力はするのだけれども、結局やめられない。凡人の人生なんて、そんなことだらけです。

　ケリーさんによれば、世の中の人は、多かれ少なかれ、こうしたことで悩んでいると。そして「断固やる／断固やめる」ことができないのは、自分に意志力がないからだと考えている。つまり「自分には強い意志力がない」というのが、世の中の多くの人にとって、共通する悩みの種なんですね。ですから、逆に言うと、もし意志力をつける方法というのがあるのならば、それはものすごい自己啓発法になるはず。ならばその「意志力をつける方法」を伝授してあげようではないか、というのが、本書の出版意図です。

自分自身をモニタリングする

　では一体どうやって意志力をつければいいのか？

　一般に人は、「人間には『意志力の強い人』と『意志力の弱い人』の２種類がある」という風に考えています。そしてその上で「自分は意志力が弱い方の人間だから、何をやってもダメ」と片付けてしまいがち。

　しかし、実際には先天的に「意志力の弱い人」というのがいるわけではないんですね。そうではなくて、意志力の使い方が上手い人と下手な人がいるだけ。だから人間の心理を学び、意志力の上手な使い方を学べば、誰にだって意志力を活用することができる。

　で、意志力を上手に使うための第一歩は、「自分を知ること」であるとケリーさんは言います。自分をよく観察して、どういうときに自分の意志がくじけるのか、まずはそこを見極めることが重要。

　一つ例を挙げてみましょう。

　ケリーさんの「意志力講座」に出席していた人の中に、ケータイでメールのチェックをすることが癖になっていて、それに気を取られて仕事の効率の

上がらない人（女性）がいた。その人は「メール・チェックは1時間に1回だけにしよう！」と決意するのですが、どうしてもその決意を守ることができず、結局、この悪癖から逃れられなかった。

　この人から相談を受けたケリーさんは、その人に、「自ら禁を破ってメールをチェックしてしまう、その前後の自分の気分をモニタリングしてみなさい」と指導してみたのだそうです。で、彼女が実際に自分の行動をモニタリングしてみたところ、メール・チェックをしたくなる直前、何かムズムズするような感じになることに気づきます。そしてメールをチェックした後には、心や体の緊張がほぐれるような気がすることにも気づいた。

　つまりこの人は、メールをチェックすること自体に惹かれていたのではなかったんですね。**そうではなくて、ストレスを和らげるためにメールをチェックしていた。**しかしその行為は、かゆいところを掻いてしまったがためにさらにかゆくなるような悪循環を引き起こしていて、それで一日に何度も何度もメール・チェックをする羽目に陥っていたと。

　で、メール・チェックという行動とストレスとの関係に気づいたその人は、メール・チェックしたくなる度に、メール・チェック以外のストレス発散を心がけるなどして自分の心理状況をコントロールすることを学び、その結果、しょっちゅうメールを見てしまう癖から抜け出すことができた。つまり、意志力の発揮を邪魔する要因を取り除くことによって、「メール・チェックの癖を断固やめる」という意志決定を押し通すことに成功したわけ。

　とまあ、上の例からも明らかなように、意志力を強めようと思ったら、意志力がくじけそうになる瞬間の自分をよく観察し、なぜそうなるのかをしっかり把握すれば、そうならないように対処することができるんですよと。

　とまあ、こんな感じで、ケリーさんは、極めて科学的な見地に基づいて意志力を強める方法を教えてくれるんです。それも10個も！

意志力は筋肉と同じ?!

　その10個の方法は、それぞれ興味深いものなのですが、それを全部解説し

ていると大変なので、ここではそのうちのいくつかに絞って解説してみます。

　たとえば、ケリーさん曰く、意志力というのは筋肉に非常に似ていて、使い続けると疲弊する。**筋肉同様、意志力も朝のうちは元気一杯だけど、一日中こき使われているうちにすっかり疲れてしまい、夕方以降にはもうへとへとになっている。**この事実を知っているのと知らないのとでは大違いだと。

　たとえば、今は勤め人をしているけれど、いずれは独立したいと考えている人がいるとする。そういう人が、勤め先の会社で一日忙しく立ち働き、ようやく仕事から解放された夕方以降に将来の自分のビジネスについて考えようとしても、その頃には意志力を使い切っていますから、また明日考えればいいや、という気になって、将来の計画が日一日と先延ばしされてしまう、なんてことはよくある。

　この場合、この人は、将来のビジネスのことを考える時間帯を誤っている、とケリーさんは指摘します。意志力に十分余裕があるのは朝なのですから、むしろいつもより少し前に起き、出勤前の時間を活用して、将来に対するヴィジョンを固めた方が明らかに好結果が期待できると。意志力という名の筋肉がまだ元気なうちに意志力を要する仕事をする——これが鉄則なんですね。

ダイエットに失敗する原因「モラル・ライセンシング」

　それからもう一つ、本書を読んでいて特に面白いと思ったのは、「モラル・ライセンシング」の話。モラル・ライセンシングというのは、「何か一つ、『自分は良いことをした』と自負すると、その後、少しくらい悪いことをしても許されると勝手に思い込んでしまうこと」です。

　分かりやすいように「ダイエット」を例に挙げましょうか。

　世にダイエットに挑んで失敗する人は星の数ほどいます。失敗する人は「意志が弱いから、沢山食べてはいけないと思っていてもつい食べ過ぎてしまうのだ」と考えがち。でも、その考え方は間違っている、とケリーさんは言います。ダイエットに失敗する人の多くは、意志力がどうのという問題で

はなく、そこに「モラル・ライセンシング」が入り込むから失敗するのだと。

　ダイエット中の人は、沢山食べてしまうことを「悪いこと」だと思い込んでいるフシがあります。「食欲を抑えること」は善であり、「沢山食べること」は悪だと色分けしているわけですね。で、このようにダイエットに善悪の価値基準を持ち込んでしまうと、そこにモラル・ライセンシングという心理的操作が入り込む余地ができてしまう。

　だから、ある日ダイエットを頑張って小食を通したとすると、「自分は善い行いをした」という風にレッテルを貼ってしまって、「……だから明日は少しくらい、多めに食べたっていいんだ」と判断を下してしまう。で、翌日は何ら心置きなく、自ら進んで大食をし、前日の努力を無にするばかりか、むしろ体重を増やしてしまうと。

　でも、この例からも明らかなように、一旦モラル・ライセンシングが作動すると、自分で決めた禁を自らの意志で進んで犯すことを平気でしてしまうわけ。自分で決めた「過食はしない」という意志を、いとも易々と反故にしてしまうわけですから、これでは進歩があるはずがない。

　ならば、このモラル・ライセンシングの罠からいかにして脱出するか？

　この点について、ケリーさんは、「モラル・ライセンシングが発動しそうになったら、『そもそも私は何のためにこのような行動をとろうと考えたのか？』という、原点に戻るような問いを発しなさい」とアドバイスしています。ダイエットの場合であれば、「そもそも自分は何のためにダイエットをしようと決めたのだっけ？」と考える。そうして「健康のためにそう決意したのだった」という原点を思い出したならば、「今日十分ダイエットしたから、明日は少しくらい多めに食べてもいいだろう」という、モラル・ライセンシングの罠には嵌らなくなり、目標の達成までダイエットが続くようになるはず。

　だから、意志力を強めようと思ったら、「○○をやる力」や、「○○をやめる力」を伸ばすことに集中するだけではなく、そもそも「自分は最終的に何を望んでいるから、こういうことを始めようと思ったのか」思い出すこと、

うむ、確かにこういうことってありますよね！

すなわち「望む力」を伸ばすことが重要だと、ケリーさんは指摘します。結局のところ、「自分は人生の中で何を望むのか」という目標さえ常に念頭に置いておけば、意志力は自然と伸びていくだろうと。

結局、同じ

そんな感じで、本書は科学的実験のデータに裏打ちされた形で、いかにすれば意志力を発揮し、自分の望むような人生を生きていけるようになるかを指南した、非常に説得力のある自己啓発本になっております。自己啓発本というものに対して、「インチキ臭い」というような偏見を持っている人でも、さすがにスタンフォード大学の教授の紙上講義となれば、案外、あっさりと受け入れられるのではないでしょうか。

ただ、最後に一つ、指摘しておきたいのは、ケリーさんが科学的な知見を基に読者に伝えているのは、「望む力」、すなわち、自分は人生に何を望むのか、という目標を明確に抱き続けることの重要性であって、それは自己啓発本の中でも最もインチキ臭いと目されている「引き寄せ系自己啓発本」の主張とまったく同じである、ということ。

引き寄せ系自己啓発本は、「自分の望むことを強く願い続ければ、それは必ず実現する」ということを主張しており、そういう引き寄せ系自己啓発本の主張は、特に自己啓発本嫌いの人々から「馬鹿馬鹿しい！」と一刀両断にされがち。ですが、「「望む力」を伸ばし、人生の目標を明確に抱き続ければ、意志力はおのずと強められ、またそのことによって目標到達が可能になる」ということを、科学的な根拠を基に主張しているケリー・マクゴニガル教授の言もまた、換言すれば「自分の望むことを強く願い続ければ、それは必ず実現する」というのと寸分変わらない。

その意味で、本書『スタンフォードの自分を変える教室』は、その科学的／学問的見地から、世にもインチキ臭い「引き寄せ系自己啓発本」の主張を援護射撃しているのだ、と言ってもいいのではないでしょうか。

第8位 ダニエル・ゴールマン『EQ』

幸福の決め手は、IQではなく、感情的な知性「EQ」で決まる
自分の感情をコントロールしたい人へ

講談社、1996年
Daniel Goleman, 1946– *Emotional Intelligence*, 1995

「IQ」とは異なる「EQ」という概念

　さて、本書のタイトルでもある「EQ」というのはそもそも何ぞやと言いますと、これは「Emotional Intelligence Quotient」の略で、人間の知性を見極めるための一つの指標のようなもの。

　人間の知能を測る指標としてよく知られているものとしては、「IQ」があります。IQの歴史というのは案外長くて、第一次世界大戦中、スタンフォード大学の心理学者であったルイス・ターマンが確立した筆記式知能検査テストが発端でした。ですからIQには、おおよそ100年の歴史があるということになります。

　で、IQという指標が生まれてからこの方、人間の知能というのは数値化できると信じられてきました。またそれと同時に、テストで測定されたIQ指数の高低は主として遺伝的な要素によって決まってくると考えられてきた。つまり、頭のいいのは生まれつきであると考えられてきたんですね。またそうなりますと、頭が悪いのも生まれつきということになりますから、生まれつき頭の悪い人は、後からどう頑張ったって先天的に頭のいい人には敵わないことになる。ですからIQが高いか低いかというのは、その人の運命のようなものだと思われてきたわけ。IQが高ければハッピー、そうでなければ

「残念でした」と。

ところが1980年代に入ると、この種の「IQ至上主義」に異を唱える人が出始めます。たとえばハーバード大学のハワード・ガードナーがその一人で、彼は人間の知性は従来考えられている以上に複雑なものであって、IQという指標は、その人間の多様な知性の中のごく一部しか計測していないのではないかと考えたわけ。

たとえば芸術家や建築家が発揮する「空間的知性」、スポーツマンが発揮する「身体的知性」、モーツァルトに代表される「音楽的知性」等々、知性にも色々な種類がある。そういうものをすべて総合しなければ、人間の知性とは何かということは理解できないのではないか、という考え方が出てきた。

以後、知性に関する研究は「知性の多重性」を考える方向に推移し、たとえばイエール大学のピーター・サロヴェイらにより、理性的な知性だけでなく、感情的（＝情動的）な知性というものもあるのではないかということが言われるようになってきます。もちろん、本書の著者であるダニエル・ゴールマンも感情的／情動的な知性が人間の持つ能力として非常に重要であると考えていて、そうした感情的／情動的な知性を「EQ」と名づけたんですね。そしてEQの重要性を世間に広めるために本書を書いた——とまあ、これが本書『EQ』の執筆動機ということになります。

ゴールマンが偶然出会った陽気なバスの運転手

ゴールマンが感情的／情動的知性の重要性に気づいたのは、ある偶然の出来事がきっかけでした。

本書執筆に先立つ、とある８月のこと。猛暑のニューヨークで仕事帰りにバスを待っていたゴールマンは、そのあまりの暑さにうんざりしていました。彼だけではない、今ニューヨークにいる誰もが、不機嫌そうな顔をしているかのように感じられた。

ところが、ようやく到着したバスの中年の黒人の運転手が陽気な人で、バスに乗り込もうとするゴールマンを満面の笑みで迎え、「こんにちは！　ご

きげんいかが？」と声をかけてくれたんですね。もちろん、その運転手はゴールマンだけでなく、乗り込んでくる客の一人一人に気持ちのこもった声掛けをしたと。

で、その後もこの運転手は絶好調で、バス停ごとに乗り込んでくる客を愛想よく迎え、しかも乗客を少しでも楽しませようとする。たとえば流れ去る町の風景に目を留めながら、どこそこの美術館でやっている展覧会は素晴らしかったですよ、とか、どこそこの映画館にかかっている映画、もう見ましたか？　とか、どこそこの店のセールはお得でしたよとか、そういう情報を面白おかしく乗客に向かって語り続けたというのです。で、そういう運転手の陽気なおしゃべりを聞くともなく聞いているうち、さっきまでうんざりしたような顔をしていた乗客たち一人一人の気分が少しずつ和らいでいって、降りるときに「さよなら！　いい一日を！」と声をかけてくれるその運転手に向かって、誰もが笑顔を返すようになっていた。

で、その一連の出来事を見ていたゴールマンは、あの中年の黒人の運転手は、IQ的観点から言えば「天才」とか「秀才」と呼ばれる範疇には入らないタイプの人間かもしれないけれど、IQでは測ることのできない「人間的な魅力」という才能で、乗客たちに魔法をかけたのではないか、と考えたんですね。そしてこの印象的な出来事がゴールマンをして、IQとは異なる種類の知性への探求を促したと。

IQ指標で測れないもの

で、実際に調べてみると、やはりIQというのは、人間の知性の一面しか測定していないということが明らかになります。

実際、IQが高ければ出世できるのか、金持ちになれるのかというと、決してそんなことはない。ハーバード大学などの一流大学を出た、高いIQを持った卒業生たちのその後を追跡調査してみたところ、彼らがもれなく社会の上の方で活躍しているかというと、必ずしもそうではないことが分かるんです。**つまり高いIQは、その後の「社会的成功」とか「幸福なる人生」を約**

束するものではなかったと。

　では何が社会的成功や幸福をもたらすかというと、感情的／情動的知性の高さ、すなわちEQの高さ、だったんですね。事実、同レベルのIQの持ち主を比較すると、その中でEQの高い人が社会的に成功し、幸福になっていた。幸福の決め手は、IQではなくEQだったんです。

ＥＱは高めることができる

　では、そもそもEQの定義とは何か？　それはどうやって測るのか？

　本書ではEQを5つの側面で捉えています。その5つとは、以下の通り。

（１）自分自身の感情をモニターできる能力
（２）感情を制御できる能力
（３）自分を動機づける能力
（４）他人の感情を認識する能力
（５）人間関係をうまく処理する能力

　そんなに難しいことを言っているわけではありません。要するに、一瞬の激情に身を任せるのではなく、自分が今どういう感情を抱いているか、それを上から見下ろすようにモニターできれば、当然、その感情を制御することができるわけで、また自分の感情を制御できるならば、自分を動機づけ、今やるべき仕事に精を出すこともできる。また他人の感情を慮ることができるならば、人とうまく付き合っていくこともできるでしょう。こうやって自分を律し、他人とうまくやっていけるならば、その人の人生は、おそらく、充実したものになることは目に見えている。**EQの高い人が、機嫌よく日々を過ごし、意味ある仕事に熱中し、良質な人間関係を築けるのも納得です。**

　で、ここでさらに朗報なのは、遺伝的要素の強いIQとは異なり、EQは後天的に獲得できるということ。自分で自分のEQを高めようと努力すれば、その努力の多寡に従って高めることができる。換言すれば、高いEQを身に

つけることは誰にでも可能なんですね。ということは……

　そう！　EQを高めようとする試みは、すべて自己啓発的なんです。また自己啓発的である以上、その道は万人に開かれている。その気になりさえすれば、自らの心掛けによってEQを高めることができ、またそのことによって周囲の人間との折り合いも良くなり、自分の仕事に一生懸命取り組むこともでき、結果として望み通りの出世も得られ、幸福が得られるようになるのだから。

　だからこそ、そのことを教えてくれる本書は、立派な自己啓発本であると言っていいんです。

教育改革への提案

　さて、上に述べてきたように、EQというのは、志さえあれば誰でも自助努力によって高められるし、それを高めることによって当該の人の人生のクオリティは確実にアップするわけですが、そのことを踏まえた上で、ダニエル・ゴールマンが本書を通じて最も強調しているのは、EQ概念を応用した教育改革の提案です。と言うのも、子供のときにEQを高めるような教育を施しておけば、その子供が成人したときに、社会人として成功できる可能性が高くなるから。また実際問題として、子供のときの方がEQを高める試みは成功しやすいということも、種々の実験によって明らかになっています。

　事実、ゼロ歳から４歳くらいまでの幼児ですら、既にEQに差が出るそうで、その差はどこからくるかというと、幼児期の人間関係、つまり親がどういう風に子供を育てたか、なんですね。また学齢期に入った子供も同様で、学校で生じる子供同士のトラブルを教師がどのように解決するかによって、EQの高い子供を育てることは可能であると。そのように考えると、親とか教師は、まずもってEQとは何か、EQを高めるためにはどういう風にすればいいか、ということを認識していた方がいいということになるでしょう。

　逆に言うと、今はまだEQという概念そのものがまだ完全に普及していないから、EQの低い子供たちが続々と育ちつつあり、そういう子供たちが学

校生活に馴染めず、続々とドロップアウトしている。で、学校をドロップア
ウトした若者たちは、社会に出ても他人とうまくやっていくことができず、
引きこもりになってしまったり、最も悲劇的な結末として銃の乱射事件など
の反社会的な行動を起こしている。

　そういう社会の現状を見ると、今後ますますEQ教育が必要とされている
のではなかろうか——というのが、本書の最終的な結論です。

　**とまあ、本書のおおよその内容を紹介してきましたが、実際にはEQが高
い人はどんな人か、EQが低い人はどんな人か、どういう風にすればEQを
高められるかといったことが、具体的な例を挙げて説明されているので、非
常に読みやすい。**本書を一読すれば、なるほど、幸福な人生を送れるか否か
は、EQに掛かっているよなあ、という気になります。でまた、EQは自分の
努力で後天的に高められるのだから、せいぜい努力しなくちゃ、という気に
もなる。

　その意味で、本書は、自己啓発本として、なかなかの実力を持った本であ
ると言えるのではないでしょうか。

第 4 章 学術的な根拠あり！ 心理学系自己啓発本10選

第9位

バーバラ・フレドリクソン 『 ポジティブな人だけが うまくいく 3：1 の 法則 』

「楽しい」という感情は選択肢の幅を広げる
消極的な自分を変えたい人へ

日本実業出版社、2010年／Barbara L. Fredrickson, 1964–
Positivity: Top-Notch Research Reveals the 3-to-1 Ratio That Will Change Your Life, 2009

ポジティヴな感情は何の役に立つのか？

　フレドリクソンは「ポジティヴ心理学」の創始者マーティン・セリグマンの愛弟子で、このジャンルの代表的ライターの一人。本書の内容ですが、なにせ「ポジティヴ心理学」自体が20世紀末に打ち出された概念ですから、2009年に本書が書かれた頃には、まだ学問として確立されてから10年程しか経っていない。ですから本書でも「ポジティヴな感情は何の役に立つのか？」という根本的なところから話が始まるんですね。で、これが実に面白い。**「ポジティヴな感情は何の役に立つのか？」という問題の前に、その逆、つまり「ネガティヴな感情は何の役に立つのか？」ということから考えてみましょう。**

ネガティヴな感情のおかげで生き延びてきた

「ネガティヴな感情は何の役に立つのか？」という問いには、実は簡単に答えられます。たとえば原始時代、人間が草原で腹を空かせたライオンに出くわしたとする。もちろん、人間の側は「やばいっ！」と思うわけですよね。で、そう認識した途端に「怖れ」という感情に火がつき、逃走に備える。あるいは「こんなところで死んでたまるか！」という怒りの感情に火がつき、

239

戦闘に備える。また仮に傷を負いながらもかろうじてライオンを追い払うことに成功したとしても、ライオンに対する「憎悪」の記憶は植え付けられますから、次からは不意にライオンに出くわさないよう、慎重な行動を取るようになるでしょう。

　かくして「怖れ」「怒り」「憎悪」といったネガティヴな感情は、人間が生き延びることを助けるわけです。**またそうやって助かった人間が、そのネガティヴな感情を次世代につないでいったことによって、今日、地球上に数多くの人間が存在していると。**

　だからネガティヴな感情が有意義だ、というのは、すごく分かりやすいわけです。またこのことは、感情というものが自然淘汰によって継承されたことを明らかにした点において、また感情が身体的変化（たとえばアドレナリンの分泌など）に影響を及ぼす理由を明らかにしたという点で、学問的にも価値のあることでした。

ポジティヴのメリットは選択肢の幅を広げること

　さて、ネガティヴな感情についてこのような定説を形成することに成功した心理学者たちは、「この調子ならポジティヴな感情のメリットだって簡単に見つかるだろう」とたかをくくったのですが……案外そうでもなかった。たとえば原始人の子供が楽しそうに遊んでいるところを想像しても、その楽しい感情が一体彼の何に役立っているのか、全然分からないんですね。「怖れ→逃走→生存」といったような直接的な因果関係が思いつかなかった。

　で、この難題に取り組んだバーバラさんが、あーでもないこーでもないと考え、色々な実験を重ねたりした揚句、この疑問に対する答えとして打ち出した仮説が「拡張－形成理論」というものでした。

　先にも述べたように、ネガティヴな感情が引き起こす行動はとてもシンプルです。たとえば何か危険な状況に陥った場合、取るべき行動は「逃げる」の一択、あるいは「反撃する」という行動を含めたとしても二択しかない。つまり、選択肢は極端に狭いんですね。と言うか、選択肢を狭めることによ

って生存の可能性をアップさせているわけ。

で、**これに対し、ポジティヴな感情は、逆に選択肢の幅を広げる（拡張する）方向に働くのではないかと、バーバラさんは考えました。**

たとえば、サルとかジリスなど、群れを形成する動物の社会を観察すると分かるのですが、それらの動物は子供のときに群れの仲間と一緒に遊ぶことに多くの時間を費やします。そしてその仲間同士の遊びの中で「楽しい」という感情を共有する。で、そのような感情を共有した群生動物は、成熟した後、外敵に襲われたとき、互いに助け合うような行動を取るといいます。つまり、DNA的には何のつながりもないのに、仲間の危機を救おうとする。これは「楽しかった子供時代の思い出」が、血縁のない他の個体を救うという、本人にとってはあまりメリットのない行動に駆り立て、そのことによって集団として生存率を高めることに成功していると。

だから、ネガティヴな感情の場合とは逆に、ポジティヴな感情の影響の視野は広く、またそのスパンは長いんですね。そしてこのポジティヴな感情は、個々の個体に本能としては植え付けられていない特異な行動を促し、その結果、種族全体として何らかの利益を得ている——これがバーバラさんの「拡張－形成理論」というものであって、これによって、ポジティヴな感情もまた種の生存にとって役に立っていることが明らかになったわけ。

比率は「3対1」

さて、ポジティヴな感情が、ネガティヴな感情と同様、「役に立つ」ことは分かったとして、では実際問題としてポジティヴな感情は個々の人間の中でどのように機能しているのか。

ま、人間の生活ですから、日々、いいこともあれば、悪いこともあります。ポジティヴな感情を抱けるような出来事が起こることもあれば、ネガティヴな感情を抱かざるを得ないこともある。これはもう、避けられないわけです。

問題は、両者の比率です。一日のうち、ポジティヴな感情を抱いたケースと、ネガティヴな感情を抱いたケース、どちらが多かったかというその比率。

やっぱり「モノより思い出」ですね！

もちろん、ネガティヴなことが多ければ落ち込み、ポジティヴなことが多ければルンルンなわけですけれども、バーバラさんによると、落ち込むかルンルンになるかを決める境目（ティッピング・ポイント）があると。

　で、その比率が、「3対1」だったんです。

　つまり、ネガティヴなこと1個につき、ポジティヴなことが3個もしくはそれ以上あった場合、人間の感情は上昇気流に乗り、どんどん積極的になれる。対して、ネガティヴなこと1個につき、ポジティヴなことが2個以下だったりすると、人間の感情は下降気流に巻き込まれ、どんどん落ち込んでやる気が出なくなり、それがさらに高じると鬱になる場合さえあると。

　つまりネガティヴな感情は非常に強いので、1個のネガティヴに対してポジティヴ3個以上じゃないと太刀打ちできないということ。これがいわゆる「ネガティヴ・バイアス」という奴です。

ネガティヴ・バイアスへの対処法

　そんなこと言われたって、毎日毎日ネガティヴなことの3倍のポジティヴなことなんて起こるわけないじゃん！　と思ったあなた！　あなたは正しいけれども、正しくない。

　つまりね、何をポジティヴと考え、何をネガティヴと考えるかは、あなた次第なんです。あなたがポジティヴに捉えようと心に決め、そういう風に判別すれば、一見ネガティヴに見えるものであってもポジティヴなものになり得る。たとえば「上司に叱られたこと」は、そのままではネガティヴな経験ですが、それを「おお！　自分を成長させる機会が来たーーーーっ！」と捉えればポジティヴになるわけです。

　とは言え、ここで注意しなければならないのは、「ネガティヴな感情はすべてポジティヴに捉え直した方がいい」ということではない、ということ。たとえば「不当なことに対する真っ当な怒り」などは、本来、なくしたらダメなものです。また失敗して悔しいと思わなかったら、次は頑張ろうという気持ちも出ませんから、「失敗した！」という感情は、たとえそれ自体がネガテ

ィヴなものだとしても、ポジティヴな感情に転換する必要はないんですね。

　だから、ネガティヴな感情の中でも悪い性質のもの——たとえば「ひがみ」とか「ねたみ」とか「委縮」とか、あるいは「嫌悪」とか「侮蔑」など——をなるべく減らすよう心掛け、その一方でポジティヴに物事を捉えることを心掛ければ、３対１の比率に近づけることは可能だ、と、バーバラさんは主張しております。

ネガティヴ感情に対処する「認知行動療法」

　では、「ひがみ・ねたみ・委縮・嫌悪・侮蔑」といった、ネガティヴ感情の中でも特に悪質な感情を抑えるにはどうすればいいか。

　本書の中でバーバラさんが提唱しておられる方法は幾つかあって、「ネガティヴな感情に反論する」というのもその一つ。これは「認知行動療法」と呼ばれるものだそうですが、たとえば「もうダメだ！　身の破滅だ！」というネガティヴな感情が湧き上がってきたら、即、冷静に反論する。「本当に、このことが身の破滅を引き起こすのか？　そもそも身の破滅って、何？」このように自分の感情に対して冷静に反論すると、「確かに、この程度のことで身の破滅など起こるはずがない」ということが分かり、必要以上にネガティヴに反応していた自分自身を顧みることが可能になると。

　あと、今自分がやっていることに精神を集中させるというのも、ネガティヴ感情の闇に引き込まれることを防ぐという意味では相当良い方法らしい。確かに、明日の会議でのプレゼンのことを気に病み、失敗したところを想像して苦しむよりも、「今は明日のことを考えず、寝ることに集中しよう」と考えてぐっすり寝た方が上手く行きそうですよね。

　その他、自分の一日の行動を記録して、どういうときにネガティヴな感情が起こったか、またそれは繰り返す傾向があるものかを調べ、たとえば通勤時間にしばしばネガティヴな思いに捉われるのであれば、その時間帯を心地よく過ごす方策を考える、というのもかなり有効。

　あと、自分の周囲の友人・知人・同僚などに、自分の良い点をアンケート

して回って、自分の得意なことは何かを知り、その得意なことを活かすよう
なことを考えるとか。

　あるいは、定期的に「親切デー」を作り、その日には他人に親切にするこ
とを心掛ける、という方法もある。他人から親切にされるといい心持ちにな
ることは言うまでもありませんが、逆に自分が他人に親切にすると、他人か
ら親切にされたとき以上にポジティヴな気分になれるそうで、「親切デー」と
いうのは、そのことをうまく利用した方法なんです。

　あと、もちろん瞑想もネガティヴ感情を減らすためには極めて有効。瞑想
っていうのは、万能ですからね。

　とまあ、手法は色々あるわけですけれども、そういうノウハウを駆使し、
ポジティヴな感情をなるべく増やし、ネガティヴな感情をなるべく抑え、そ
の比率をティッピング・ポイントである「３：１」以上にするように心掛け
れば、上昇気流に乗れますよ、というのが、要するに、本書の謂わんとして
いるところなんです。

　ま、大真面目な学者さんの書いたものですから、本書には自己啓発本特有
の高揚感はありません。しかしその分、科学的データに裏付けられた知識が
得られますので、勉強になります。特にポジティヴな気分を維持するための
目安となるティッピング・ポイントが「ポジティヴ３：ネガティヴ１」であ
る、という明確な数値を打ち出しているところは評価できるのではないで
しょうか。**「悪いことはどうしたって起こるよ」という前提の上で、それでもポ
ジティヴの比率を上げて、幸せになれるという可能性を提示したわけですか
ら、方法論としてリアリティがあります。素晴らしい！**

第10位 リチャード・ワイズマン『運のいい人、悪い人』

「運の良さ」は「心の持ちよう」で決まる
「運の良い人」の行動をまねしたい人へ

角川書店、2004年
Richard Wiseman, 1966– *The Luck Factor*, 2003

心理学者でありマジシャン

　ワイズマンは基本、イギリス人の心理学者ですけど、マジックの名手でもあるという妙な経歴の人。とは言え、マジシャンであることが、結構、彼の研究には役立っているというのが面白いところで、まあ、マジックというのは、もともと人の心理を逆手にとって幻惑する技術みたいなものですからね。人の心理がよく分かっていないといいマジシャンにはなれない。逆にいいマジシャンは人の心理がよく分かっているはずで、両者の間にはそれ相応の相関関係があるのでありましょう。

マジックから研究テーマを見つける

　実際、ワイズマンが「運の良し悪し」ということを研究テーマにしたのも、マジックがきっかけでした。

　あるとき、彼はとある講演でマジックを披露したんですが、その際、大勢の観客の中から女性を一人壇上にあげ、その人から20ドル札を借りたんですね。で、その20ドル札を新品の封筒の一つに入れ、同じような封筒19枚にその封筒を混ぜてシャッフルした。で、シャッフルした後、当の女性に全部で20枚の封筒のうち、1枚だけを選ばせ、残りの19枚は燃やしてしまう。そし

て女性が自分で選んだ封筒の中に、その人の20ドル札が入っていたらマジックは大成功、というわけ。

　果してそのマジックは見事成功し、観客はやんやの喝采！　ところが、不思議なことに、当の女性だけは別に驚きもせず、極めて冷静だったというのです。

　で、不思議に思ったワイズマンがそのことを尋ねると、その女性曰く「私はいつも運がいいので、こうなることは分かっていました」と。つまり、ワイズマンのマジックが成功するかどうかということより、自分はいつも運がいいから、自分自身が出資した20ドルを回収できることは最初から予想していた。だから、マジックが成功しても少しも驚かなかったと。

　この女性の反応にびっくりしたワイズマンは、その後色々調べてみて、この世には「自分は運がいい」と信じている人が一定数おり、その一方、「自分は運が悪い」と信じている人も一定数いることに気がつくんですね。で、このことからワイズマンは「本当に運のいい人と悪い人はいるのだろうか？」ということに興味を持ち、それを科学的に実証したいと考えた。また、もし本当にそうだとすれば、その理由は何なのか、見極めようとしたんです。

運の良し悪しは何で決まるのか？

　ワイズマンは、運の良し悪しをめぐる科学的な研究を始めるにあたり、「運がいい人は、悪い人に比べて知能が優れているのではないか？」とか、「何か特殊な予知能力があるのではないか？」など、様々な仮説を立てるのですが、実際に調べてみると、必ずしも運のいい人が運の悪い人に比べて知能／予知能力の点で優れているわけではない、ということが判明する。

　では、運の良し悪しというのは何で決まるのか？

　ワイズマンが時間をかけ、様々な実験と考察を繰り返した挙句、最終的にはじき出したこの問いへの答えは──「心の持ちよう」でした。

　なーんだ……というガッカリした声が聞こえたのは、私の幻聴？　でも、科学的に言うと、そういうことなんだそうです。

「心の持ちよう」の4つのポイント

　ならば運のいい人はどういう「心の持ちよう」をしているかと言いますと、それにはポイントが4つある。以下、一つずつ解説していきましょう。

ポイント1：運のいい人は、積極的にチャンスを探し回っている。

　宝くじに当たろうと思ったら、まずは宝くじを買わないとダメ。同様に、ステキな配偶者を見つけたかったら、家に閉じこもっていないで、色々なパーティーに出てみる必要がある。あるいはスーパーでレジに並んだときに、前の人に話しかけてみる。運のいい人というのは、そういう積極的な行動の中で、運命を左右するような出会いを経験していると。

ポイント2：運のいい人は、直感を信じる。

　直感は、無意識の声。人間の判断に、無意識が加担することは実はすごく多い。特に危険を察知した場合、無意識が「そっちへ行っちゃダメ」という声なき声を発してくれる。この声に従うことが、要するに直感に従うということなんですね。だから、直感を信じて行動すると、危険を避けられたり、幸運をつかんだりすることができる。逆に、運が悪い人というのは、直感が「ダメ」と言っているのにそれを無視して、結局、災難に遭ってしまうと。

ポイント3：運のいい人は、幸運を期待している。

　自分には常にいいことが起こると信じている人は、実際にそうなる可能性が高い。

　これは別にオカルトめいた話ではなく、いい事が起こると信じている人は、どんな苦境のときでも「最後の最後には自分に都合のいいようなオチがつくはず」と信じているので、それを期待して最後まで頑張り抜くものなんですね。だから、その頑張りが功を奏して、実際、いい結果が出ることが多い。逆に運の悪い人は、「どうせ自分には運の悪いことしか起こらない」と思っているので、苦境になると「やっぱりな」と思い、すぐにあきらめてしまう。この差は大きい。

ポイント４：運のいい人は、不運を幸運に変えることができる。

　銀行に行ったら、たまたま銀行強盗に遭遇し、流れ弾に当たって腕に負傷した。そんな場合、運の悪い人は「普通だったら、そんな目に遭うはずがない」という基準からこの事件を見るので、「自分はなんて運が悪いんだ」と思う。ところが運のいい人は「流れ弾が頭に当たってたら死んでいた。腕に怪我しただけで済んだなんて、自分はなんてラッキーなんだ」と思う。つまり、最悪の事態を基準にして現実を見るので、不運が幸運に見える。同じように、仮に就職試験に落ちた場合、「もっといい会社に就職できるチャンスが広がった」と考えて頑張るので、実際にそうなるケースが多い。

　とまあ、上に示した４つの心持ちさえ維持できれば、あなたも今日からついてついてつきまくる！

　どう？　納得しましたか？

　私は……まあ、納得しますね。

　納得するというか、いわゆる「引き寄せ系」の自己啓発思想、すなわち「強く念じれば、それは実現する」というのを、科学的に解釈・表現すれば、上のようなことになるのではないかと。

　要は、まず自分の身に起こった現象についての見方を変えろ、ということですね。自分の身に起こったことは、すべて良いことだったのだと考えてみる。そうすればあなたを取り巻く世界は変わるよと。この点で心理学者ワイズマンの結論は、引き寄せ系自己啓発思想の主張と一致してしまう。だからこそワイズマンの科学的かつ実証系の本たる『運のいい人、悪い人』を、「自己啓発本」として認定できるわけなのですけれども。

　というわけで、上に示した私のまとめさえ読んでしまえば、あえてこの本を読むまでもないのですが、色々の興味深いエピソードなんかも書いてありますから、興味のある方に一読をおすすめします。面白い本ですよ。

第5章

修行の果てに見えてくるもの！ マスタリー系自己啓発本3選

「入門書」とはすべてが自己啓発本である

　運動神経の必ずしも良い方ではない私ですが、向上心だけはそこそこあり、かつ本好きであったこともあって、子供の頃からスポーツの入門書を数多く読んできました。『野球入門』、『バレーボール入門』、そして何よりも愛読した『プロレス入門』……。「入門もの」と言えば、中学時代の一時期、釣りに凝ったことがあって、『釣り入門』的な本をむさぼり読んだこともありましたっけ。

　それを読んでいた当時は特に意識はしていませんでしたが、今になって振り返れば、この種の「入門書」はすべて自己啓発本のサブジャンルであると断言していいでしょう。なぜなら、その本を読むことによってスポーツなり何なりの技量が上がり、それを読む前の自分と比べてレベルアップするのですから。前にはできなかったことが、できるようになる——これは、当該の人物にとって大きな満足感をもたらす経験であり、たとえ狭く限定的な意味であったとしても一つの自己実現であることは確か。アブラハム・マズローが指摘しているように、自己実現は人間に幸福をもたらす大きな要素ですから、入門書は人々に幸福をもたらす自己啓発本なんです。

　ところが。

　ものごとというのは、そう簡単に片が付くものではありません。子供の頃なら、あるいは初心者の頃なら、入門書レベルの情報で十分役に立つかもしれませんが、その後さらに上を目指すとなると、当人の才能のあるなしや、そのために費やせる時間の多寡が技量向上の進捗度合いに大きく関わってくることになる。さらに中級者を越えて上級者ともなると、おいそれと技量の向上を感じられるような状況ではなくなってきます。否、むしろ練習すればするほど、努力すればするほど、自分の才能のなさ、至らなさが強く感じられるようになるのは必定。「この山を越せば、眼前に絶景が広がるはずだ」という期待がある一方、「自分には上り切ることはできなさそうだ」という絶望

感もちらつき、この期待と絶望の狭間で板挟みになるのが、我々凡人の通常の姿ということができそうです。

何かをマスターするというのは、それほど難しいことなんですね。

自分の限界にチャレンジする方法

しかし、そうした難しさを踏み越えてでも技量を究め、自己実現をしたい人もいる。その人たちをサポートする自己啓発本はないのか？

あるんです。それが「マスタリー系自己啓発本」。

マスタリー系自己啓発本が指南するのは、入門書の向こう側。すなわち、自分の限界を嫌というほど知った上で、なおその限界にチャレンジする人たちのための本。そのレベルの本ですから、もはや単なる技術・技量の指南を越え、「修行」という行為が持つ究極的な意味に光を当てるといった趣になります。

自分の限界を越えよう、昨日の自分より１ミリでも前に進もうという人にとって、これらの本は何かヒントになることを告げてくれるはず。その内容に少しでも興味を惹かれるものがあれば、是非実際に手に取ってみてください。その本のその先に、あなたにとっての絶景が広がるかもしれません。

第1位 ジョッシュ・ウェイツキン『習得への情熱』

過程を楽しむこと、達成を喜ぶこと
勝負に勝つための学び方を知れる本

みすず書房、2015年
Josh Waitzkin, 1976– *The Art of Learning*, 2007

チェスの神童

　ウェイツキンはチェスの神童を描いた映画『ボビー・フィッシャーを探して』のモデルとなった人。そう言えば、ああ、と思い当たる方もいらっしゃるのではないでしょうか。

　実際、ウェイツキンはチェスの神童でした。

　彼がチェスという知的ゲームと出会ったのは、ほんの5、6歳の頃。母親に連れられて散歩している途中、ニューヨークのとある公園で、大人たちが路傍に設置されたチェス盤を使ってゲームに興じているのを見かけたのがきっかけ。そのとき、大人たちがチェスに夢中になっているのを傍で見ていたウェイツキンは、何だか自分にもできそうな気がする、と思ったんですね。まあ、そう思う時点で既に天才の萌芽が顕れているわけですが。

　そこで彼はそこにいたチェス好きの老人と一局対戦してみるのですが、その老人も最初のうちこそ新聞を読みながら遊び半分でプレイしていたものの、途中から本腰を入れなければならなくなってしまったという。

　結局、その対局では老人が勝ったのですが、これを機にすっかりチェスの虜となったウェイツキンは、以後毎日ここへ通っては、チェスのストリート・ファイターたちとしのぎを削ることになる。実際のところ、そこで行わ

れていたのは「賭けチェス」で、しかもそれに興じているプレイヤーたちは結構ヤバい人たちばかりだったそうですが、さすがに幼いウェイツキンがその場にいるときは、彼らも麻薬の売買などは慎んだそうです。

で、そうこうするうち、「ニューヨークに天才少年現る」という噂が立ち始め、有名なチェスのコーチであるブルース・バンドルフィーニがウェイツキンのコーチになりたいと名乗り出るんですね。かくして、一方ではバンドルフィーニから正式にチェスのコーチを受けつつ、一方ではチェスのストリート・ファイターたちにもまれながら、ウェイツキンはさらに頭角を現していくと。

同じ天才でも開花する人、そうでない人、何が違うのか？

で、本書はこの先、ウェイツキンが最初の世界戦の決勝戦に進出しながら惜しくも敗北を喫した話とか、次の世界戦で優勝した話とか、スリリングな話が続くのですが、実はこの本の真価は、そういう「勝った負けた」の話ではありません。

ウェイツキンは、もちろんチェスというゲームに関して天賦の才能を持っていたのですが、世界は広いので、チェスの天才なんて大勢いる。だから彼は同年代の天才たち、それも同じように優秀なコーチの指導の下、一日12時間もの猛練習をしている猛者たちと闘わなければならないわけ。

だけど、そういう天才たちの中で成功する者もいれば、脱落していく者もいる。では両者の違いは何なのか？ なぜ同じ天才でも開花する奴とそうならない奴が出て来るのか？

ウェイツキンは、そこを分析するんです。

で、それによると、両者の違いを生む要因の一つは「性格」だ、というんですね。

トップ・レベルのチェス・プレイヤーの中には、プレイ中の混沌とした状況を楽しむ人（ウェイツキンもその一人）と、勝利だけにこだわる人がいる。それで後者の場合、ゲームの序盤で有利に立ち、勝つときは圧勝するような

勝ち方を必死に模索してしまうことが多い。その方が簡単だからですね。ところがそういうタイプのプレイヤーというのは、序盤の攻撃が不発に終わり、中盤・終盤の混沌とした状況に入ると、途端にまごついてしまう。そして結果として負けると、その敗戦によって致命的なダメージを受け、立ち直れなくなるケースが多いと。

　で、このことからウェイツキンは、「『結果』ではなく『過程』を楽しむところがなくてはダメ」だと考察するんですね——というと、賢明なる読者の皆さんは既にお気づきかと思いますが、この辺り、前章で扱ったミハイ・チクセントミハイの「フロー概念」とほぼ同じことを言っていることになります。チェス・プレイヤーのウェイツキンは、自分自身の体験から、心理学者チクセントミハイがたどり着いたのと同じ結論に到達したと。そしてそれはまた次で取り上げるジョージ・レナードの『達人のサイエンス』の到達点と同じと言ってもいい。

　とは言え、ウェイツキンの考察はここで終わるわけではありません。過程を楽しむことが大事であると言いつつ、それでもやはり「勝つこと」には意味があり、何かを達成する喜びを知らなければ大きなことはできない、ということも彼は重々承知していたんですね。**だから、「過程を楽しむ」ことと「達成を喜ぶ」こと、この二つのバランスをいかにとるかが非常に重要であると結論づけるわけ。**

　またチェスの試合に負けると、本当に身も心もズタズタになるのだけれど、そこから学ぶタフさというのが必要で、そのためにはある程度は負けることに慣れておかないとダメだとウェイツキンは続けます。これは彼自身の経験が言わせたセリフでありまして、実は彼は子供チェス大会で常勝していた頃、敢えてシニア戦に出て何度も負け、負けることにも慣れていた。だから他の天才少年たちとは異なり、一度負けたからといって致命的なダメージは受けなかったんですね。

　ちなみに大人のチェス大会では、相手の大人たちは、ウェイツキンが幼くて体力がないことにつけ込み、不必要に長考を繰り返してウェイツキンの体

力を奪うというような姑息な手も使ってきたそうですが、子供だった彼はそういう卑怯な手を使う大人からも学ぶことを心掛けていた。つまり、こういうことをするライバルというのは必ず存在するのだから、それに対抗するだけの体力を鍛えなければと。

何かを学ぶことの天才

とまあ、このような考察をしながらウェイツキンは、自身のことを、「チェスの天才」というより「何かを学ぶことの天才」なのではないか、と考えるようになっていきます。うーむ、鋭い!

実際その通りなのでありまして、後年、ウェイツキンはチェス・プレイヤーとして活躍する傍ら、太極拳を学ぶようになり、その分野でも世界チャンピオンになります。意外なことに、本書の後半は、ウェイツキンがいかにして太極拳の奥義を学んでいったかの記録になっていて、これがまた、チェスのパートと同じくらい面白い。

「学ぶこと」を学ぶための本

かくして本書にはジョッシュ・ウェイツキンという類まれなる天才が、チェスと太極拳というまるで異なる二つのジャンルで世界チャンピオンになるまでの過程が縷々描かれているわけですけれども、一言で言って「巻を措く能わざる」面白さ。**凡百の教育哲学の本なんか読むよりこれ一冊読んだ方が「教育」って何だろう、「学ぶ」って何だろう、自分の限界を押し広げて行くことの楽しさって何だろう、ということを考えるヒントがもらえます。**

その意味で、本書は間違いなく自己啓発本の傑作であると言っていいのです。

第2位 ジョージ・レナード『達人のサイエンス』

練習と実践を経て、一流になるまでの道とは?
すぐに挫折してしまうのをやめたい人へ

日本教文社、1994年／George Leonard, 1923–2010
Mastery: The Key to Success and Long-Term Fulfillment, 1991

旅としてのマスタリー

　この本、原書は1991年に書かれ、それが1994年に日本語に翻訳されて、今日まで13版（刷）まで版を重ねている。見た目地味な本なのに、今なお手堅く売れ続けている本なんです。となれば当然、そこに理由があるはず。一体、この地味な本のどこにそれほどの魅力があるのか??

　さて、本書のタイトルは『達人のサイエンス』なんですけど、日本語で「達人」と言っているのは、「マスタリー（mastery）」の訳。一般に「マスタリー」と言うと、楽器演奏でも、スポーツでも、クルマの運転でも、とにかく何かの技術を極めた状態のこと——なんですが、本書で言う「マスタリー」は、その究極の状態のことだけを言っているのではなく、そこへ到達しようと努力する、その「過程」のことも含めて「マスタリー」と称しているんですね。だから、「マスタリー」はしばしば本書の中で「旅」とも呼ばれます。

　ですから、何であれ新しいことを学ぼうとするとき、そこからマスタリーの旅が始まることになる。また学ぶということは、本能によってあらかじめプログラミングされたこと以外の何かを学ぶということであって、それは他の動物にはない極めて人間的な行動です。そしてマスタリーへの道は、人間であれば誰にとっても、いつでも開かれている。

が！

道が開かれているというのと、その道をたどるというのはまったく異なることでありまして。

まあ、誰でも何か新しいことを始めるということ自体には興味があるわけですよ。何か楽器でも習ってみようかな、とか、外国語を勉強してみようかな、とか、テニス教室に通ってみようかな、とか、社交ダンスをやってみようかな、とか、そういう思いをふと抱くというのは、誰しも人生の中で何度か経験することでありましょう。

しかし、そういう新たな学びを始めたとしても、誰もがマスタリーの道を歩むとは限らない。要するに、挫折する人が出てくる。

挫折には3タイプある

で、挫折するにもタイプがあって、「ダブラー（Dabbler）」タイプの人はミーハー型で、何にでも興味をもってすぐに飛びつくんだけれども、最初の壁にぶち当たった途端、「これ、ひょっとして私には合ってないんじゃない？」と思ってすぐに止めてしまい、また別なものに飛びつくということを繰り返す。

また「オブセッシブ（Obsessive）」というタイプは、とにかく性急に結果を出そうとしてはじめのうち猛烈に打ち込む。で、最初のうちは急激に上達するのですけど、その勢いに乗って成功したり失敗したりを繰り返すうちに、最終的には途中で燃え尽きてしまう。

もう一つ、「ハッカー（Hacker）」タイプというのは、ちょっとでも上達すると、もうそこで満足してしまう。で、そこに留まり続けることに何の不満もない。だから、結局、前進しない。前進しないまま、そこでオワリ。

さて、この3つのタイプは挫折する人の典型症例であって、それぞれの人がどれかのタイプにきちっと当て嵌まるというものではなく、一人の人がそのチャレンジするモノに応じて違うタイプの挫折の道をたどることもある。 確かに、私自身のことを考えて見ても、ダブラーでもあり、ハッカーでもあ

と言うか、大抵の人は挫折する。

るような気がする。私が楽器をマスターできないのはダブラーだからだし、何年やってもスキーが上達しないのはハッカーだから……って、自分で言っていて耳が痛いです。

プラトーを愛せ

さて、レナード曰く、新しい分野にチャレンジすると、急速に進歩する瞬間と、停滞する期間が交互にやって来る。全体として見れば進化は一方的な右肩上がりではあるのだけど、停滞する期間にあるチャレンジャーの中には、「いくら練習しても上手くならないよ！」という絶望的な気分に陥る人もいる。

で、この停滞する期間のことを「プラトー」と言うのですが、要はこの「プラトー」にどう対処するかというところに、マスタリーの道をたどれるか、たどれないかの分岐点があるんですね。その辺り、レナードは次のように言っています。

> われわれは成果、賞、クライマックスに基づいた評価の仕方を山ほど教えられてきた。しかし、人はスーパーボウル（ナショナルフットボールの決勝）で勝利した直後ですら、もう明日のことを心配しはじめるのだ。もしわれわれがよき人生、すなわちマスタリー的な人生を送っているのであれば、その大半はプラトーで過ごすことになろう。さもなければ人生の大部分はじっとしておれない不安なものとなり、ついにはプラトーから逃避するための自己破壊的なあがきに終ってしまうだろう。
>
> そこで次のような疑問が出てくる。プラトーというなかなか成果が見えない長い努力の時期を価値あることとして認め、楽しく生活し、しかもそれが好きになれるような教育が、家庭や学校や職場など、どこで行なわれているだろうか？
>
> (45頁)

プラトーの中にあって、それでもモチベーションを維持するのは、日本人にとっても辛いことでしょうが、ましてや成果主義の権化たるアメリカ、と

にかく結果を出せ、それもすぐに出せ、という風潮のあるアメリカにおいて成果が出ない時期を延々と過ごすのは、とてつもなく困難なことだと言えるでしょう。

だけど……。

プラトーを愛さなかったら、それはすなわち人生を愛さないというのと同意だと、レナードは言っております。 なんとなれば、人生というのは常に何かへの途上なのだから。

だから、プラトーに留まりなさいと。練習と実践、それを果てしなく繰り返すこと。これこそが達人の道なのだから。何かに到達したと思った瞬間、さらに上の目標ができるのであって、「これが終点」と言えるような到達点など存在しない。またそうであるなら、何かの途上に留まることを愛さなかったら、それはもう生きているのを捨てるようなもの。実際、達人と呼ばれる人は、ゴールに到達することなんか目指していない。彼らは、ただ好きだからやっているだけなのであって、我々もそれを見習うべきだと。

プラトーに留まる辛さを少しでも軽減するコツ

しかしそうは言っても、プラトーに留まり続けるというのは誰にとっても辛いこと。そこでレナードは、この辛さを軽減するためのいくつかのコツを伝授してくれています。

まずは、何はともあれ「いい指導者を見つける」こと。 これ、大事。

それから「ひたすら練習すること」。

それから「プライドを捨てて、没入すること」。

それから「イメージ・トレーニング」を重視すること。 人間というのは、ヴィジョンを持つことによって、後から技術が追いかけてくるということが往々にしてある。思考は現実化するわけですね。

それから「ときには限界に挑むこと」。

あと、その他の注意点として、自分もしくは周囲からの抵抗に慣れるということも重要。一般論として人間は恒常性を重視するので、何か新しいこと

を始めると、古い習慣からの抵抗を受ける。長年、寝坊を繰り返していると、「よーし、明日から早朝に起きてジョギングするぞ」と決意しても、すぐに意志がくじけてしまうところがある（耳が痛い！）。それに周囲の人間もそう。人が向上を意図して何か新しいことを始めると、「そんなことやめちゃえよ」と邪魔しようとする。でも、そういうことは、ある意味、人間として自然なことなのだから、「そういう抵抗があるぞ」と最初から覚悟して、それに対処するつもりでコトを始めることが肝要。

　その他、エネルギーというのは使えば使うほど湧いてくるものだから、エネルギーがなくなるから、というのを挫折の理由にしちゃダメ。

　あと、一貫性というのは重要だから、何かの練習を始めるなら、曜日とか時間をしっかり決めた方がいい、とも言っております。とは言え、あまり一貫性にこだわり過ぎるのもダメで、決めたことを２、３回さぼったからって、それを止める口実にしない方がいい。かの哲学者ラルフ・ウォルドー・エマソンも言っているように「愚かな一貫性は子どもの想像力が生みだすおばけ」ですからね（第３章第１位参照）。

　あとね、マスタリーというのは、何か特別なことでなくてもいい。たとえば「家事」のような平凡なことですら、意識的に、能率よく、完璧にこなそうと思えば、それなりの覚悟と練習が必要になってくるので、そういう平凡なことをマスタリーの目標にするのもいい。些事も意識的にすればそれが修業の場になると。うーむ、これは今で言う「マインドフルネス」の考え方と一緒ですね！

プラトーこそが人生

　……とまあ、そんな感じのことが縷々書かれております。あ、それから、本書の最後には、レナード自身の考案になるリラックス法と言いましょうか、ヨガ的な感じの、自分の重心を意識する運動法みたいなのも書かれていますので、そういうのに興味のある人は必読。

　というわけで、この本、自己啓発本としてはあまりにもまともと言いまし

ょうか、お説ごもっともな話ばかりで、すごくタメになる反面、それができるんだったら誰も悩まねーよ、という感じにもなる本です。

　それはそうなんですが、まあ、「プラトーを愛せ、なぜならそれが人生だからだ」という一点については、世の（自助努力型）自己啓発本の要点を一言で表現しているようなところがあって、それは評価できるんじゃないかと私は思います。

　それどころか、この一言って、誰が言ったにしても、ものすごい金言ですよね？　インドのヨガの最高位の行者が言いました、といっても通じるし、オビ゠ワン・ケノービが若きルーク・スカイウォーカーに向かって言いました、といっても通じそうな気がする。学校の先生だったら、卒業式の訓示に使えそうだし、社会人だったら何か後輩に対して先輩っぽいことを言いたくなったときに使えそう。

　ということで、使い道は色々。読んで決して無駄にはならない本であると、太鼓判を押しておきましょう。

第3位 リチャード・バック『かもめのジョナサン』

ベビー・ブーマー世代に圧倒的支持を得た
自己啓発本として読む小説

新潮文庫、2015年
Richard Back, 1936– *Jonathan Livingston Seagull: a story*, 1970/2014

日本でも五木寛之さんによる翻訳で大ベストセラーに

　さて、『カモメのジョナサン』ですが、これがある意味、怪物的なベストセラー小説でありまして、1970年にアメリカで出版されたときにはさほどの評判でもなかったのに、1972年頃から爆発的に売れ始め、今ではアメリカだけで1500万部、全世界では4000万部が売れている。**当然、その噂は日本にも伝わり、小説家の五木寛之さんによる邦訳が1974年に出ると、たちまち120万部のベストセラー（現在では270万部）となったというシロモノ。**

　本書が日本で売れに売れていた頃のことを私もよく覚えていますが、まあ、あっちでもこっちでもジョナサンの話題で持ち切りという感じでした。この本の話題は小学生の間でも持ち切りで、とりわけ「ジョナサン」というタイトルにインパクトがあったせいか、この本をネタにしたクイズがやたらに流行った。「問い：かもめのジョナサンに似たかもめがいます。彼の名前は？」「答え：かもめのそっくりさん」とかね。「問い：四国を一周したかもめは誰でしょう？」「答え：かもめのお遍路さん」とか。

　否、この本についての冗談半分の話題は、大人の間でも同じようなものだったかもしれません。とりわけ本書の内容がどうのというより、まずそのタイトルが人の口の端に上ったということは故なきことではなかった。と言う

いやはや、小学生ってヤツは……。

のも、本書の内容が実にその……何と言いましょうか……チンプンカンプン
だったから。

あらすじはチンプンカンプン……？

　では、そのチンプンカンプンな内容とは一体、どういうものなのか？　以
下、簡単にこの小説のあらすじを紹介しておきましょう。

　本作の主人公は「ジョナサン・リヴィングストン」という名のカモメ。た
だしジョナサンは、いわば異端のカモメで、いかに速く、いかに限界を超え
て飛ぶかということに命を賭けている。飛ぶことそれ自体の魅力に取りつか
れ、単に生存するだけの人生（カモメ生？）を否定するんですね。仲間のカモ
メが餌を食べてのんびりしている間にも、練習、練習、また練習。あまりジ
ョナサンが速く飛ぶ練習に熱心なもので、仲間たちはドン引きして、ついに
は彼を追放の刑に処してしまう。

　ところが、そんなことなど気にも留めずに孤独のうちに飛行技術の修練に
打ち込んでいたとき、ジョナサンはどこからともなく現れた光輝く2羽のカ
モメに囲まれます。そしてジョナサンが彼らについてさらなる高みに上る
と、ジョナサン自身も光り輝く存在へと変貌を遂げることになる。

　それ以後、ジョナサンはごく少数の選ばれたカモメとして、他のエリート
たちと共に教官サリヴァンの指導を受けながら、さらなる飛行訓練をするこ
とになります。**そしてジョナサンは、「自分のことを限られた能力しかもたな
い肉体の中に閉じこめられた哀れな存在と考えるのを止めれば、自分の限界
を超えて、思った瞬間に思った場所に行ける」という先達からの教えを受け、
ついには瞬間移動の奥義もマスターすることになる。**

　しかし、この頃、ジョナサンの心に一つの変化が訪れます。かつて自分を
追放した仲間のことがしきりに思い出されるようになるんです。ひょっとし
て彼らの中にも自分と同じ志をもったカモメが隠れているかもしれない。そ
こで彼はサリヴァン教官に別れを告げ、元の仲間のもとに帰り、そこでかつ
て若かりし頃の自分を思わせるような「フレッチャー・リンド」という若い

カモメと出会う。もちろん、ジョナサンは彼のコーチングを名乗り出ます。

　かくしてジョナサンは、フレッチャーの飛行コーチをするようになるのですが、そのうちに、かつて彼を追放した連中の中からも、次第に彼の試みに興味を抱き、近づいてくるカモメが増えてくる。

　しかし、そういう後続の連中は、ジョナサンのことを特別な存在として見ていて、ジョナサンもまたごく普通のカモメ、ただ飛ぶことを求め続けたという点だけが異なるごく普通のカモメであることを認めようとしないんですね。それどころか、ジョナサンの一番弟子たるフレッチャーのことまで、自分たちとは異なるレベルのカモメであると考えるようになる。要するに彼らはジョナサンとフレッチャーを特別視することで、自分たちの出来の悪さの言い訳にするようになるわけ。

　そんなある日、フレッチャーが練習の途中で、彼の進路を横切った幼いカモメを避けたためにバランスを失い、崖に激突する、という出来事が起きる。

　で、てっきり自分は死んであの世に来たのだと思いこんだフレッチャーは、そこでジョナサンと出会います。ジョナサンは、ここは「次のレベル」なのだが、お前はここに留まって勉強してもいいし、あるいはもとの世界に戻ってコーチングを再開してもいい、どちらにするか自分で決めろと迫る。そしてフレッチャーがもとに戻る事を選択すると、彼は事故を起こした崖の下で、息を吹き返します。

　一方、ジョナサンとフレッチャーのやりとりを傍で見ていて、ジョナサンが死んだフレッチャーを復活させたと思ったカモメたちは、ジョナサンを悪魔と見なし、騒ぎ出します。そこでジョナサンとフレッチャーは別次元へワープ。そこでフレッチャーは、ジョナサンに向かって「あなたはなぜ、あなたのことを悪魔とののしる連中を愛せるのか」と問うのですが、その問いに対してジョナサンは、あの連中の中にも一握りの同志がいるのであって、それを指導するのは楽しいことなのだと告げます。そして、もはやお前には私は必要ないのであって、お前は彼らのもとに戻り、彼らの指導を続けろと諭して自分は去ってしまう。

第 4 部 が 誕 生 し た け れ ど

　本書はここまでが「第3部」でありまして、1970年版の『かもめのジョナサン』はここで終わっていました。ところが2014年になって、「第4部」が付け加わります。

　第4部に入ると、もう既にジョナサンは伝説と化していて、ジョナサンの初期の古い弟子たちすら半分伝説になってしまっています。それで、いくら古い弟子たちが「ジョナサンはね、一生懸命練習したから速く飛べるようになったんだよ」と教え諭しても、新しい弟子たちは、「ジョナサン大先生は、どんな姿をしておられたのですか?」といったことばっかり知りたがり、もう練習なんてそっちのけになってしまう。つまり神格化によって、元々のジョナサンの教えは腐敗してしまったわけ。

　しかし、そんな腐敗し、練習も軽視されてしまった末法の世界でも、次の世代は登場してくる。そして新世代のカモメたちは、腐敗化したジョナサン伝説なんて無視して、自分たちで勝手に速く飛ぶ練習に打ち込み始める。

　そして、そんな新しい世代に属する一羽のカモメが懸命に練習に打ち込んでいるうちに、ふと気づくと、自分に併走しながら見事な飛翔をするカモメを発見する。若いカモメがあっけにとられてその名を問うと、「俺かい?　俺はジョナサンさ」と答えました。

　おしまい。ほらね?　何が何だか分からないでしょう?

「 自 己 啓 発 本 」 と し て 読 め ば 理 解 で き る

　結局、このチンプンカンプンな小説の真意は何か?　という話になってくるわけですけれども、ここに「自己啓発思想」という補助線を引いてみると、案外、話の落としどころが分かってくるところがあります。

　たとえば先に紹介したジョッシュ・ウェイツキン著『習得への情熱』やジョージ・レナード著『達人のサイエンス』などを『かもめのジョナサン』の隣に置いてみる。あるいは、ミハイ・チクセントミハイの『フロー体験　喜

びの現象学』のような、「幸福心理学系自己啓発本」を置いてみる。

　すると、『かもめのジョナサン』も、そんなマスタリー系／幸福心理学系の自己啓発本として読めばいいんじゃないのか？　という気になってくるでしょ？　**ある技術をマスターすることのメリットよりも、その技術をマスターする過程自体に楽しみを見出すことによって「フロー」の境地に到達できる。**そしてそのフローこそが人生を幸福にするものなのだ、という考え方。現代人に幸福になる秘訣を伝授してくれたという意味で、ジョナサンは我らのメンターということになる。あるいは我らのヨーダというべきか。フォースと共にあらんことを！

五木寛之氏の抱いた違和感

　ところで、先にこの本を日本語に訳したのは小説家の五木寛之氏であったと記しておきましたが、日本語版『かもめのジョナサン』のあとがきの中で、五木寛之氏が面白いことを述べておられます。それによると、五木氏は、本書を翻訳しながら常に「違和感」を抱いておられた、というのです。

　五木氏が違和感を抱いたのは、この話が妙に「上から目線」の説教調で語られていること。でまた、そんな説教臭い物語をどうして多くの人（＝アメリカ人）が有難がって読むのか、それもよく分からなかったと。さらに、飛ぶことに命をかけたジョナサンが特権化され、そうでないカモメ、つまり生きることに汲々（きゅうきゅう）としている平凡なカモメたちが、いかにもつまらない存在の様に描かれることへの不満もあった。

　つまり、本書を訳していた五木氏は、本書の主人公であるジョナサン・リヴィングストンに最後まで共感できなかったんですね。でも、その一方でこの本は本国アメリカでは記録的な大ベストセラーになったわけですから、そこにはジョナサンに共感した人たちが大勢いたはず。ならば、その人たちと五木氏との違いは何なのか？

ベビー・ブーマーたちの英雄

　私が思うに、その違いは、日米の文化的差異から来るものであると同時に、世代の差にもよるのではないかと。五木寛之氏は1932年生まれですから、戦前の生まれ。**ですが、『かもめのジョナサン』に共感したアメリカの読者というのは、戦後に生まれたベビー・ブーマーだったんですね。**

　本書298ページで紹介するアリシア・ベイ゠ローレルの『地球の上に生きる』でも少しだけ触れますが、アメリカのベビー・ブーマーたちが高校時代あるいは大学時代を過ごしていた1960年代は、アメリカにとって苦悩の10年でした。公民権運動（黒人差別撤廃運動）という内憂に、ベトナム戦争という外患。これだけアメリカの病巣が表面化しているのに、その病巣を放置したまま既存の価値観で乗り切ろうとする親世代とベビー・ブーマーの子世代の間に埋め切れないジェネレーション・ギャップが生まれていた。そして親世代に反抗した若者たちは、高校・大学・社会からドロップアウトしてヒッピーとなり、若者同士で集団生活を営みながらドラッグやフリーセックスに興じました。いわゆる「カウンター・カルチャー」全盛の時代です。

　ところがヒッピー・ムーヴメントは、1968年をピークに尻すぼみとなります。カウンター・カルチャーは、既存の文化に対する破壊的対抗物ではあったものの、それ自体として自立する独自文化を建設することができなかったんですね。そして1970年代に入り、ヒッピー・ムーヴメントに絶望したアメリカの若者たちは、無軌道な集団生活を通じて既存の価値観の「破壊」を図るのではなく、より個人的な「解脱」を追求するようになる。いわゆる「ミー・イズム」の誕生です。で、ミー・イズムの登場と共に、社会全体を変えるとか、そういう大それたことは最早目指さないけれども、個人のレベルにおいて精神的な解脱をし、社会から超然とした存在になりたいという願望が生まれてきた。

　で、この個人主義的解脱願望を満足させるためには、親世代の精神的支柱である既存のキリスト教は頼りにならない。となると、キリスト教以外のと

ころに何らかの精神的拠り所を求める必要が生じるわけですが、そこで登場したのが東洋思想、すなわち「禅」なわけ。1970年代のアメリカでは、多くの元ヒッピーたちが、禅に精神的解放の方途を見出そうとしていたんですね。まあ、絶対に禅でなくてはならないということでは必ずしもないのですが、とにかく自分より一歩先に解脱して涅槃に到達したと思しき超越的指導者を求めていた。

と、ここまで言えば明らかなように、そんなベビー・ブーマー世代にとっての理想的指導者像がジョナサン・リヴィングストンだったんです。彼らにとってジョナサンは、ブルース・リーと並ぶ超越的指導者のロール・モデルだった。ただ飛べ、無心に飛べ、「Don't think. Feeeel!」というわけ。

『かもめのジョナサン』が「我らの文学」だった世代

そう考えると、何でこの訳の分からない、上から目線の説教臭い小説が、1970年にこれだけ流行ったのかが分かるでしょう。

要するに『かもめのジョナサン』は、アメリカ最大の人口マスであるベビー・ブーマーにとって、「マスタリー系自己啓発本」でもあり、「幸福心理学系自己啓発本」でもあり、「スピリチュアル系自己啓発本」でもあり、さらには「禅系自己啓発本」でもあるという意味で、至高の自己啓発本だったんですね！ **彼らからすれば、『かもめのジョナサン』こそ我らの文学、この本を小脇に抱えた者同士、道端ですれ違いざま「お互い、分かっているよな」と微笑みを交わす、そういう本であったと。**

逆に言うと、そういう「同志的背景」を持っていない日本の読者がこの本を読んでも、あまり楽しくはないかもしれません。

でも、これほど面白くない小説を「面白い！」と思った人々／世代があったということを知るのは、間違いなく面白い。

この小説を楽しむコツは、そのあたりの事情を呑み込んでいるか否かに掛かっているように、私には思えるのです。

第 6 章

身体改善から精神改善へ！ フィジカル系 自己啓発本3選

患者の気持ちによりそう本とは

　最初に宣言してしまいましょう。医学書は、すべて自己啓発本です。

　それはそうでしょう。今心身の不調に悩んでいる人々にとって、その状態を脱することがより良い暮らしを意味するのであって、だとすれば、そのより良い暮らしへの道筋を教えてくれる医学書が「フィジカル系自己啓発本」であることは明らかです。

　もっとも、医者ではない一般人が専門の医学書を読み解くことは難しいですし、読み解いたところで治療に必要な医薬品を手に入れることなどできない。また、たとえそこに画期的な手術の方法が書いてあったとしても、一般人が自分で手術することなどできないのですから、医学書は、医療関係者にとっては自己啓発本であるとしても、一般人にとっての自己啓発本であるとまでは言えないかもしれません。

　しかし、ならば心身の不調の改善を指南する一般人向け自己啓発本は存在しないのかというと、そうでもない。

　たとえば「毎日水風呂につかったら、腎臓病が治った！」などと、著者の実体験を元に主張する本があります。現代医学の常識を覆すような斬新な（？）民間療法を伝える類のフィジカル系自己啓発本の世界には、この種の本は決して少なくありません。まぁ、そんなことを言うと「だから自己啓発本というのはインチキ臭いんだよ！」という声が今にも聞こえてきそうですけれども。

　でも私は、自己啓発本研究者として、「水風呂本」の存在意義を絶対に否定しません。なぜなら私には重い腎臓病に悩む知人がいて、その人が藁をもつかむ思いでこの種の本を読んでいることを知っているから。水風呂につかったとてどうなるものでもないということは重々承知してはいるが、それでもこういう本を読むと、読んでいるときだけは明るい気持ちになれる——そう言って笑ったその人の顔を思い出すと、その人から水風呂本を取り上げる気

にはならない。束の間の笑顔の分だけ、その本は自己啓発本としての重責を果たしたのだと、私は思うのです。

それだけではありません。今述べた「水風呂本」はピンからキリまであるフィジカル系自己啓発本の中のキリの方でありまして、ピンの方は本物の医学書と同レベルのものすらあります。

体と心をセットで考える

否、ある意味ではそれ以上と言ってもいいかもしれない。と言うのは、医学書は心身の不調の内、身体的不調にのみ焦点を当てがちなのに対し、上質なフィジカル系自己啓発本は、体の不調と心の不調をワンセットで捉えようとするから。医学書は胃潰瘍を治すことができますが、フィジカル系自己啓発本はその胃潰瘍を引き起こしたかもしれない心の問題にまで目を向けます。医学書はがんの治療法を提示しますが、フィジカル系自己啓発本はがんにかかった人がどういう心持ちで自らの病に対峙すべきかを教えてくれます。病気の重さによっては、医学書よりも自己啓発本の方が、患者の気持ちに深く寄り添うことができる場合もあるのです。

さらにもう一つ付け加えれば、鍼灸や漢方、あるいは健康法としてのヨガや瞑想を伝える自己啓発本というものがある。対症療法に特化して発達してきた西洋医学の伝統に対し、病気の根本原因に着目する東洋医学の叡智を最初に伝えたのは、フィジカル系自己啓発本でした。

そんなポテンシャルを持つフィジカル系自己啓発本、その中でもえり抜きの３作品を、以下、ご紹介していきましょう。この中に、何らかの不調に悩むあなたにとって、救世主となるようなものがあるかもしれませんよ！

第1位 貝原益軒『養生訓』

300年以上読み継がれる健康長寿のマニュアル
長生きするための「べからず」集

中公文庫プレミアム、2020年
貝原益軒，1630-1714

「長生きをしろ」と言うのは当時画期的なことだった

　貝原益軒は1630年の生まれで1714年没。**1630年と言えば今から約400年前、江戸時代の初めの頃ですから、この時代の人としては相当な長命**。しかも『養生訓』は彼が84歳のときに書いたものだそうですから、最晩年まで頭脳明晰だったということになる。そういう健康で長命を保った人が書いているからこそ、この本も説得力を持つのでありましょう。

　さて、噂には聞いていた『養生訓』、私も初めて読んでちょっとびっくりしたのですけれども、この本って、ほんとに体の健康のことばっかり書いてある本なんですね。どういう風にすれば健康で長生きできるか、その具体的な方策だけが延々と書いてある。いわば当時の万人向けの健康維持マニュアル。

　ただ、ここがポイントなのですが、貝原益軒が生きた時代は、戦国時代が終わったばかりの頃。まだまだ封建時代でありまして、武士たるもの、主君のためとあらば自分の命なんぞ軽々と投げ出すようでなければダメというメンタリティが生きていた時代。危険を避けて長生きしようとか、そんなことを考えているのは惰弱だとされていた。

　そういう時代にあって、貝原益軒は本書「巻第一」の総論部において、「人の身は父母を本とし、天地を初とす。天地父母のめぐみをうけて生れ、又養

はれたるわが身なれば、わが私の物にあらず。天地のみたまもの、父母の残せる身なれば、つつしんでよく養ひて、そこなひやぶらず、天年を長くたもつべし。（中略）人身は至りて貴とくおもくして、天下四海にもかへがたき物にあらずや」（24-25頁）と述べ、何はともあれ健康に気をつけ、長生きをしろと言っているのですから、実は『養生訓』なる自己啓発本、当時としては相当に大胆というか、革命的だったんですね。

養生すれば長生きできる

さて、益軒によると、人間の寿命は大体100年。で、60才を越えるところまで行ったらまずまず長命の部類に入るのだけれども、そこまで行かずに死ぬ人も多い。それはその年齢がその人の寿命だったというわけではなく、ただ単に養生しなかったから。火のついた炭だって、灰の中に埋めて大切にすれば長く持つものを、吹きっ晒しに置いておいたら風に煽られて赤々とすぐに燃え尽きてしまう。

だから、重要なのは養生すること。**そのために必要なのは「畏れる」気持ちであって、「こんなことしたら、早死にしちゃうんじゃない？」と思われることにはなるべく近づかないことだと。**

ということで、本書は「長生きするためにはアレをしちゃいけない、コレをしちゃいけない」という「べからず」集になっております。

たとえば肉ばっかり食べてちゃだめ、腹いっぱい食っちゃだめ、大酒飲んじゃだめ、隙間風に当たっちゃだめ、やたらにエッチしちゃだめ、とか、そういう感じ。まあ、現代でも言われていることですけどね。

でも、ちょっと面白いアドバイスもあって、たとえば食事をしたら、そのすぐあとに300歩歩けと書いてある。これは要するに、食べたものが滞ることが一番悪いのでさっさと消化しなくちゃいけない、そのためには食事をしたらすぐに軽い運動をしろ、ということなんですね。逆に食べてすぐ横になる、なんてのは一番いけないことなのだそうで……。

それを言ったら、人間、朝起きてから夜寝るまでの間は横になってはいけ

ないのだそうで、老人ですら、ちょっと疲れたからといって寝てはいけない。脇息にもたれて斜めに座るのはいいけど、横になってはいけないと。

　あとね、風呂もあんまりよくなくて、せいぜい髪を洗うのが5日に一度、湯あみするのは10日に一度くらいがちょうどいいのだとか。もちろん、汗をかくほどの熱いお湯なんか入っちゃダメだし、あと、お湯に入った直後に風に当たるなんてのはもっての他なんですって。

　そうなんだ……。熱い風呂から飛び出して、扇風機の前で「アーーーーーー」とかやるのはアホな子のやることだったんだ。

　あと、全身をさするのはとてもいいことらしいです。朝起きたら、頭のてっぺんから足先までサワサワとさする。

　それから、益軒先生は薬の処方にも詳しかったらしいですが、薬というのは本来毒なんだから、これを使うのは最終手段。できればそれを使わずに済むように事前に養生するというのが、あるべき姿なのだそうで。

私、まんまとやってましたよ……。

医者との付き合い方、医者の在り方

　薬もそうですけど、医者との付き合いも、本書の大きなテーマの一つです。**益軒先生によると、医者にも上・中・下がある。**風邪をひいたとか、そういう当たり前の病気だったら「下」の先生にかかってもいいけれど、難しい病気になると、症状の似た病気が幾つもあるから、それらを的確に見分けられる学識と経験を持った「上」の先生に診てもらわないとダメ。

　あと医者に対しての注文も書いてあって、医者の行為というのは、すなわち「仁術」である。だから、金持ちにはこびへつらい、貧民は診療しない、などというのは最低だと言っております。医者を志すほどのものなら、そこをきちんとわきまえて、貧富の差なんか関係なく、出くわすあらゆる病人を治すんだという志を持てと。

　あと、これは卓見だと思ったのですけど、益軒先生、「医者になろうと思ったら、まずは四書五経をしっかり学べ」と言っておられます。

　つまりね、医学というのは義の学問であるから、まずは四書五経を学ぶべ

きであると。そして四書五経を学ぶ過程で、常日頃から文に接する習慣と、それを読み解く力をつける。そうやって文に親しむことを身につければ、自然、医学書をバリバリ読む力もつき、常に進化し続ける医者になれるよと。

いいこと言いますね！　理科系の学問においてすら基本は「文章の読解力」、そして「本を読む習慣」だ。現代のお医者さんの卵の皆さんにも是非、この辺りを読んでいただきたいと思います。

老後の過ごし方、老人の扱い方

さて、『養生訓』を読んでいて、私が面白い！　と思ったことのもう一つは、その最終章となる「第八巻」に老後の過ごし方、老人の扱い方が記してあること。ここには子たるもの、年老いた親を養うときは、やさしく接するべきであって、面倒くさいなんて思わずに、一日一回くらいは隠居部屋に行き、顔を見せたり話を聞いてやったりしなさいよ、なんてことが書いてある。

逆に、老人側に対してもアドバイスがあって、老人の時間は若者のそれより10倍速く過ぎる。若者がひと月を過ごすくらいの感覚で、一年が過ぎていく。だから、一日一日を大切に過ごせよと。で、その際に重要なのは、心を穏やかに保つということ。怒ったり、イライラしたりするのは愚の骨頂。たとえ子供が親孝行でなくても、不満を持たず、まあ、そんなもんだろうと思って心の平和を乱さない。天気がいい日には、庭に出て草花を愛でるのもいいが、だからといって自分が夢中になって庭仕事なんかしてはダメ。**体力を温存し、気力がすり減るのを防止し、心穏やかに日々を大切に過ごしなさいと。**

はあ〜、なるほど……。

と言うことで、読めば色々勉強になることが沢山書いてありました。こういういい本があるのに、この歳まで読んだことがなかったなんて、不明を恥じるほかないです。

とにかく、健康維持に特化した江戸時代の自己啓発本として、相当進んだことが書いてあったこの本、日本の「フィジカル系自己啓発本」の傑作として、熱烈おすすめです。

第2位 パトリシア・キャリントン『悩んだら、タッピング』

体だけでなく精神にも効く西洋の「ツボ」とは？
体と心の凝りをなくす本

駒草出版、2014年
Patricia Carrington, 1924–2019 *Discover the Power of Meridian Tapping*, 2008

鍼灸・指圧の西洋版？

　今日、自己啓発本の主要テーマの一つとして「瞑想」というものがあって、これはインドの「ヨガ」とか日本の「禅」など、東洋で昔から実践されている「行」の効能を西洋風に解釈し、自己啓発のテクニックとして取り入れたものであるわけですが、ことほど左様に、東洋の叡智と西洋の叡智がぶつかり合ったところから今日的な意味での自己啓発思想が出て来ることはよくある。

　本書でキャリントンらが推奨する「タッピング」もその一つで、これは簡単に言えば東洋医学における「鍼灸・指圧」の変奏と言っていい。**要するに「ツボ」とか「経絡」への刺激といった、日本人にはお馴染みの伝統療法を、西洋風に仕立て直したものと考えると分かりやすいのではないかと思います。**

感情解放テクニックで「心の凝り」解消

　ただし、東洋の鍼灸と西洋のタッピングでは、一つ大きな違いがあります。
　東洋の鍼灸は、主に身体的な不調の治療に使われるわけですが、西洋のタッピングは、身体的な不調もさることながら、精神的な疾患の治療の方を重視しているんですね。

で、なんでそうなったかと言いますと、ことは1980年代にさかのぼります。

アメリカにロジャー・キャラハン（Roger Callahan）という不安障害の治療を専門とする心理学者がおりまして、この人は臨床もやるのですが、あるとき、水に対する恐怖に悩んでいたメアリーという名の患者を治療することになった。で、キャラハンは様々な心理治療を試みるのですが、メアリーの症状は一向に改善しない。

ところがある日、メアリーが「自分の水に対する恐怖は、胃のあたりに凝り固まっているようだ」というようなことを言い出したんです。そこでタッピングについての知識を持っていたキャラハンは、胃の経絡をタッピングするよう、メアリーに指示してみたところ、なんと、メアリーを長年悩ませていた水恐怖は瞬時に雲散霧消してしまった。キャラハンが「タッピングは精神的な疾患の治療に応用できるのではないか？」という発想を得たのは、まさにこの瞬間でした。

で、キャラハンはさらに研究を続け、TFT（Thought Field Therapy）というタッピング法を開発するのですが、その後、キャラハンの弟子であったゲアリー・クレイグ（Gary Craig）によってこの方法はさらに洗練され、それが1990年代以降、「EFT（Emotional Freedom Techniques）」と命名されたタッピング法に成長していきます。**このタッピング法が「EFT」すなわち「感情解放テクニック」と呼ばれるのは、肉体的のみならず精神的な不安を取り除くことに顕著な効能があるから。**で、本書『悩んだら、タッピング』の著者であるパトリシア・キャリントンもまたEFT系のタッピング指導者ですから、本書が、「心の凝り」を取り去ることで心身の健康を回復させることを目指すのも当然と言えます。

「経絡」とはツボを線として把握したもの

ところで、本書をお読みの皆さんは、「経絡」って、ご存じでしょうか？「ツボ」は分かりますよね？　あれは「ここを押すと、人体に好影響がある」という特異箇所を点で把握したもの。一方、それを点ではなく、線で把握す

るのが「経絡」です。ですからタッピングの唱道者は、何よりもまず、人間の身体には経絡と呼ばれる線が張り巡らされていると措定します。

　もちろん、血管とか神経とかと違って、経絡は「ほら、これが経絡だよ」と指し示すことはできません。物理的に存在する器官ではないのでね。しかし、そういう線が様々に交錯しながら人体の中に張り巡らされていると措定すると理解できる現象はある。**で、「タッピング」というのは、この経絡をトントンと軽く叩く（＝タップする）ことで、様々な人間のトラブルを解消しましょうというものなんです。**

タッピングとアファメーション

『悩んだら、タッピング』の説明によると、人間にとって万病の元たるストレス、あれはサラサラと流れている小川の上に突如崖から巨石が落ちてきたようなものなのだそうで、そんな巨石がどーんと出現してしまったものだから、進路を遮られた水は、巨石の周りを迂回（うかい）せざるを得なくなる。で、こうした流れの乱れが巡り巡って身体的／精神的なトラブルとなり、人間を悩ませていると。

　で、タッピングというのは、流れを遮っているその巨石を取り除く作業なんだよ、というのが、キャリントンらの主張ということになります。巨石を取り除き、元の小川の滞りないせせらぎを復活させる営みであると。

　では具体的にはどうやるのかというと、これがまた超カンタン。まず空手チョップ（手刀）がモノに当たる部分、すなわち小指の付け根から手首までの側面を指先でトントンと軽く叩く。次に眉の上あたりを同様に指先でトントン。次は目尻をトントン。目の下をトントン。鼻の下をトントン。口の下をトントン。鎖骨の辺りをトントン。脇の下10センチほどのところをトントン。最後に頭頂部をトントン。はい、タッピング終了〜！

　ウソだろ？　と思われるかもしれませんが、タッピングというのはこんな感じ。治療行為自体は、ものの１分で終わります。

　とは言え、実は、この一連の「トントン」に加えてもう一つ、タッピング

療法では「アファメーション」も重要です。アファメーションというのは「宣言」のこと。

　具体的にはどうやるのかと申しますと、まず悩んでいることの内容を、「〜ですが」という語尾をつけて宣言する。たとえば「私はアガリ症に悩まされてきましたが……」とか、「私は、腰痛に悩まされてきましたが……」といった風に。

　で、これに続いて「そのような自分を愛し、受け入れます」とか、「急速に症状が軽くなる状況を選択します」とか、そんな感じで言い切る。それを、経絡をトントンしながらやるの。これで万事OK。あなたの悩みはすべて解消！

　とまあ、そんなことを言いますと、誰しも「ホントかよ……」と思うでしょう。でも、実際にタッピングは効果があると言います。たとえば、人間にとってどうしても我慢できない歯の痛み。あれはタッピングの効果を試すにはもってこいのものだそうで。

　親不知の痛みに苦しんでいる人がいる。で、この人に今感じている痛みを10段階で評価せよ、と問うたところ、「10」であると回答したとしましょう。痛みマックス、ということですね。

　さあ、タッピングの出番です。「私はこのところ親不知の痛みに悩まされてきましたが、この痛みの消滅を受け入れます」と宣言させた上で、経絡トントンを実践させてみる。

　で、先ほどのトントンを一通りやってみて、痛みのレベルはどうなりました？　って聞くと、たいていの患者さんは「3になりました」とか言うらしい。で、じゃあ、もう一周、トントンしてみましょうとか言って、何回かトントンさせると、あーら不思議、痛みが完全に消えて、レベル0になっちゃった、なんてことが実際に起こるらしい。

　まあ、信じる者は救われると言いますからね。もし歯痛に悩んでいる方がいらっしゃいましたら、一度タッピングを試してみて損はないんじゃないかと。

病気だけでなく何にでも効く万能療法？

　ちなみに、タッピングはストレスとか病気だけじゃなくて、何にでも効くそうで、経絡トントンでお金持ちにもなれます。トントン。私はこれまで金欠病に悩んでいましたが、トントン。100億円の預金を持っている自分を受け入れます、トントントン。これでOK！

　ちなみに、なぜ経絡トントンとアファメーションで万事うまく行くかと言いますと、宇宙はエネルギーでできているから。人間だろうがモノだろうが、万物はエネルギーの流れなのだから、その流れをサラサラにすればすべて上手くいくんだと。

　この辺になってくると、もうタッピングなんだか、引き寄せの法則なんだか、区別がつかなくなってくるわけですが、こんな眉唾っぽいことも、実際に人によっては効果が出てしまうところが、この種の言説が廃れない一番大きな理由でありまして。

　それにしてもタッピングのいいところは、時間もお金もかからないというところです。ツボ（＝経絡）をナニするのは同じでも、「10万円の壺を買え」とかそういうのじゃないですから、試しにやってみることになんの障害もない。

　というわけで、興味のある方はパトリシア・キャリントンの指示に従って経絡トントンをぜひ、お試しください。私もやってみようかな。昨日まで金欠病に悩んでおりましたが、トントン。今日からは億万長者になった私を受け入れます、それトントントーン！

第3位 ゲイル・シーヒー『沈黙の季節』

タブーであった「女性の更年期」を初めて語りベストセラーに
更年期の体の変化を学べる本

飛鳥新社、1993年
Gail Sheehy, 1936–2020 *The Silent Passage*, 1991

「通り道」が指すもの

『沈黙の季節』というタイトル、原題は *The Silent Passage*、すなわち『沈黙の通り道』なんですが、この「通り道」というのが何を意味するかと言いますと……女性の更年期のこと。そう、自己啓発本の研究者たる私は、必要に迫られて女性の更年期の本を読んでしまったのでした！

　なぜそういうことになったか、説明しよう。

自己啓発本は「ベビー・ブーマー」と共に歩む

　アメリカでは第二次世界大戦後に生まれた「ベビー・ブーマー」と呼ばれる世代の人口ボリュームがすごく大きいのですが、このベビー・ブーマーこそがアメリカの自己啓発本の最大読者層を構成しているんですね。そうなると当然、この世代を主たる読者層に据えた自己啓発本が沢山書かれることにもなる。だから自己啓発本の出版史を繙いていくと、ベビー・ブーマーの連中が各年代に何について悩んでいたかがよく分かるんです。

　たとえば1980年代から1990年代にかけて、つまりベビー・ブーマーの連中が40代に差し掛かり、「もう自分も若くはないな」と思い始める頃にどっと出始めたのが「若さを保つ系」の自己啓発本。たとえばダイエット本とか、

ヨガ本とか、ワークアウト／ジョギング本といった類のものが次々に登場している。ついでに言うと、これは自己啓発本ではないけれど、「サプリメント」がブームになるのもこの時代です。**つまりベビー・ブーマーたちがこの時代、「老いること」への恐怖を少しずつ感じ始めていたことが透けて見えるわけ。**

　で、女性にとって「老いる」ことの究極の象徴が、「更年期」であったと。

　しかし、アメリカ人女性にとって更年期は、なかなかに受け入れがたい敵だったんです。

アメリカ最後のタブー

　アメリカ人というのはとにかくポジティヴなので、「努力して若さを保とう！」という掛け声には俊敏に反応します。一方、そのことの反面として、「老いを受け入れよう」という方向には心が動かない。**そこが日本の自己啓発本の傾向とは違うところであって、日本では、たとえば永六輔の『大往生』に代表される「死ぬ準備」を促す自己啓発本が大々的に売れますが、アメリカではそういう本は売れない。**「老い」とか「死」といった話題はもっとも忌避すべきものであって、そういうことを考えること自体、好まないんです。ですから「更年期」という言葉、英語では「メノポーズ（menopause）」と言いますが、この言葉は「アメリカ最後のタブー」と言われているわけ。

　アメリカという国は、一般に日本人が想像する以上に宗教的な縛りの強い国なので、性的なことは全般にタブーなのですけど、それでも1950年代から1970年代にかけて「性革命」と呼ばれるムーヴメントがあって、その頃から性的な事柄については若干オープンになってきました。しかし「更年期」だけは、その後もタブーであり続けたんですね。女性であれば、絶対に通過する「通り道」であるはずなのに、誰もそのことを言わない。言わないから、言説が積み重なっていかない。年代的にそれが近づいてきた女性が、母親に向かって「お母さんのときはどうだった？」と尋ねても、「そのときが来れば分かるわよ」とか、そんな感じではぐらかされてしまう。**もうすぐ1990年代**

に入ろうかという時期のアメリカにおいてでさえ、**更年期についての情報っていうのは、まったく存在しない状態だったと言いますから、更年期というのは、アメリカ女性にとって「語りたくない話題」の筆頭だったんですね。**

しかし、それは実際問題として、とても困った状態でした。

たとえば更年期の症状——急な発汗とかのぼせとか鬱とか——に悩まされて病院に駆け込むとする。しかし医者は男であることが多く、そもそも更年期の何たるかについて知らない。だから見当違いな診断をしてしまうこともよくあったと言います。

あるいは、もう少し詳しい医者になると、「あー、それは更年期ですね。あなたの年齢では、もう子宮なんか要らないから、取っちゃいましょう。そうすれば症状は治まるし、子宮がんの心配とも無縁になれる」とか言って、子宮切除手術とか卵巣切除手術を勧めてくる。

その結果、推定の数字ですが、なんと、アメリカ人女性の3人に1人は更年期を境に子宮とか卵巣を取ってしまうんですって！　そう言えばちょっと前、女優のアンジェリーナ・ジョリーが、「将来がんになると厭だから」とか言って乳腺を取ったり卵巣を取ったりして話題になりましたけど、これと同じ感覚ですね。

だけど、そういう行為は、端的に言って自然ではありません。ですから、取ったら取ったで、術後のトラブルが生じてくるのも当たり前。更年期によって女性ホルモン（＝エストロゲン）の分泌は減るけれども、ゼロになるわけではない。わずかな分泌であっても、それは本来、女性が生きていく上で必要なものなんですね。それなのに、手術で関係器官を全部取ってしまったら、分泌はゼロになってしまう。身体の不調が出てくるのも当然です。

更年期への向き合い方

では辛い更年期への対処法としてはどうすればいいかというと、これはもう個人個人の体質に応じて方法を変えていくしかない。たとえば単純なホルモン治療では、骨粗しょう症になったり乳がんになる可能性が高まるので、

遺伝的な要因も含めて個々人の体質に合ったホルモン・カクテルを処方するなど、試行錯誤しながら最良の治療法を探っていくことが必要になってくる。

だけど、それよりも何よりもまず必要なことは、アメリカ最後のタブーとされる「更年期」を、隠したり恥じたりすることなく、女性の人生における自然な通過点として白日の下に晒し、その上で、この時期を通過するためのベストな選択を模索する――これが重要なのではないかとシーヒーは言います。

シーヒー曰く、女性が思春期に体験する身体の変化だって、それに適応するためには数年を要したはずだと。だから更年期の身体の変化だって、同じように数年かけるプロジェクトだと思って、前向きに捉えればいいのだと。

更年期後にはバラ色の世界が待っている

とまあ、更年期への対処法というのはなかなかに厄介なものではあるのですけれども、しかし、ここに一つ朗報があります。実は更年期を通過した女性には、とんでもなく素晴らしい未来が待っているらしいんです。

大昔、それこそ「人生50年」と言われていた時代には、女性は更年期に差し掛かる頃には既に死期が近かった。だけど今は違います。今は「人生100年」の時代ですから、更年期を経た後、女性にはまだまだたっぷり人生が残っている。

で、更年期を経た女性は、女性ホルモンが低下する一方、男性ホルモンの分泌の相対的な量が増えるので、50代、60代になるに従って積極性が増すんです。

実際、世界を見渡しても、その年代の女性がリーダーシップを発揮するということはよくあります。たとえばドイツのメルケル元首相しかり、イギリスのメイ元首相しかり、そしてアメリカのヒラリー・クリントン元国務長官しかり。考えてみれば、近年先進国のトップに君臨した人たちって皆、そういった年齢層の女性ばかりではありませんか。

第 6 章　身体改善から精神改善へ！ フィジカル系自己啓発本 3 選

　つまり、五十代、六十代に入って男性が初老期を迎え、勢いが落ちてくる一方、女性は逆に、むしろその年代からイキイキと生きられるようになるんですね。これは素晴らしいことではないかと。

　というわけで、「沈黙の通り道」の向こう側には、光り輝く人生のときが待っているんだから、女性たちよ、更年期なんかに負けるな！　というのが、ゲイル・シーヒーがこの本の中で発しているメッセージなんですね。

　とまあ、そういうポジティヴな本ですから、『沈黙の季節』は1990年代初頭にアメリカで売り出されるとたちまち大ベストセラーになりまして、だからこそ、自己啓発本の歴史の中では見落とせない一冊なのですけれども、それにしても、まさか男の私がこんな本を読むことになるとは……。普通の意味でアメリカ文学を研究していた頃には想像もできなかったですが。

　でも、読んだ今では、読んで良かったと思っています。だって更年期の女性の苦しみなんて分からないですからね、男には。だから、せめて頭の中でもそのことを理解していれば、少しは違うのではないかと。

　しかも「沈黙の季節」を乗り越えた女性たちには、とんでもなく雄弁な季節がやってくるというのですから、私を含め、人生下り坂の男たちからすれば、むしろ羨ましいくらいのもんですよ‼

285

第 7 章

女性の、女性による、女性のための自己啓発！フェミニン系自己啓発本5選

過去、自己啓発本は男性のための読み物だった

　18世紀末に自己啓発本なる文学ジャンルが誕生してから相当長い間、この種の本は男性のための読み物であり、その読者層は男性に限定されていました。

　理由は簡単、そもそも自己啓発本は、ベンジャミン・フランクリンの『フランクリン自伝』の時代から、基本的には出世指南の本だったからです。18世紀、19世紀を通じ、男性が外で働き、女性は家を守るというのがアメリカ人の平均的なライフスタイルでしたから、外の世界で自分の能力を発揮しなければならない男性のみが自己啓発本を読み、そうでない女性は読まない（＝読む必要がない）というのが当たり前だったんですね。

　ところが、こうした図式は、1963年を境に徐々に変わっていきます。

　では、1963年に一体何が起こったのか。

　この年、ベティ・フリーダン（Betty Friedan, 1921–2006）というジャーナリストが書いた『新しい女性の創造』（*The Feminine Mystique*）という自己啓発本が出版されたんです。

　この本の中でフリーダンは、「女性が男性と同様の自己実現を図りたいのであれば、家庭の中に留まっていたのではダメ。男性と同様、社会に出て自分にふさわしい職に就くべきである」という趣旨のことを主張したんですね。

　この本は、ベストセラーになりました。そして当時、家の中に籠っていたアメリカの女性たちの多くを家の外、つまり広い社会に引っ張り出した。家事と育児だけが女性の仕事ではない。女性もまた社会人になって、職場で男性たちと出世を競い合うべきだ──そんな野心を、女性たちに植え付けたんです。この本がきっかけとなって「ウーマン・リブ」の気運が、すなわち「女性を家のくびきから解放しよう」という運動が始まったのですから、『新しい女性の創造』という本は、実に画期的な本だったと言っていいでしょう。

女性の社会進出によって自己啓発本の読者が変わった

　さて、そんなわけで1960年代半ばから1970年代にかけ、アメリカでは女性の社会進出が一気に進むのですが、そのことはとりもなおさず「女性も出世競争に参加することになった」ということであり、女性もまた自己啓発本の潜在的な読者になったということを意味しました。実際、1970年代には女性（特に主婦）の社会進出を促す自己啓発本のベストセラーが次々と生まれています。

　しかしその一方、自己啓発本にそそのかされて社会人となったものの、家事・育児との両立に失敗して離婚に至る、といったケースも増え、そうした社会人失敗組を元気づけるための自己啓発本への需要が高まったのも事実。さらに2000年代に入ると、女性がCEOにまで出世することが珍しくなくなった反面、そこで燃え尽きてしまう事例も出てきて、そんな女性成功者たちの悩みに対処するための自己啓発本も登場している。かくのごとく、女性向け自己啓発本の世界は、男性向け自己啓発本以上に多様化していくんですね。とまあ、そんな事情があるもので、今日ではもはや自己啓発本の読者層の男女比は逆転！　今やアメリカでは男性よりも女性の方が自己啓発本の主要な市場になっています。

　では、一体どんな自己啓発本が女性読者を魅了し、ベストセラーとなっていったのか。本章ではそんな「フェミニン系自己啓発本」の名著をご紹介していきましょう。

第1位 ベティ・フリーダン『増補 新しい女性の創造』

女性の社会的自立をアメリカ社会に訴えた「女性らしさ」の成り立ちを知れる本

大和書房、1986年
Betty Friedan, 1921–2006　*The Feminine Mystique*, 1963

ウーマン・リブ運動の聖典

　本書、1963年に出版されるや当時のアメリカの「進んだ」女性たちの間でたちまち評判となり、この本がきっかけとなって女性の社会進出が始まります。だもので、この本は「第二波フェミニズム運動（＝ウーマン・リブ運動）」の聖典として崇められているところがある。

　『新しい女性の創造』を聖典視しているフェミニストからすれば、この本を「自己啓発本」と認定すること自体、不愉快千万！　ということになるのでしょうが、発売当初、この本はアメリカ中の書店の「自己啓発本コーナー」に山積みにされました。ですから当時、本書が自己啓発本と見なされていたことは確か。

アメリカ中産階級の女性たちの悩み

　では『新しい女性の創造』という本はどのような自己啓発本なのか。早速その解説をしていきたいのですが、この本、冒頭の一節が素晴らしい。ちょっと引用してみましょうか。

　　長い間、ある悩みがアメリカの女性の心の中に秘められていた。二十世紀の

半ばになって、女性たちは妙な動揺を感じ不満を覚え、あこがれを抱いた。郊外住宅の主婦たちは、だれの助けも求めずにひそかにこの悩みと戦ってきた。寝床を片づけ、食料品を買いに出かけ、子供の世話をし、夜、夫の傍に横になる時も、「これでおしまい？」と自分に問うのをこわがっていた。　　　（12頁）

　まるで未知のウイルスが蔓延する近未来を描いたSF小説の出だしのようではありませんか！　1960年代初頭のアメリカ中の中産階級の女性たちに忍び寄っていた得体のしれない「不充足感」を描き出したこのオープニング、とっても文学的です。

　さて、こんな感じでアメリカ中産階級女性が抱いていた密かな不充足感を印象づけた後、フリーダンはその原因を、当時のアメリカ社会が女性達に押しつけた「女らしさ」の概念に求めます。

　では、その「女らしさ」というのは一体何なのか？　そうしたものへの期待は、一体いつ頃から生じてきたのか？

女らしさの神話

　答えから言ってしまうと、女性たちに「女らしく」振る舞うよう期待する風潮がアメリカに生まれたのは、第二次世界大戦後だと、フリーダンは見ています。

　それ以前のアメリカには、そういう意味での「女性観」というのはなくて、1920年にアメリカに女性参政権が確立（これは19世紀後半以降、奴隷解放運動と軌を一にしながら進められてきた女性解放運動の成果）して以来、男女同権の考え方はむしろ今以上に普及していました。とりわけ第二次世界大戦が始まって男性が兵隊に取られてしまうと、その分の労働力不足解消のため女性が外で働くことも一般化しましたから、家庭外で働く女性なんて別に珍しくもなかった。当時の女性誌がしばしば「働く女性」を特集した記事を掲載していたことからも、そのことは窺えます。

　ところが第二次世界大戦が終わり、海外に派遣されていた兵隊たちが大挙

して帰国すると、状況はがらりと一変。愛情に飢えて帰国した兵隊たちの結婚ブームが始まり、ベビー・ブームがそれに続く。そして美しい妻がしっかりと守ってくれる「家庭」こそこの世の天国であるという考え方がアメリカ中に蔓延するようになっていきます。こうした伝統的女性観の復活はアメリカ以外の他の国では見られない特殊事情ですが、そういうことも含めて、「不況に続いてはじまり、原子爆弾で終った戦争の直後に、女らしさを賛美する風潮がアメリカの全土をおおった」（132頁）とフリーダンは結論づけるわけ。

とまあ、そんな事情で、アメリカでは第二次世界大戦後の1950年代になってから、女性の務めとは「良き妻／良き母」であることで、その活躍の場は家庭だ、という風潮が広まっていくんですね。その証拠に、この時代のアメリカの代表的な女性誌である『レディース・ホーム・ジャーナル』誌は、職業欄に堂々と「主婦」と書き込める女性達を賛美しつつ、著名な女性文化人類学者マーガレット・ミードの「男性と女性」という記事を掲載して、女性が高等教育を受け、職業に就いたりすると「男性化」してしまうというミードの見解を広めたりしています。またヘンリー・A・ボウマンの書いた『現代人の結婚』（1942）という本が大学の教科書にも指定され、多くの女子大学生に「男性と競って社会に出ようとするのは理に反している。それぞれの適したところに従い、男は外で働き、女は家を守るという協力関係こそが理想」という趣旨の主張を植えつけた、とも言われています。

フロイトの（悪）影響

ちなみに、第二次世界大戦以後のこうした風潮に「科学的裏付け」を与えたのが、かの有名な精神科医、ジグムント・フロイトでした。

フロイトは1856年生まれで1939年没ですけど、アメリカには1909年に一度だけ行ったことがあって、アメリカの著名な心理学者ウィリアム・ジェームズに歓待されています。そういうこともあってか、アメリカでは第一次世界大戦と第二次世界大戦の間、すなわち1920年代から30年代にかけ、空前の「フロイト・ブーム」が到来していたんですね。で、フロイトの学説も一般に

よく知られるようになる。「女児があるとき、男児にはある身体の一部分が自分にはないことを発見、結果、彼女はそれを欲しがるようになると同時に、自分同様それのない母親を始め女性全般を軽視するようになる。またその願望は抑圧されて父親を欲するようになったり、または男児の母親になることで代理的に満足させることを試みるが、しょせん完全には願望を満足させることはできないので、結局、本能を昇華させる術を持たず、劣った性となる」という奴。

　まあ、こういうフロイトの説というのは、彼の育った19世紀後半のウィーンの中産階級の文化を背景としているので、それを全人類に普遍的なものと考えていいのかどうかは分かりません。しかし、フロイトの人気と、それに基づく心理学ブームの影響で、この「科学的事実」は正当性を問われることなく人口に膾炙してしまう。しかもフロイトの難しい学説がそのまま普及するのではなく、それを分かり易く解説、あるいは曲解したような「ポップ心理学」が普及してしまうんですね。だから、たとえばマリニア・ファーナムとファーディナンド・ランドバーグの共著になる『現代女性・失われた性』（1947）などという本がフロイトを援用して次のように主張するのを、多くのアメリカ人が鵜呑みにしてしまったと。

　　女権拡張運動は、政治改革や社会の改革をとなえて表面的には正当だったが、その核心は重い病にかかっていた……。女性をきたえ成長させようとすることは……セックスに喜びを感ずるに必要な、感受性、従順さ、そして抵抗なしに依存的な生活、また、性生活の最後の目的——受胎——をめざして送ろうとする気持などを、妨害するものである。切り開くという男性の道に、女性本来の育てるという道からはずれて、女性を歩ませようとしたのは、フェミニストがおかした重大な誤りである……故に、女性は教育があればあるほど、性的には不完全になるということが心理学上考えられるのである　　　　　（90-91頁）

　偉い先生方が唱えるこうした「フロイト心理学」の結論、すなわち「女性の本来の道は家庭にあって、夫に従順に従い、子供を産むこと」という言説

は、女性誌などによっても盛んに広められ、これが第二次世界大戦後のアメリカ人を、なかんづく女性たちを、「洗脳」してしまったと。

　かくしてアメリカ1950年代も末頃になると、アメリカ女性の平均結婚年齢は20歳を下回るようになります。女性の大学進学率もドンドン落ちて、1920年には47％であったものが、1958年には35％にまで下がる。またせっかく大学に進学した女子学生も、1955年には60％が結婚を機に、あるいは結婚の邪魔になるという理由で、退学するようになっていく。

家庭での消費者としての主婦

　こうした風潮を後押しするように、女性誌は主婦に役立つ情報を満載するようになります。先に挙げた「職業＝主婦」というのがアメリカ女性のもっとも望ましく、また誇らしい姿とされたのもこの頃の話。世界で最も豊かなこの国で、主婦になれるとはなんたる光栄、というわけ。

　で、女性誌が主婦を持ち上げるのには、経済界の要請もあっただろう、とフリーダンは見ております。と言うのも、主婦はその家庭の主たる消費者だから。アメリカの購買力の実に75％が主婦の手にあるとなれば、主婦を家庭に閉じ込め、そこで彼女たちが感じる閉塞感を、モノを買う行為に昇華させようという企みが、アメリカの経済界に生じたのも当たり前。こうなってくると、もう、女性を主婦に留めておこうというのは、国家的な陰謀だったのではないかという感じすらしてくる。

　だけど、心理学者のアブラハム・マズロー（本書194頁参照）が言うように、人間というのは本質的に自己実現を求める生き物なので、主婦として家庭の中に閉じ込められ、成長の機会を奪われた女性たちが、いずれ空虚感を抱き始めるのは避けられません。**で、これこそが本書の冒頭に書かれたあの印象的な一文、「これでおしまい？」という問いに込められた不充足感の正体であって、これが当時の女性たちを悩ませていたと。**

　で、この不充足感を満たすため、女性たちもあれこれ試みます。たとえば主婦としての仕事が足りないのだろうと考えて、ものすごい時間をかけて家

中を磨き上げるとか。あるいはさらにもう一人、二人と子供を産み足すとか。

　あるいは過剰なセックスに充足感を求め、不倫に走るとか。1950年代に不倫小説の人気が高まるのは、おそらくこれが背景だろうとフリーダンは見ております。無論、1948年と1953年に出された衝撃のアメリカ人の性行動レポート（通称「キンゼイ報告」）なども、こうした時代の風潮を捉えているに違いない。

　しかし、こうした代理的な行為では、根源的な不充足感を解消できるはずもありません。もはや彼女らにとって家庭は、第二次世界大戦中の強制収容所と同じものになってしまうんですね。収容所での生活を楽にするための特効薬は、何も考えないこと。望みも疑問も抱かず、ロボットのようにルーティーンに順応すること。こうすれば、少なくとも苦しみはなくなりますから。

　しかし、それはもはや人間らしい暮らしではありません。

主婦たちよ、社会へ出よ！

　では、どうすればいいか、となったときにフリーダンが主張したのは、「世間の風潮に従って、『主婦という仕事はやりがいのある、そして天与の女性の仕事だ』という大嘘を、大嘘だと認めよう」ということ。主婦業は、人間が自己実現するための「職業」なんかじゃない。だから本物の職業に就いて、男性と同じように自己実現しよう——これこそが本書の要となる、フリーダンの主張です。しかし、そうは言っても本物の職業に就くのは大変。だからその準備として、まずは高等教育を身につけようとフリーダンは提案します。地域で行われている「フラワーアレンジメント」のクラス、みたいなおざなりなものじゃなくて、ちゃんとした大学や大学院で単位を取り、学位を取り、資格を取れと。で、その上でバリバリ社会に出て働けと。

　もちろん、こういう行為に出るとなれば、相当な抵抗を予期しなくてはならないとフリーダンは言います。まず、地元の主婦サークルから除け者にされる。夫から愛想を尽かされる。妻が勉強したり、働いたりしているときに子供が怪我でもしようものなら、それ見たことかとばかり「お前のせいだ」

と言われる。

　しかし、たとえそのような世間の抵抗があったとしても、やはり社会に出て自己実現した方がいいとフリーダンは主張します。何となれば、自己実現することによって個々の女性たちが充実した生活を送れるようになれば、世間だって考え方を見直すかもしれないから。今までのように「女性たるもの、主婦の仕事を完璧にこなすべき」という考え方に変化が訪れ、インスタント食品の利用が大目に見られたり、夫の家事負担だって当然のものと見なされるようになるかもしれない。だから、女性たちよ、立ち上がれ！　と。

　で、このような主旨の流れが、本書の最後の一文、「ほとんどの女性は、まだ自己を求め始めてもいない。しかし、人間として自分をまっとうしたいという女性の内なる声が、女らしさを賛美する声に、もうかき消されることのない時がそこまでやって来ているのだ」（275頁）につながるんですね。

　フェミニズム第二波のスタート地点ともなったフリーダンのこの本は、こういう内容だったんです。

誰 が 家 事 を す る か ？

　さて、そんな感じで、この本は女性の社会的自立を訴えた本として当時のアメリカ社会に衝撃を与えたのですが、実際、その影響はすごく大きかった。事実、この本がきっかけとなってフリーダンは当時のフェミニズム・ブームの立役者となり、「NOW（= National Organization for Women）」というフェミニズム団体を起ち上げています。もっともあまりにも深くフェミニズム運動に肩入れした結果、離婚せざるを得ないことになったりして、フリーダン個人としても人生航路が変わるほどの事態になるわけですけれども、それほどのブームとなれば、当然批判も受けることになる。たとえば「フリーダンは、アメリカ中の主婦に『主婦業なんて放り出して、社会に出ろ』と言うけれども、じゃあ、家のことは誰が面倒を見るんだ？」という疑問が出てくるのは無理からぬところ。それに対してフリーダンは本書の中で、「そんなの、家政婦に頼めばいいではないか。最初のうち、外で稼いだお金の大半を家政婦に

支払うことになって、プラスマイナスゼロになってしまうかもしれないけれど、いずれ出世すれば、給料も高くなるだろうし、そんなことは問題ですらなくなる」という趣旨のことを述べています（257頁）。

　しかし、実はここが本書で最も批判されるところでありまして。

　つまり、フリーダンは「主婦業は家政婦に任せろ」と言うけれど、社会に出た女性たちに代わって主婦業を代行するのは、より貧しい女性たちじゃないか、というわけ。フリーダンは自分たちの階級、すなわち中産階級の女性のことしか目に入ってなくて、下層階級の女性たちは家でも主婦業、外でも主婦業していろと言っていることになるじゃないかと。

　まあ、この批判は、確かに痛いところを突いていますよね……。

　とは言え、フリーダンの『新しい女性の創造』が、第二次世界大戦後から15年程の間に起きたアメリカ社会の意識変化を捉え、そこに起因する女性問題をえぐり出して白日の下に晒したのも事実。その意味で、本書の存在意義が揺らぐことはないでしょう。**男女が結婚して家庭を築くことが一般的な社会の在り方である以上、絶対に避けられない「家事は誰がやるか問題」を痛烈に批判し**、問題の最終的な解決法ではないにしても、**「女性だけが家事に携わるべき」という風潮に痛打を浴びせたこの本、女性の生き方を問うための自己啓発本として、やはり大きな位置を占めるものであることは疑い得ません。**一読の価値のある本です。

第2位 アリシア・ベイ゠ローレル『地球の上に生きる』

女性に特化したサバイバル・マニュアル
自給自足生活に興味がある人へ

草思社、1972年
Alicia Bay Laurel, 1949– *Living on the Earth*, 1970

「見て楽しむ」本

　この本、「読む」と言うよりは「見て楽しむ」的な本なんですけど、最初に書影を見た方が話が早いかな？

　この表紙のイラストもアリシアさんが描いていて、本書全般、これと同じタッチの絵が満載。「大人のための絵本」といった趣の本になっています。

　とは言え、本書には「絵本」という言葉から想像されるようなファンタジー感はありません。むしろその逆。過酷なまでにリアルな感じがする。**それもそのはず、本書は人間が無一物で生きて行くための究極のサバイバル・マニュアル、それも女性向けに特化したサバイバル・マニュアルだから。**

ニューエイジ世代の価値観

　ん？　女性向けサバイバル・マニュアル？

　そうなんです。本書はまさに女性が自力でサバイバルしていくためのマニュアルだったんです。で、そのことは、本書が出版された「1970年」という年が深く関わってきます。

　アメリカの1960年代は、大荒れの10年でした。片や「公民権運動」という内患があり、片や「ベトナム戦争」という外患があって、この二つで国内世

論は四分五裂。1950年代の好景気を謳歌した親世代と、そうした親世代の価値観に反発する子世代の間のジェネレーション・ギャップが顕著になってきた時代だったんです。

で、そんなジェネレーション・ギャップの帰結として、第二次世界大戦後に生まれ、60年代半ばには大学生くらいになっていた「ベビー・ブーマー」たちは、親世代への反抗という意味合いもあって、次々に大学をドロップアウトし始めるんですね。で、そういうドロップアウト組の若者たちは、サンフランシスコのヘイト・アッシュベリー界隈にたむろして同世代での集団生活を営み、「ラヴ＆ピース」を標榜しながらドラッグやフリーセックスに没頭したり、仏教や禅、老荘思想をはじめとする東洋思想にかぶれ、ヨガなどに熱中したり、スピリチュアルな精神世界にはまったりして、独自の実験的生活を試みていた。彼らは「ヒッピー」と呼ばれ、また親世代の価値観に対抗した彼ら独自の価値観は「カウンター・カルチャー」と呼ばれました。

しかし、ヒッピー・ムーヴメントが華やかだったのは1968年まで。その後この若者の反抗文化は急速に鎮静化していきます。時流に乗って一時的に親元を離れ、集団で羽目を外してモラトリアムを謳歌した若者たちは、ふと我に返ったかのように、元の日常に戻ってしまうんです。

ところが、ヒッピー・ムーヴメントの収束が、必ずしもカウンター・カルチャーの終焉ではありませんでした。

カウンター・カルチャーには「従来の価値観の否定」という側面、すなわち「親世代のような四角四面な生き方は嫌だ」という側面があります。それはたとえば「真面目なガリ勉学生なんかにはなりたくない」とか「給与奴隷のサラリーマンにはなりたくない」といったように、「○○にはなりたくない」という否定形の意志表明につながるわけですが、「○○になりたくない」というのは幼児の「イヤイヤ期」のようなものですから、その先の発展性がない。だから否定的運動としてのカウンター・カルチャーが長続きしなかったのも当然です。

しかし、カウンター・カルチャーはそれだけのものではなかった。「親世代

のような生き方はもうやめて、自分たちの価値観を元に新しい時代を創ろう」という、新規価値創生としての側面もあったんですね。で、ヒッピー世代の中には、この新しい時代の創生を試みた連中もいて、彼らは「新時代の創り手」という意味で「ニュー・エイジャー」と呼ばれました。そしてこのニュー・エイジャーたちは、ヒッピーのように親元には戻らず、大都市近郊の農地などで集団生活を営みながら、自分たちが良いと思う新しい生活の形を創り出していった。そんな彼らが目指したのは、無農薬の農業や小規模な酪農など、地球に負担をかけない形で営む自給自足の生活でした。

　で、本書『地球の上で生きる』の著者であるアリシアさんも、そんなニュー・エイジャーの一人だったんです。

　アリシアさんは、著名な整形外科医の父と彫刻家の母の下に生まれ、カリフォルニアで裕福な子供時代を過ごすのですが、そこはそれ、ベビー・ブーマーの一員として時代の影響をまともに受けまして、高校卒業後、あてもないヒッチハイクの旅に出て、やがてカリフォルニア州北部の「ウィラーズ・ランチ」という100人ほどのニュー・エイジャーのコミューンにたどり着きます。で、そこでしばらく暮らした経験から、大自然の中、自給自足をしながら心豊かな暮らしを維持していくためには、どのような知恵と技術が必要かということを学ぶわけ。**そして、そうしたニュー・エイジャーならではの「生活の知恵」をまとめ、後に続く若者たちへの指針にしようとしたのが、本書であったと。**

テントの張り方から、自給自足の農業の方法まで

　より具体的に言いますと、まずは冒頭、バックパック的な徒歩旅行に出る準備の話から始まって、テントの作り方・張り方、カヤックやハンモックの作り方、冬を越すための薪ストーブの使い方など、差し当たり生活に必要不可欠な事柄の情報提示があり、さらに石鹸の作り方、洗濯機を使わない洗濯の仕方、機織りの仕方、衣服の作り方、服のリフォームの仕方、靴の作り方、窯の築き方、かごの編み方、楽器の作り方などが伝授される。

さらに自給自足の生活には欠かせない農業の仕方、土の作り方、ニワトリの飼い方、牛の飼い方、バターやアイスクリームの作り方、パンの焼き方、食料の保存の仕方、燻製の作り方、薬草の見分け方、傷の手当や病気の対処法、さらには死んだ仲間の火葬の仕方まで、魅力的なイラストを使いながら手際よく説明されている。

また、ところどころで『老子』からの引用があるなど、東洋思想の影響がチラホラ散見されるのは、ヒッピー的感性の残り香とも言えますが、より真面目に言えば、親世代が依って立つキリスト教文化とは異なる精神生活の礎として、ニュー・エイジャーたちが東洋思想を選んだことの表明であったかもしれません。

とまあ、こんな具合に、『地球の上で生きる』は、1970年代のカウンター・カルチャーを生きた実践的ニュー・エイジャーにとって、あるいは自ら実践こそしないものの、心のどこかでニュー・エイジャー的な生き方に憧れる者にとって、弁えているべき様々な事柄についての具体的なノウハウが詰まった恰好のマニュアルになっていたんです。

日本でもロングセラーに

で、この本は、時代の感性にぴったり合ったのか、アメリカ国内で爆発的に売れました。否、それだけでなく、世界中で売れまくりました。事実、驚くなかれ、本書の本国での刊行に遅れることわずかに２年、1972年には日本語版も登場しています。で、この日本語版もたちまち５万部が売れた他、今なお定期的に増刷されるほどの秘かなロングセラーになっているというのですからびっくり。

女性版『ホール・アース・カタログ』

ところで、『地球の上に生きる』という本が、ニュー・エイジャー向けサバイバル・マニュアルの嚆矢であるかというと、そうではありません。実はこの時代、その手のサバイバル・マニュアルは各種出ていたんです。

中でも最も有名なのが、1968年に刊行された『ホール・アース・カタログ』という定期刊行物。この大判雑誌もまた、自給自足に基づきつつ、精神的にも豊かな生活を営む上で必要な様々なモノをカタログ化した画期的な雑誌で、当時のニュー・エイジャー（及び、ニュー・エイジャー的生活に憧れる者）たちに大歓迎されました。1970年に出版された『地球の上で生きる』は、『ホール・アース・カタログ』刊行の2年後に出ているわけですから、この本が『ホール・アース・カタログ』の影響下にあることは疑い得ません。

ただ『ホール・アース・カタログ』と違って、『地球の上に生きる』は、女性著者による女性向けの本であるというところが画期的なところであって、それは『ホール・アース・カタログ』にもない特色だったんですね。

しかし、よくよく考えてみると、ニュー・エイジャーの生き方に対しては、男性よりむしろ女性の方が適応しやすいとも言える。何となれば「サバイバル技術」という点では、女性の方が男性より手慣れていることが多いから。そもそも『地球の上で生きる』には、「医者の助けを借りずに、コミューンの中で赤ん坊を産む方法」という項目までありますからね。

ま、そんなことも含め、この本は『ホール・アース・カタログ』が生んだ亜流本の一つであると同時に、世界中の女性たちに何らかの覚醒を促したものではないかと思います。その意味では、本書は、文字通り類稀なるフェミニズム本なのであって、今読んでも決して古くはないんじゃないのかなと。

本書がロングセラーとして今もなおボチボチ売れているということの背後に、そのような事情があるのではないかと、私は思うのです。

第7章　女性の、女性による、女性のための自己啓発！フェミニン系自己啓発本5選

第 **3** 位

アリアナ・ハフィントン 『サード・メトリック』

働きすぎて気づいた「生きる意味」とは
ワークライフバランスを調整したい人へ

CCCメディアハウス、2014年／Arianna Huffington, 1950– *Thrive: The Third Metric to Redefining Success and Creating a Life of Well-Being, Wisdom, and Wonder*, 2014

「ハフィントン・ポスト」創業者による本

「ハフィントン」さんというお名前、なんだか発音しようとすると息が漏れてしまうようで、ちょっと読みにくいのですが、彼女はギリシャ生まれのアメリカ人。そのお名前から「ひょっとして……」と感づく方も多いかと思いますが、インターネット上のニュースメディアとして有名な「ハフィントン・ポスト」の創設者です。ハフィントン・ポスト、日本語版もあります。さてこのアリアナさん、新興メディアを自ら立ち上げてしまう人ですから、そりゃあもうバリバリの「キャリアウーマン」なんですけど、その代償というべきか、2007年4月、仕事中に突然ぶっ倒れてしまいます。しかも倒れる拍子にデスクに頭をぶつけて血だらけ、しかも鎖骨まで折ってしまったというなかなかの重症。原因はもちろん過労です。

過労をきっかけにライフスタイルを見直す

で、この一件をアリアナさんは、一つの啓示と見たんですね。このまま今の生活を続けていったら、間違いなく死ぬと。そこで彼女は、これを機に自分の生活を見直すんです。そして改めるべきところは改めていく。ですからその顛末を記した本書は、アリアナさんのライフスタイル改善の実践記録と

言っていい。ではアリアナさんは、どのような方針でライフスタイルを改善したのか？

　まず彼女は、それまでの自身の生活を振り返り、自分が今まで追求してきたのは「成功」の二つの証、すなわち「権力」と「金」であった、ということを直視するんですね。権力と金。実際、アリアナさんはハフィントン・ポストの成功によってこの二つを二つながら十分に手に入れたと言っていい。

　しかし、成功の証として思うさま権力と金を手に入れ、自己実現して幸福の絶頂にあるはずの自分は、今、力なく病室に横たわっている……。当然、アリアナさんの心の中で湧き起こってくるのは、「これで自分は幸福と言えるのか？」という大疑問です。幸福というのは、勝ち得た権力と金だけでは測れないんじゃないか。それを補完する第三の基準、すなわち「サード・メトリック」があるんじゃないか……。

　そう考えたアリアナさんが、サード・メトリックになり得るものとは何だろうかと熟慮に熟慮を重ねた結果、出した答えが「４つの柱」でした。**すなわち「幸福（ウェルビーイング）」「知恵（ウィズダム）」「不思議と驚き（ワンダー）」「与えること（ギビング）」の４本柱。**で、ここからがすごいところなんですけど、アリアナさんはこの４つの柱を自分なりのやり方で実行していくわけ。「自分の人生、こういう風に変えていけばいいんだろうな」ということは、誰もが考えるでしょう。しかし、その自己改善を実際に行なうとなると、それはやはり難しい。ですから、それをこともなげに実行してしまうアリアナさんは、やはり例外的な人物なのかもしれません。

第１の柱：ウェルビーイング

　ま、それはともかく、ではアリアナさんが実際に何をやったのか、ということですが、まず「ウェルビーイング」という観点について言いますと、アリアナさんは直近の自身の経験から、ストレスによるバーンアウト（燃え尽き症候群）が現代人の幸福度を奪っていると考え、それに対処すべく「マインドフルネス」を自身の生活に取り入れるんです。

「マインドフルネス」というのは、要するに今、自分がやっている一つのことに意識的に集中すること。たとえば呼吸一つとっても、「今、自分は新鮮な空気を吸っているんだ」「今、その吸った空気を腹の底から吐き出しているんだ」ということを意識しながら呼吸をする。そうやって一つのことに集中することによって精神を鎮めていく。まあ要するに、瞑想に近いものと考えればいいでしょう。

　で、アリアナさんは自身の生活の中にマインドフルネスを取り入れると同時に、マインドフルネスの対立概念でもある「マルチタスク」（同時にいくつもの仕事をこなすこと――ニュースを見ながらメールをチェックし、食事もする、みたいな……）をやめる、ということも自分に課すんですね。そして、十分な睡眠時間を確保することも心掛ける。さらに「毛深い友人」、すなわちペットと暮らすことのメリットを体験してみたりする。**なにしろアリアナさんは筋金入りのジャーナリストですから、ただ単に「私はマルチタスクをやめました。沢山寝るようにしました。ペットも飼いました」ということを語るだけでなく、自分以外の人々、たとえば有名な会社の CEO だとか、トップアスリートたちの中で、マルチタスクをやめ、睡眠時間を増やし、ペットを飼い始めたことで、逆に効率を上げ、成績を飛躍的に上げた人々の実際のエピソードやデータをこれでもかと盛り込んでくる。**

第2の柱：ウィズダム

　同様に「ウィズダム」の方面では、自身の経験や、友人たちとの付き合い、さらに読書経験などから人生に役に立つ知恵を抽出するという作業をアリアナさんは実行します。たとえばアリアナさんは離婚経験をお持ちなのですが、相手に対する恨みを乗り越える過程で、そういったネガティヴな感情を「もう必要のないもの」として手放すことがいかに重要か、ということを学んでいく。その他、一日の終わりに「感謝することリスト」を作って、それを書き出し、友人同士で見せあうことがいかに優れた人生の知恵であるか。夜、特定の時間を決めて、その時間になったら仕事関係のデバイスのスイッチを

さすがです。

すべてオフにすることで、いかに人生は豊かなものになるか。直感というものが、いかに素晴らしいか。そういった様々なレベルの「知恵」を、アリアナさんは一つ一つ自分のものにしていくわけ。

第3の柱：ワンダー

「ワンダー」とは、要するに自然やアートに心打たれる、といったような意味。この方面では「新しい体験にワンダーを感じる」という話から始まり、人生に様々な驚きを与える「偶然の一致」という現象を受け入れるとか、あるいは人間である以上誰もが目を背けつつ、しかしいつかは受け入れなければならない「死」に落ち着いた思いを寄せる、とか、そういった提案が繰り広げられます。

第4の柱：ギビング

そしてアリアナさんは、サード・メトリックの最後のピースとして、「ギビング」ということを提唱する。**つまり、与えること、愛すること、気遣うこと、共感や思いやりを持つこと、奉仕すること。**こういったことなしに、人間の幸福というのはあり得ないと。実際、人に奉仕をする人は、そうしない人よりも遥かに収入が高い、といった数値的な情報も満載ですが、しかし、この章は他の章にも増して感動的なエピソードが盛り沢山。

たとえば、本章でアリアナさんが例に出している「父親を失ったあるユダヤ人の少年の話」などは、そんな感動的エピソードの恰好の一例です。

ユダヤ社会では、父親を失った少年は1年の間、教会（シナゴーグ）に通って追悼しなければならないのですが、あるところに父親を亡くした幼い少年がいた。で、彼は風習に従って教会通いを始めたところ、その教会のラビ（＝宗教指導者）が、毎朝少年に付き添ってくれるようになったんですね。「どうせ通り道だから、一緒に行こう」と。そしてその1年間、少年はラビと親しく話をすることで、父親を失った悲しみから立ち直ることができた。

ところがその後大分経って、少年もいい大人になってから判明したのは、

ラビの家と少年の家がすごく離れていたということ。通り道どころか、その
ラビは父親のない少年を慰めるために、わざわざ1時間も遠回りをして、少
年に付き添っていたんです。事実を知ったその人は、遠い昔、自分のために
遠回りをしてくれたラビを思って泣き崩れたそうです。

　要するに「ギビング」というのは、このラビの行為のことなんですね。

　で、アリアナさんがすごいのは、「ウェルビーイング」「ウィズダム」「ワン
ダー」「ギビング」という4本の柱を自分の生活に取り入れるばかりでなく、
自社の記者たちに「休暇の日にはケータイをオフにする」という「デジタル・
ダイエット」を実践させ、その効能を記事に書かせて公開するなど、自前の
メディアを通して広く一般の人たちにもこうしたことの重要性を訴え続けた
こと。その辺の実行力は半端ない。

地 に 足 の つ い た 自 己 啓 発

　辛辣な見方をするならば、アリアナさんがこの本の中で行なっている一つ
一つのことは、凡百の自己啓発本に書いてあることと大差ありません。**しか
し、アリアナさんはそれらを自己啓発本から間接的に学んだのではなく、自
分の経験と実験の中から直接的に摑みとったのであり、さらにそこで得た知
見の中でも特に効果があると確信の持てたものに関して、他人（＝読者）に
も積極的に勧めるということをやっている。**つまり、「地に足のついた自己啓
発」なわけです。「権力」と「金」だけが人生の価値ではないということを骨
身に滲みて知ったアリアナさんだからこその自己啓発。そういう意味で、こ
れはとても説得力のある、気持ちのいい自己啓発本であると言っていい。

　自己啓発本嫌いの人たちの言う通り、世の中には下らない自己啓発本が多
いことは事実。しかし、『サード・メトリック』は、そういう自己啓発本嫌い
の人をも首肯させるであろう説得力があります。その意味で本書は、間違い
なく、私が自信を持って皆様に推薦できる自己啓発本の一つなのです。

第4位 キャサリン・ポンダー『「宇宙の力」を使いこなす方法』

「お金持ち」になることを拒まなければ、お金がやってくる
女性の社会進出が進んだ時代に読まれた本

サンマーク出版、2009年
Catherine Ponder, 1927– *The Dynamic Laws of Prosperity*, 1962

出版後、30年経ってベストセラーに

　本書の著者であるキャサリン・ポンダーは1927年生まれの人で、アメリカの自己啓発ライターとしては1960年代初頭から活躍している相当な古株さん……なんですが、実はこの人の著作が注目されるようになったのは1990年代に入ってから。本が出た時期とよく読まれた時期の間に30年ものタイムラグがある。実はアメリカでは1990年代頃、女性の在り方をめぐって世論が二分された時期がありまして、ポンダーの著作はこの時期に「女性向け自己啓発本」として集中的に読まれていたんですね。
　でも、それは一体、なぜなのか？

女性が社会に出たことで女性の貧困化が進んだ

　アメリカにおいて、女性の社会進出が始まったのは1960年代の半ばから。本章第1位にランクインしたベティ・フリーダンの『新しい女性の創造』（1963）という本が女性解放運動（＝ウーマン・リブ）のきっかけとなり、女性たちが「家庭の天使」という従来の女性観をかなぐり捨てて、男性と同じように社会人になる風潮が出てきたんですね。で、その後1970年代に入ると、女性の社会進出の傾向が飛躍的に進むのですが……それに伴って女性の

身に何が起こったと思います？

　答え：女性の貧困が進んだ──です。

　女性が社会進出して、男性と同じように給料をもらうようになったのだから、女性はリッチになったのだろうと思うでしょ？　でも、事実は逆です。

　つまり、社会に出たのはいいけれど、やはり当時としては職場における性差別がひどくて、女性が外で働いて得られるサラリーは男性に比べて少なかったんです。しかも同じ条件の男性社員と比べて出世も遅く、地位の面でも限界があった。いわゆる「ガラスの天井（グラス・シーリング）」という奴。

　しかも外で働くと家の仕事ができない。そこで少ない給料をやりくりしてお手伝いさんを雇ったり、ベビー・シッターを雇ったりするわけですが、そうなると手取りはさらに削られる。しかもベティ・フリーダンに背中を押されて「私も今日から働きに出ます！」などと宣言したはいいけれど、それを嫌った夫から三下り半を突き付けられ、シングルマザーになってしまった女性の場合だと、状況はさらに厳しくなる。かくして、女性の社会進出が進むと、女性の貧困が進む、ということになるわけ。

「カリスマ主婦」と「シンプルな生き方」

　さて、1970年代から80年代、90年代を通じ、女性の貧困に伴って社会全体の景気が少しずつ悪くなっていった時代に、こうした状況に対処すべく、「女性向けの自己啓発本」というのが世に出回るようになっていきます。

　ではこの時代の女性向け自己啓発本は、世の女性たちに向けて一体何を指南していたのか、と言いますと、それには二つの方向性があって、一方では「女性は家に戻れ」ということを促す本が出始めた。何もわざわざ貧しくなるために外で働かなくてもいい、と。家こそ女性の城、家を守る主婦こそ魅力的な女性の典型というような言説が盛んに出回り始めるわけ。

　で、家庭的な女性は魅力的だ、という言説の象徴となったのが、マーサ・スチュワート（Martha Stewart, 1941–）という人。例の「カリスマ主婦」ですね。彼女が編集する主婦向け雑誌『マーサ・スチュワート・リビング』が1991

年に創刊されると、この雑誌はアメリカの保守的な女性たちの絶大な支持を集めました。

他方、女性の社会進出をとりあえず肯定し、その結果として女性が貧しくなることも踏まえた上で、「お金なんてなくとも、心の持ちようでいくらでも豊かな生活をすることは可能だ」ということを主張する自己啓発本も出始める。その代表例が1995年に出たサラ・バン・ブラナック（Sarah Ban Breathnach）の『シンプルな豊かさ』（*Simple Abundance*）。物質的な豊かさよりも心の豊かさを重視するこの本、本書38ページで取り上げたヘンリー・ディヴィッド・ソローの『森の生活』の系譜を20世紀に受け継ぐ女性向け自己啓発本として、大ベストセラーになります。

とは言え、いくらシンプルライフが流行したとしても、やっぱりお金は沢山ある方がいい。そこで「自立した女性がリッチに暮らすためにはどうすればいいのか？」を指南してくれるような女性向け自己啓発本はどこかにないのか？　という需要が高まっていくのですが……そうしたらなんと、「心の持ちようでお金を手元に引き寄せ、幸福に暮らせる」ということを主張する女性向け自己啓発本が、書店の棚に店晒しになっていた――それがキャサリン・ポンダーの『「宇宙の力」を使いこなす方法』だったと。最初に言ったように、この本、もともとは1960年代半ばに出たのですが、これが90年代に再刊されて売れまくったことには、このような事情があったんです。

女性向け「引き寄せ系」自己啓発本

大分前置きが長くなってしまいましたが、ここらで『「宇宙の力」を使いこなす方法』の内容紹介に入りましょう。最初に言っておきますと、この本、典型的な「引き寄せ系」です。すなわち「『引き寄せの法則』を使い、宇宙に向かって一心に願えば、すべての願いは叶う」ということを主張する本。宇宙は限りなく豊かで、人間の望みを叶えてやろうとウズウズしているのだから、宇宙に向かって遠慮なく「お金が欲しい」と願えば、お金は願った人の元にやってくる。ポンダーの『「宇宙の力」を使いこなす方法』が読者に対し

て指南しているのは、要するにそういうことです。ところが、実のところ、話はそれほど単純ではない。お金を引き寄せようと思って、宇宙に向かって引き寄せの法則を発動させようとしても、なかなか成功しない。

　ではなぜ、多くの人は、お金を引き寄せることに失敗するのか？

　ポンダー曰く、大抵の人は豊かさを求めて祈ることにものすごく強い抵抗を持っていると。そういう人々にとって「金持ちになりたい」という祈りは、何か不道徳で不謹慎なもののように感じられてしまうのでしょう。で、宇宙はそういう思いを敏感に察知し、「この人は、口ではお金持ちになりたいと祈っているけれど、心の奥底ではお金持ちになることを恥じているな。ならばその心の奥底の願いを叶えてあげよう」と判断するので、結果として彼ら／彼女らのもとにお金がやってくることはないわけ。

　だけど、豊かになることを密かに恥じている人々に対してポンダーははっきり宣言しています。「『清貧は美徳』という考えは捨てよ」と。豊かさの源——それを「宇宙」と呼ぼうと「神」と呼ぼうと、どちらでも構いませんが——とにかくその源は人間が豊かであることを望んでいる。その意味でお金は聖なるものなのであって、お金を求めて祈るのは当たり前のことだし、正しく祈れば、人は宇宙とつながることができ、お金たっぷり、幸せと健康に溢れた豊かな人生を送ることができる、と。

　ちなみに、豊かさを求めて祈るにはいくつかコツがあるのですが、一番重要なのは、何はともあれ、自分が欲しているものを明確に意識するためにリストを作ること。それから「幸福の輪」を作るのもいい。これは紙に輪を書いて、その中に自分の望むことを書いてこれを目に付く場所に貼り、日々、それを見ながら自分で確認するというもの。こういう風にして、お金であれ、何であれ、自分が欲するものを常に意識していれば、それはやがてあなたの元に引き寄せられて来ますよと。

　そんなわけで『「宇宙の力」を使いこなす方法』という自己啓発本に書いてある「祈れば、お金はやってくる」という主張は、1990年代のアメリカの貧困に悩める女性達の心には福音として響いたんですね。

311

スペースを空ける

　以上、説明してきたように、ポンダーの『「宇宙の力」を使いこなす方法』という本は、引き寄せ系自己啓発本としては珍しく「女性が書いた女性向け自己啓発本」であったことが幸いし、女性の貧困化が進んでいた1990年代に再発見されることになった、というところが面白いのであって、純粋に引き寄せ系自己啓発本として見た場合、それほど際立った特徴のある本ではありません。「良く出来た引き寄せ系自己啓発本の一例」であって、それ以上でもそれ以下でもない。

　ただ、一つだけちょっと特徴的なのは、ポンダーの場合、「スペースを空ける」ということを重視しているところ。この発想はちょっと面白いので、少し解説しておきましょう。**ポンダーは、「幸せを呼び込むには、幸せが入り込む場所を作るべきだ」という風に考えていました。**何かを得るためには、その前にまず何かを手放せ、と。たとえば「新しい服が欲しいな」と思うのだったら、新しい服を引き寄せる前に、まずは古い服を処分しなさいと、ポンダーは言います。古いもの、必要なくなったものを処分することで、新しくやってくるもののためのスペースを空けろと。

　それと同じく、もしお金が欲しいなら、まずは自分の手持ちのお金を大義あることのために寄付しなさい、とポンダーは言います。もし寄付するだけのお金がなかったら、モノをあげるのでも、奉仕するのでもいい。とにかく、誰かに何かを与えること。自分の持っている何かを手放してこそ、新しく何かを受け取ることができるんですね。

　これもポンダー独自の考え方かもしれませんが、「拒むための否定の祈り」ということもポンダーは提唱しています。何か望まないことを押しつけられそうになったら、我慢せずに、きっちり拒む。「私は〇〇を受け入れるつもりはありません」「私の幸福を邪魔するものを受け入れません」と祈ることが大事だと。これは「ネガティヴな祈り」というよりは、むしろ「良いものを受け入れるために、悪いものを受け入れない」という意味で、先ほどの「スペ

ースを空ける」というコンセプトと同じ理屈だと言っていい。

嫌な記憶は書き換えろ！

　同じように、「過去の嫌な記憶を、良いものに転換する」ということも勧めています。嫌な記憶は、自分で適当に書き換えちゃえばいい。「こうだったら良かったのに……」と思う筋書きでそのことが終わった、という風に記憶を書き換える。そうすると、その悪い記憶から発していた悪いものが消える、とポンダーは言います。つまり人間には、未来だけでなく過去を自分の意志で作り変えることができる、というわけ。よく手相見の中で、「手相なんて、自分で書き換えちゃえばいいんです」とかいって、ボールペンか何かで生命線とか金運線を延ばしてしまう人がいますが、あれと同じ発想ですね。

　あと、「直感」というのは、合理的な説明はつかないけれど非常に重要なので、常に直感の指し示すところに従え、ということもポンダーは言っています。直感は常に正しいのだけど、直感の勧める道を通らない人は多い。運のいい人、なぜかいつも幸福に恵まれる人は、直感（それは無意識から来る感覚であるばかりでなく、啓示として身の回りに文字や音声として現れることもあるのだとか）を常に信じる勇気を持っている人であると。この辺り、第4章第10位にあげたリチャード・ワイズマンの『運のいい人、悪い人』という本の論点に非常によく似ています。

　というわけで、この女性による引き寄せ系自己啓発本、書かれていることにそれほどの新味はなく、ごく標準的なものではあるのですけど、それが書かれた1960年代ばかりでなく、1990年代を生きるアメリカ女性によく読まれたというのは、ちょっと面白い現象ではあります。働くか、家に戻るか、進むも地獄、退くも地獄、みたいな状況で悩んでいた当時のアメリカの女性たちを、こういう本が癒していたのでありましょう。そして、1990年代のアメリカ女性を癒していたものであるならば、それが21世紀を生きる日本人女性を癒してくれる可能性は大！　本書をおすすめする所以であります。

第5位 ジェニファー・スコット『フランス人は10着しか服を持たない』

マダム・シックに教わるシンプルライフとは
過剰な暮らしを整えたい人へ

だいわ文庫、2017年／Jennifer L. Scott *Lessons from Madame Chic: The Top 20 Stylish Secrets I Learned While Living in Paris*, 2011

ファッションというよりライフスタイルの本

　この本、日本でもベストセラーになったことは知っていたのですけれども、タイトルに騙され、これは女性ファッションの話であって、男性の私には縁がないのだろうと思っていたんです。でも実際に読んでみると、これはファッションの話というよりは、むしろライフスタイルの話。どういう生き方を選択するかという話ですから、まごう方なく自己啓発本と言っていい。で、そう思って読み直すと、これがまた非常に優れた自己啓発本だったんです。だからこそ堂々のランクイン！　という次第ですが、ではこの本、一体全体どのようなライフスタイルを提案しているのか？

アメリカ娘、フランスで開眼する

　本書の著者であるジェニファーさんはフランス人ではなく、カリフォルニア州はサンタモニカ育ち。今もそこに住むアメリカ人女性なのですが、子供の頃、父親の仕事の関係でひと夏を南フランスで過ごしたことがあった。で、そこで見たものすべてに魅了された彼女は、またいつかフランスを、特にパリを、訪れたいと切望するんですね。そこで一念発起したジェニファーさんは、名門・南カリフォルニア大学に進学してから一生懸命フランス語を勉強

し、半年ほどフランスに留学する機会を得た。**で、その半年間、ジェニファーさんは、フランス貴族の末裔であるという「ムッシュー・シック」と「マダム・シック」のアパートにホームステイするのですが、特にこの家を仕切るマダム・シックの日々の生活態度、ひいてはフランス人のライフスタイル全般に非常に強い影響を受けるわけ。**

その後、帰国したジェニファーさんは、結婚して二人の娘をもうけ、主婦としてごく普通の生活をしていたのですが、フランス留学時代の良い思い出がどうしても忘れられなかった彼女は、ときにサンタモニカでの気楽な暮らしに流されそうになりながらも、留学時代にマダム・シックから手ほどきを受けたフランス流のライフスタイルを、アメリカでの生活の中でも可能な限り実践しようとした。

シンプルライフのすすめ

ではマダム・シックのライフスタイルってどんな感じかと言いますと、要はシンプルライフ。

たとえば髪型一つとっても、手入れに時間があまり掛からないことを大前提に、その上で自分に似合う髪型がどういうものかをしっかり把握し、これが自分の顔に一番合う髪型であると一度決めたら、基本、それを変えない。**また服装にしても、自分に似合う色と形を決めたら、後は流行を追わず、各シーズンせいぜい10着程度の服を上手に着回ししながら着続ける。**ただし、その10着の服に関しては、予算内で最善のクオリティのものを買う。で、そのようにして着る服の数を減らすと、毎日何を着ようかと迷う必要もなく、すぐにその日のコーディネイトが決まるので、時間の節約にもなる。うーん、賢い！

服を必要以上に買わない、ということもそうですが、服に限らず、マダム・シックは一般のアメリカ人とは異なって、なんでも新しい物に飛びつくことはしません。その代わりに、買うとなったら上等なものを買う。そしてその上等なものを毎日使う。上等なものだから特別な機会が来るまで使わずにと

って置くといったようなことはせず、上等なものを普段使いして、そのクオリティを日々楽しむというのがマダム・シック流。

ですからマダム・シックはよれよれのTシャツとジャージでベッドに入る、なんてことは絶対にしません。そうではなくて、きちんと質のいいパジャマを着る。もちろん下着にも気を遣い、上等なものを身につける。誰も見ていないからといって、自分が身にまとうものに関して一切手抜きはしないんです。

あと、着るものと同じくらい、マダム・シックが意識するのは姿勢のこと。姿勢こそ美しさの基準と心得、自分が美しく颯爽と見える姿勢を維持する。

家事、食事、余暇の過ごし方まで

ジェニファーさんがマダム・シックから学んだことは、服装や姿勢に関することだけではありません。たとえば家事のこともその一つ。

家事に関するマダム・シックの絶対ルールは、「物の置き場所をきちんと維持する」ということ。単にモノを散らかしておかないというのではなく、家で使うモノの一つ一つに置き場所を決め、それを使った後は、必ず元の場所に戻すというルールを厳守する。これによってマダム・シックの家ではモノが散らかった状態というのはあり得ないんですね。

それから食事に関しては、毎食手作りが基本。その際、食材選びも重要で、スーパーでまとめ買いするのではなく、肉なら肉、野菜なら野菜、パンならパンと、それぞれの専門店で買った上質の材料で美味しい物を手作りし、それを家族みんなで堪能する。そしてその一回一回のクオリティの高い食事を楽しむために、つまらない間食でその時々の空腹を癒すようなことは一切しない。つまり「食べる」という人生の重大事を、文字通り重大事として全力で楽しむんですね。もちろん、アメリカ人のようにジャンクフードを過食してはジムに行く、などという無駄なことは絶対にしません。そもそもマダム・シックはジムに行くことなど無駄の最たるものと考えていて、わざわざそんなところに行くより、散歩を楽しんだり、クルマではなく歩いて買い物

なるほど、フランス人女性が颯爽と見えるのも、その秘訣は姿勢にもあったんですね!

をしたり、エレベータではなく階段を使ったりしながら、日々の生活の中に体を動かすことを取り入れ、自然とシェイプアップをしている。

そして、余暇に関しても、マダム・シックはテレビでくだらない芸能ニュースをだらだら見ては、芸能人の誰それが結婚しただの別れただの、そういうことに関心を持ったりしない。そんなことをする間に本を読み、美術を楽しみ、音楽を楽しむんですね。で、常日頃からそうした知的なことを楽しみ、また友人同士で集まったときも、そういう話をする。その一方、自分のプライバシーや職業のことなどは友人にも一切しゃべらず、ミステリアスな余白を残す。

生活をアートにする

とまあ、ジェニファーさんがフランスにおける留学生活、なかんずくマダム・シックの暮らしぶりから学んだことは多種多様であるわけですが、とにかく、そうしたマダム・シックのライフスタイルを見ていると、ジェニファーさんならずとも「イイね！」と思えてきます。**マダム・シックのライフスタイルが、フランス人のライフスタイルの典型なのかどうかは分かりませんが、とにかくマダム・シックの「生きることをアートにする術」は素晴らしく、そこから学ぶことは確かに多い。**実際、本書を読んでいると、男の私でも勉強することが一杯あります。

また、暮らしを成り立たせるものを少なくすることによって、かえって暮らしを豊かにするという発想自体、ヘンリー・デイヴィッド・ソローの『森の生活』（既述）に通じる哲学がある。

そんなことも含め、本書『フランス人は10着しか服を持たない』は、実効性のある素晴らしい自己啓発本になっています。こんな素晴らしい本を女性読者だけに独り占めにさせておくのはもったいない！ 世の男性諸氏も恥ずかしがらず、手を伸ばしてみて下さい。

第 **8** 章

信じる者は救われる!?
スピリチュアル系
自己啓発本5選

世界の解釈の方法としてのスピリチュアル

「スピリチュアル系自己啓発本」というワードを発した途端、「一番インチキ臭いのキタ————！」と思われる方も多いことでしょう。確かに、自己啓発本の数多いサブジャンルの中でも、スピリチュアル系にはインチキ臭いものが多い。

否、そうではなくて、「インチキ臭い似非自己啓発本が、このサブジャンルの中には紛れ込みやすい」と言った方が正確です。なぜなら、たとえ一見してインチキ臭いことが書いてあったとしても、決してインチキではないスピリチュアル系自己啓発本が沢山あるから。

結局のところ、人間というのは、世界を解釈したがる生き物なんですね。身の周りで起こっていることをどうにかして解釈し、納得しようと努める。しかしその一方で、人間の解釈を拒むような出来事が頻繁に起こるわけです。人間の目から見ると、どうにも理解しかねることがやたらにある。

そんなとき、人間は必ずしも合理的ではない補助線を引くことによって、その出来事を解釈する手立てとすることがあります。

たとえば、それまで何の縁もゆかりもなかった男女が偶然どこかで出会って、その瞬間恋に落ちることがある。嘘のように馬が合い、一瞬たりとも別れがたく、どう考えても自分が結婚するのはこの人だと双方が同時に確信する。そんな事態が生じた場合、なぜそうなったのかなんて、合理的には説明できません。

しかし、そこに「生まれる前から赤い糸で結ばれていたから」という補助線を引いたらどうか。無論、「赤い糸」だなんて馬鹿馬鹿しい話ではあります。でもこの補助線が引かれた途端、すべてが腑に落ち、ああ、そうだったのか、と納得できることも確か。「世界を解釈したい」という人間特有の願望は、これで十分に達成されたわけです。

この必ずしも合理的ではない補助線、これを自己啓発本の世界では「スピ

リチュアル」と呼ぶんですね。

　ですから重要なのはその補助線自体の合理性ではありません。補助線は、どんなに非現実的で、インチキ臭く、馬鹿馬鹿しく見えてもいい。ただ、その補助線を引くことによって、世界がいかに分かりやすいものになるかが重要なんです。そして補助線を使って世界を解釈することにより、その人にとって世界がポジティヴなものになったとしたら、その補助線を提示した本は優れたスピリチュアル系自己啓発本であると言っていい。

騙されたと思って、真に受けてみる

　本章で紹介する本の中には、呆れるほど非合理的な補助線を持ち出してくるものがあります。その点、かなりインチキ臭い。でも、その補助線をとりあえず真に受けてみると、思いもかけぬ悟りが降臨してきて、自分がそれまで抱いていた世界観が一新されるような、強烈な体験が得られることがある。少なくとも私自身は、これらの本の中から驚くべき悟りを得ることができたと思っています。

　さて、あなたの場合はどうでしょう？　ものは試し、騙されたと思って、一度このスピリチュアルな世界を体験してみてはいかがでしょうか？　ひょっとしたら一線を越えたその先に、まばゆいばかりの新世界が姿を現すかもしれませんよ！

第1位 マリアン・ウイリアムソン『愛への帰還』

苦しみの原因であるエゴを捨て、愛を信じる
「すべては愛」という宇宙観を知れる本

太陽出版、1998年
Marianne Williamson, 1952– *A Return to Love*, 1992

ACIM（奇跡の学習コース）とは何か

　この本は、この世に数多ある自己啓発本の中でも、ちょっと特殊な立ち位置にあります。というのは、この本は「ACIM（奇跡の学習コース）」が教える特異な宇宙観に準拠したものだから。ですから、何はともあれ、「ACIM」が教える宇宙観自体を押さえておかないと、本書に書いてあることはまったく理解できないでしょう。

　ではその「奇跡の学習コース」とは何かと申しますと、「自習できる（キリスト教の）福音書」のこと。

　事の始まりは1960年代半ばに遡ります。この頃、ニューヨークにあるコロンビア大学医学部にヘレン・シャックマンという名の教授がおりまして、そのヘレンが、怒号飛び交う教授会を終えた帰り道、「こんな無為な日々を過ごすことに意義はあるのか？」というようなことをつらつら考えていたんですね。で、そんな折、突然彼女のもとにテレパシーのような形でメッセージが届き始めた。そこで、彼女はそのメッセージを書き取ってみたのですが、書いているうちに、どうやらそのメッセージはイエス・キリストからの語りかけであることが分かった。で、これはスゴイというので7年間もかかって全部書きとったら、それが3冊の本、すなわち『テキスト』『生徒のためのワー

クブック』『先生のためのマニュアル』になったので、これを「奇跡の学習コース」と名付け、1976年に出版したところ、たちまち140万部が売れ、20カ国語に翻訳されることになったと。

話としてはすごいでしょ？ イエス・キリストが20世紀後半にコロンビア大学の医学部教授を媒介にしてベストセラーを書いたというのですから。

とにかく、信じるか信じないかは別として、悩める現代人を救うべくイエス・キリスト御自ら口述された新しい福音というものがあって、本書『愛への帰還』は、この福音書の教えに準拠して書かれていると。ですから、この本を理解するためには、まず「奇跡の学習コース」の宇宙観を知っていないとまずい、ということになるんですね。

宇宙に実在しているのは「神」だけである

では、その「奇跡の学習コース」が伝える宇宙観とはどういうものか？「奇跡の学習コース」によると、この宇宙に実在しているのは、「神」だけだと。**で、神は「愛」そのものなのだから、この宇宙には「愛」以外のものは存在すらしていない。**そしてこの世に存在する人間は、実はこの神の分身であって、その本質は神と少しも変わらない。ただ、神は人間の自由意思を尊重するため、人間が神の分身であることを忘れさせた。だから人間は、まさか自分が神の一部であるなどということにはまったく気がつかないまま暮らしていると。

ところで、人は普通、他人との人間関係の中で裏切られたり傷つけられたりしますよね？ で、そういうとき、人は他人が自分になした「悪」に対して怒ったり、恨んだり、憎んだりする。だけど、「奇跡の学習コース」の考え方からすると、そんなことをする必要はまったくないことになります。なぜなら、「悪」はそもそも実在していないのだから。実在しないものに怒ったり、恨んだり、憎んだりしても意味がない。

それどころか、そもそも「悪事を行う人」そのものが幻に過ぎない。人間はすべて神の一部であり、その意味で悪人なんかいるはずがないし、それど

ころか他人に見える人間も、神の一部という点で自分と同根なのだから、「他人」という概念そのものが幻なのであって、「自分に対して悪事をなしたように見える幻」に怒ったって意味がない。仮に不愉快な経験をしたとしても、その経験自体が幻に過ぎないのだから、忘れてしまえばいい。

　一つ、例を挙げてみましょうか。

　たとえば、あなたとあなたの恋人との仲がこんがらがって別れたとしましょう。で、別れた恋人に新しい恋人ができたりなんかすると、あなたは嫉妬に苛まれたりもする。自分は愛する人に捨てられて、もう絶望だ、というような思いを抱いたりする。

　だけど、「奇跡の学習コース」によると、これは間違った思い込みです。**「奇跡の学習コース」によれば、一度築かれた人間関係は、決してなくなったりしないというのですね。**二人は「恋人関係」ではなくなったかもしれないけれど、二人の関係はそれとはまた別の、新たな「元恋人関係」に変化しただけで、その価値が減じたわけではない。だから、もし元恋人に別な好きな人ができたのなら、「良かったね」と微笑んで、その幸福を寿ぎながら手放してやればいい。

　ちなみにこの「手放す」ということは「奇跡の学習コース」が重視することでありまして、「怒り」であれ「悲しみ」であれ、すべては幻なのだからどんどん手放してしまえと。で、万事こういう調子で手放していくと、悩みなんかなくなっちゃうわけです。

　どうですか？　「奇跡の学習コース」の宇宙観、受け入れられますか？「なるほど、そうですね」と、すぐに受け入れられる人は少数派でしょう。だからこそ我々人間は、苦しみの種が尽きないのでありまして。

エゴが苦しみの素

　では、本来この宇宙には悩むことなんか何一つないのに、なぜ現実の人間はこんなに苦しんでいるのかと言いますと、そこに「エゴ」というものが介入してくるからだ、とマリアン・ウイリアムソンは言います。ウイリアムソ

ンによると、この「エゴ」というのが、人間の苦しみの素なんですね。でまたやっかいなことに、「エゴ」というのは、実に巧みな戦略をもって人間を陥れるのだと。

たとえば、エゴは人間の耳もとでささやいて、愛を「交換条件」に変えてしまう。「自分は相手のことをこんなに愛しているのだから、相手も同等の愛を返してくれて当然だ」という風に。こうなると、たちまち愛は束縛の泥試合になってしまって、自分も相手も苦しくなってくる。そうやって、本来美しいものであったはずの愛を、憎しみの素に変えてしまうわけ。

こういう状況は恋人同士の愛だけでなく、親子の愛も同じです。親は子供に対して「大人しくしていたらおやつをあげる」「いい大学に入ったら、誇りにしてあげる」という具合で、愛を交換条件にしてしまう。となれば、こういう風に育てられた子供が、「すべて愛には条件があるんだ」と思って育ったとしても咎められないでしょう。

「すべては愛」だと考えてみる

だから、エゴのささやきに耳を傾けてはダメ。この世にあるものはすべて愛であり、愛しかないと思わないと。

たとえば母親のことを「鬱陶しいなあ」と思ったとする。どうも気が合わないと。これこそまさにエゴの差し金で、自分にとって母親は邪魔な存在だと思わされてしまったわけですね。

だけど、そんなとき、「神は私の母のことを、やっぱり『鬱陶しいなあ』と思うかしら？」と考えてみる。

もちろん、そんなはずはないわけですよ。神は無限の愛でもって母を愛しているに違いない。だったら、自分が神に同意できないというのは、おかしいんじゃないか？　母親の欠点を数え上げている自分の方がおかしいのではないか？

実際、本書の著者のマリアン・ウイリアムソンは、そう考えることで、自分の母親に対して優しくなれたのだそうです。すると、不思議なことに、母

親の方もウイリアムソンに対して優しくなった。

　これが「奇跡の学習コース」が教えるところの「奇跡」です。愛は奇跡を起こすんですね！

　同様に、過去において人間関係のトラブルがあったとして、それを今なお持ち続けたら、それによって未来においてもトラブルは続くことになります。それはつまり、過去に未来を作らせてしまっていることですよね？　だけど、過去は過去であって現在ではないし、未来でもない。

　だから、私に対してひどいことをした過去のあの人と、現時点でのあの人はまったくの別人だという風に考えて、トラブルを手放してしまえ、と、ウイリアムソンは言います。そうすれば、まったく異なる未来がやってくる。これこそが、「過去を手放し、現在を生きる」ということなわけ。

　あと、本書が才能について言っていることも面白い。

　人は、とかく才能を比較しがちです。「あいつは才能があるからすごい仕事を成し遂げたけど、自分にはそんな才能がない、ダメな奴なんだ、そんな自分が人より幸福になれるわけがない……」とか。

　だけど神の目から見たらそうじゃない。神は、自身の計画の一部として、我々人間の一人一人に別個の役割を与えているのであって、すべての人に存在意義がある。だからそのことに満足すればいいんですね。人と比べる必要なんてまったくない。

　だから、「自分にとって何が大切なことなのか」は、自分で決めるべきことではないんです。そうじゃなくて、神に尋ねてみる。「神さまは私を使って、何をなさりたいのですか？」と。そうすると、何をすればいいか直感で分かるから、それをすればいい。

　たとえば、ある俳優の卵が、人気テレビドラマの端役でもいいから欲しいと思っているとする。ウイリアムソンは「引き寄せの法則」を肯定するので、その俳優の卵が日々、「あのテレビドラマの役が欲しい」と願えば、それは実現すると言います。しかし、それは良いことではない。なぜなら、神はもっと別な一流映画の重要な役に、その俳優の卵を使おうという腹だったかもし

なるほど！　素敵な考え方だなぁ……。

れないから。

　だから、安易に「引き寄せの法則」を使うのではなく、神を信頼することの方が重要である、とウイリアムソンは言うわけ。だから、もし神に祈るなら、「〇〇が欲しいです」ではなく、「神の意志が実現しますように（＝私がなり得る最高のものになることができますように）」と祈りなさいと。

「神の計画」として考えるという視点の変え方

　とまあ、本書もそうですが、基本的に「奇跡の学習コース」に準拠した自己啓発本というのは、結局、「すべては神の計画なんだから、神に任せておけばいいんだ」という感じのものになりがちです。そういう意味では、現実的なんだか非現実的なんだか、私にもよく分かりません。

　分からないことは分からないんですが、私としては、結構、いいと思うんですよね、奇跡の学習コース系自己啓発本って。

　現実問題として、幸せになれればいいわけですよ。**それならば「すべては神の計画だ」という話をとりあえず鵜呑みにし、そのことによって現実を観る観点を変えてしまって、結果、幸せになれるんなら、それでいいじゃないかと。**

　別れた恋人、喧嘩した友達、うまく行っていなかった親子関係、そういう辛い過去はもう存在していないし、そもそも「悪いこと」なんてものは存在すらしていないのだから、全部手放してしまいましょう。友達が自分より偉く見えるって？　そんなの知ったこっちゃない。私には神が私だけに与えた役割があるのだから、それを果たすまで。神の目から見れば、総理大臣の仕事と掃除のおばちゃんの仕事の間に差なんかなく、ただ「親切心をもって、一生懸命やっているか」だけが重要なんだから。

　……とまあ、そんな風に考えて苦しみがなくなるのなら、それでいいじゃないですか。大切なのはただ一つ、愛ですよ、愛。この宇宙に存在するのは神のみ、そしてその神は愛そのものなのだから。

第2位 リチャード・モーリス・バック『宇宙意識』

120年以上前に生きた人が期待した人類の未来とは
スピリチュアルの歴史を感じる本

ナチュラルスピリット、2004年
Richard Maurice Bucke, 1837–1902　*Cosmic Consciousness*, 1901

アメリカ文学の巨匠・ホイットマンの親友

　リチャード・モーリス・バックはカナダの自己啓発思想家で、カナダのみならず自己啓発本の業界ではとても有名な人。ですが、日本のアメリカ文学研究方面の業界人でこの人のことを知っているという人は限りなくゼロに近い気がする。でも、本当は知っておいた方がいいと思う。

　と言うのも、この人、19世紀アメリカ文学の巨匠の一人であるウォルト・ホイットマンの親友(マブダチ)だから。親友どころか、ホイットマンの伝記も書いているし、ホイットマンの死後、その遺産整理人の一人にもなっている。後で言及しますが、ここ、結構重要なところです。

　さて、そのバックですけど、彼は一体全体、どんな人物なのか?

宇宙意識に目覚めて独自の進化論を書く

　先にバックはカナダの自己啓発思想家であると紹介しましたが、元をただせばイギリスの中産階級の家に生まれた歴としたイギリス人です。しかし幼い頃に両親を亡くし、その後、どういう経緯からかカナダに渡って、新大陸で育つこととなった。少年時代は牧歌的な暮らしをし、長じてからは放浪生活をしていたようですけれども、成人してから大学に入り、ダーウィンの

『種の起源』などを読んで感銘を受けたり、その一方で詩に親しんだりもした。バックがホイットマンの詩に親しむようになったのも、おそらくその頃のことなのでしょう。

さて、そうこうしながら36歳になったある日、バックは突如として天啓を受けます。天啓というか、極彩色の光に包まれ、筆舌に尽くしがたい幸福感を得た。この神秘体験こそが、バックが「宇宙意識」なるものに目覚めた最初です。で、以後、彼は自分と同じように「宇宙意識」を体験した人たちの研究に没頭し、かくしてこの『宇宙意識』なる本を書いたと。

ではこの本にはいかなることが書いてあるのか？　と言いますと、結局、進化論なんです、この本は。

先にも書きましたようにバックは19世紀半ばの生まれですから、彼が分別盛りになった頃、世間ではダーウィンの進化論が盛んに論じられていた。ですから、この時代を生きたバックとしては、どうしたってこれに触発されて、「進化」ということに興味を持たざるを得なかったのでしょう。

かくして進化論に触発されたバックは、人間がサルから進化してきた過程で、人間の意識もまた進化してきたはずだし、今後も進化し続けるはずだ、と考えたんですね。そしてその意識の進化を、自分なりに３段階に分類してみた。バックはまず、人間の脳に最初に現れた意識に対して「単純意識」というネーミングを与えます。これは本能的な意識のことで、喜怒哀楽をはじめとする主体的な意識ではあるけれども、それ以上ではない。

次に、この単純意識が進化した結果生まれたのが「自己意識」なんですね。これは単純意識を持っている自分自身を客観的に観察することのできる一段上のメタ意識であって、生物がこの意識を獲得するまでにはそれこそ何十万年とか、そういう単位の時間がかかったはず。無論、現時点において地球上で自己意識を持っているのは人類だけです。

で、ここが重要なところなのですが、バックは、万物が今なお進化の途上にあるのだとすれば、この自己意識もまた、日々進化しているはずだと考えたんですね。たとえば「音楽」とか「色彩感覚」などは、自己意識を確立し

た人類ですら、ごく最近手に入れたものと言っていい。その証拠に聖書の中には空の色の記述がありません。聖書の中には、「青い空」といった描写がないんですね。そういう文献学の研究成果から言っても、「色」という概念が生まれたのはごく最近のことであるに違いない、とバックは考えた。

　……とすると、ちょうど何十万年か前に「単純意識」が「自己意識」へと飛躍的進化を遂げたように、今、「自己意識」から次の次元の意識へと飛躍を遂げ始めていると考えても少しもおかしくない。これが、本書全体を通じたバックの主張の要です。

　もちろん、こういう飛躍は、ある日突然切り替わるというものではなく、停滞や逆行をも通過しながら少しずつ前に進んでいくのでしょう。おそらくは、突然変異的な進化を繰り返しながら。

　で、そこまで考えたところで、バックは、かつて自分の身に降りかかったあの「宇宙意識」の体験が、まさにこの突然変異的な進化の予兆なのではないかと思いつくわけ。つまり、自分自身が体験したあの神秘体験、あれこそが新人類へと飛躍するためのスプリングボードだったのではないかと。

　もっとも、個人の身に起こる１、２回の神秘体験で、いきなり人類全体が進化するはずもない。そもそもそういう突然変異的な進化というのは、最初のうちは定着しない。だから宇宙意識を持った人間が突然変異的にこの地上に現れたとしても、その人の子供が生まれながらに同じ意識を持った人間になるとは限らないんですね。

　しかし、その後さらに進化が進んで、宇宙意識を持った人間が増えるにつれ、次第にそちらの意識が主流となり、それが普通となる日がいつか来る。そのときが人類大進化の完成である、とバックは言います。

13人の新人類

　で、バックによれば、これまでの人類の歴史の中で、そういう宇宙意識を持った人間はきっとそれなりの数がいたのだろうけれども、記録が残っていなかったりして、あまり知られていない。ただ記録が残っている中で、明らか

第 8 章　信じる者は救われる !?　スピリチュアル系自己啓発本 5 選

にこの人たちは宇宙意識を持っていただろうと考えられる人間が13人いる。

　じゃあ、その13人とは誰か。知りたいでしょ？　知りたいですよね！

　教えてあげましょう！　バックが考える宇宙意識を持つ13人とは、以下の
メンツです！

　1　ゴータマ・シッダールタ（仏陀）

　2　イエス・キリスト

　3　パウロ（使徒）

　4　プロティノス（古代ローマ時代のエジプトの哲学者）

　5　モハメット（ムハンマド）

　6　ダンテ・アリギエーリ

　7　バルトロメ・デ・ラス・カサス（16世紀スペイン出身のカトリック司祭）

　8　ジョン・イエペス（誰？）

　9　フランシス・ベーコン

　10　ヤコブ・ベーメ

　11　ウィリアム・ブレイク

　12　オノレ・ド・バルザック

　13　ウォルト・ホイットマン

　おお！　19世紀アメリカの詩人ホイットマンは、仏陀やイエスと並ぶ、宇
宙意識を持った進化人類だったのね?!

　ところで、この13人のメンツを見ると、「何だか昔の方が大物だったな」と
思うかもしれません。でも、それは単に時間がもたらす錯覚であって、バッ
ク本人の判断によると、宇宙意識を持っていたという点では一番最後の人が
一番すごいと。つまり、ホイットマンは仏陀やイエス以上だと。

　なるほど。だから、ちょうどパウロがイエスの言行を世界に伝えようとし
たように、バックもまたホイットマンの伝記を書き、かつ彼の遺稿を責任を
もって管理したんですね！　ちなみに、バック曰く、ホイットマンが宇宙意
識の人であったことは、たとえば次のような彼の詩句に明らかだそうです。

日本のアメリカ文学研究者の皆さん、ご存じでしたか！　ホントに?!

331

おお、抑圧されぬ魂よ、私はあなたとともに、あなたは私とともに……

私たちも船に乗ろう、さあ、魂よ……

笑いと多くの口づけとともに……

おお、魂よ、あなたは私の最上の喜び、私はあなたの最上の喜び。

ここでホイットマンが「魂」と呼び掛けているのは、宇宙意識のことだったんです。

宇宙意識を持つ人の共通点

ところで、先に挙げた13人の宇宙意識を持っていた人々には、色々と共通点があります。

まず、他の人々に先立って宇宙意識を獲得した人物に共通するのは、「男性」であること。それも、人格と体格に優れた男。

また宇宙意識を得られる人というのは、今の時点で最高の人物が選ばれることが多い。だから、その大半は人種的にアーリア人種であることが多いと。なぜなら、アーリア人種が世界の人種の中で一番優れているから（バックがそう言っているんですよ、私ではなく）。

また宇宙意識を得たときの年齢について言及しておきますと、これは30代半ばが圧倒的に多いのだそうで、このことについても、実は進化論から説明できます。バックは「個体は種の歴史を繰り返す」という考え方の信奉者なので、赤ん坊は「単純意識」しか持たない動物レベルとして生まれ、それが成長とともに3歳くらいで「自己意識」を持ち始める。その後、ティーンエイジャーになって美術や音楽などにも興味を持つようになり、30代半ばで完全に成熟する、という風に考えていた。となると、宇宙意識の獲得は自己意識が成熟した後に来る出来事だから、30代半ばで宇宙意識を体験するのは理にかなっているとバックは言います。

また選ばれた人間が宇宙意識を体験するのは、たいてい晩春か夏だと言います。これはなぜかというと、晩春から夏にかけての時期が、一年というひ

とまとまりの時間全体を見通したとき、成熟期に当たる季節だから。

　それから宇宙意識を体験できる人間は、優れた親に育てられているケースが多いそうで、しかも両親が相互補完的であるのが理想。イエス・キリストがまさにその典型で、確かにイエスにとってマリアとヨセフは相互補完的な両親と言えそうです。

筆舌に尽くしがたい宇宙意識から見た宇宙の真実

　ところで、こういういくつもの好条件を満たした特権的な人が、ある日突然光に包まれ、至福を体験し、宇宙の仕組みを一瞬にして全部理解し、宇宙意識を獲得するらしいのですが、ならばそういう経験をしたと称する人々が異常者ではなく、本物の宇宙意識獲得者であることはどうして分かるのか。

　バックによれば、彼らが口にすることが、大筋において共通することから、それは明白だと。

　たとえば1マイル先に木があったとして、それを見た人の大半が「木があった」と言い、かつその人たちがその木の姿かたちを描写する、その描写が共通しているのであれば、その木は本当にそこにあるのだろうし、それを見た人は本当に見たに違いない。それと同じで、天啓を受け、宇宙意識を獲得した人たちの言は大体において共通するのだから、彼らは本物だし、彼らの言っていることは真実である――うーん、何だかちょっとテキトー過ぎる気がしなくもないですが、まあ、バックの著述における「証明」というのは、概してこのレベルなんですけどね……。

新人類の到来は近い！

　いずれにせよ、宇宙意識を持った人々の証言を検討してみると、彼らが見た宇宙は、もうとんでもない至福の世界であったようで、その至福世界を仏陀は「ニルヴァーナ」と言い、パウロは「キリスト」と言い、モハメットは「ガブリエル」と言い、ダンテは「ベアトリーチェ」と言い、バルザックはその至福を得た人を「特別の存在」と言い、ホイットマンは宇宙意識を「（私

の）魂」と言った。これ、みな同じことなんですね。

　しかも宇宙意識を持つと、人間の魂が不死であることがはっきり分かるそうです。その他、倫理観の高まり、知的啓示、死の恐怖の消滅、罪の意識の消滅、人格的魅力の向上……などなどの特典があるとのこと。とは言え、自己意識のレベルにある我々人間の中にだって悪い人がいるように、宇宙意識を得たからといって、その全員が善人というわけではないらしい。

　同様に、宇宙意識を得た人のすべてが名文家とは限らないそうで、これまで宇宙意識のことがあまり話題にならなかったのは、そのせいでもある。何しろ宇宙意識から見た本当の宇宙の在り様というのは、素晴らし過ぎて言葉にならないようで、ホイットマンのような大天才ですら苦労した。だから、これまで宇宙意識から見た世界というのは、なかなか伝わってこなかったんですね。

　だけど、希望はあります。先ほどの13人のメンツを見ても、最初の仏陀が登場してからダンテの登場まではおおよそ1800年も掛かっているけれど、ダンテからホイットマンまでは554年しかかかってない。つまり、前は360年に1人の割合だったのが、このところ80年に1人のハイペースになってきている。この調子でいくと、宇宙意識を持った人が世に溢れ、地上に新たな人類が登場するのも遠い未来の話ではない。大いに期待しようではないか！

　……というのが、本書の結論です。

「トンデモ本」から想像する当時の人々の期待

　とまあ、本書は、今から120年くらい前に出た本で、そういう時代の制約は随所にありますけれども、逆にこの本を読むことで、今から120年前に生きた知的な人物が、その時代の精神的・文化的背景の中で何を考え、何を期待していたかというのがよく分かる。

　19世紀から20世紀へと移り変わる世紀の大変革期の只中において、個々の人間の暮らしが少しずつ良くなるといったまどろっこしい変革ではなく、何かとんでもないことが起こり、人類そのものが一挙にまとめてドーンと進化

するのではないか、またそういう大規模な変革が起こることによって、宇宙の本来の姿——そこには人間を蝕む悪も、人間に絶望をもたらす死も存在しないような宇宙の在り方——が顕現し、人間を取り巻く環境のすべてが良くなる——否、そうなって欲しい——という切なる期待が、この時代を生きた人々の心の内にあったのでしょう。で、その異様な期待が、バックの本のような形で顕れたと。またそうであるからこそ、今読めば「トンデモ本」であるこの本が、同時代の、あるいはその後に続く人々、たとえばウォルター・ラッセル（アメリカの芸術家・ニューソート思想家）だとか、ピョートル・ウスペンスキー（ロシアの神秘思想家）、またオルダス・ハクスリー（イギリスの作家・神秘主義思想家）やエーリッヒ・フロム（ドイツ生まれの社会心理学者）の思想形成に相当大きな影響を与えたのだということを知ると、やはり興味の尽きない本ではあります。

　しかし、それと同時にもう一つ、リチャード・バックがこの本を執筆した経緯について言及したいことがあります。

　実はですね、バックはこの本を書く前に、最愛の息子を亡くしているんですね。それも30代に入って人生の華と言える時期を迎えていた才能豊かで健康な息子さんを事故で亡くしている。で、バックは書き上げたこの本を亡くなったその息子さんに捧げ、最後に「さようなら、また会おう！」って書いているんです。

　この献辞を読むと、どうしてバックが魂の不死を信じたのか、その理由が分かるではないですか。自分と妻を残して一足先に世を去った息子に、いつかまた別次元の至福世界のどこかで会えるに違いないという淡い期待が、本書の執筆を支えていたのでありましょう。

　そんなバックの執筆動機を知るにつけ、私は、世紀の変わり目に世界の改善と人類の不死を希求したこの本のことを、自己啓発本のマイルストーンの一つに数えたくなるのです。

第3位 イアン・スティーヴンソン『前世を記憶する子どもたち』

「仮説」としての生まれ変わりとは
人生後半から始めることにも意味がある

角川文庫、2021年
Ian Stevenson, 1918–2007 *Children Who Remember Previous Lives*, 1987

「生まれ変わり」を信じるか？

　自己啓発本の使命は、一言で言えば「人生の質の向上」です。それを読んだ人の人生の質が少しでも上がれば、その自己啓発本には価値があったということになる。**では、逆に人生の質を落とすものって何でしょう？**

　これには色々な回答があり得ますが、「嫉妬」がその一つであることは確か。

　しかし、よく考えてみてください。嫉妬が生じるのは、あなたが「人生は一度切り」と信じ込んでいるからではないでしょうか？　もし人間が何度も生まれ変わるのであれば、仮に今生であまり成功できなかったとしても、来世で逆転すればいいのですから、他人に嫉妬する必要もなくなります。否、来世がダメでも、来来世や来来来世がありますからね！

　こんなことを言い出すと馬鹿馬鹿しいと思われるかもしれません。でも、実は「生まれ変わり」を信じる文化は昔から世界各地にあります。古代ギリシャのソクラテスが生まれ変わりを信じていたことはよく知られていますが、それ以外でも中近東、東西アフリカ、ブラジルの一部、北アメリカ北東部の先住民族、東アジア全般に同種の信仰はあります。無論、日本にもあって、古くは平安時代初期の説話集『日本霊異記』に生まれ変わりの話があり

ますし、江戸後期の国学者・平田篤胤が記した『勝五郎再生記聞』は典型的な生まれ変わり事例と言っていい。むしろ生まれ変わりを信じない西欧キリスト教諸国やイスラム教諸国の方が少数派なんです。

アメリカの生まれ変わり言説

　ところが、もともと生まれ変わり信仰のないアメリカでも、1950年代後半あたりから「生まれ変わりはあり得るのではないか？」という噂が広まり始めます。

　そのきっかけの一つとなったのが、1950年代半ばに起こった「ヴァージニア・タイ事件」。コロラド州に住む主婦ヴァージニアは、ある偶然からアマチュア催眠術師モーレー・バーンスティンに催眠術をかけられることになったのですが、その際、彼女はトランス状態のまま、自分はアイルランド人の「ブライディ・マーフィ」であると名乗ったんです。そして1798年12月20日に生まれてから1864年に死ぬまでに経験したことを、明確なアイルランドなまりで語った。驚いたのはバーンスティンで、彼はこの一件を『第二の記憶：前世を語る女ブライディ・マーフィ』（*The Search for Bridey Murphy,* 1956）なる著書にまとめて出版したところ、この本は大ベストセラーとなり、「前世記憶」や「生まれ変わり」といった用語が全米で人々の口の端に上ることとなりました。

　また1970年代に入ると、医師エリザベス・キューブラー・ロスが書いた『死ぬ瞬間』（*On Death and Dying,* 1969）や、同じく医師のレイモンド・A・ムーディ・Jr. が書いた『かいまみた死後の世界』（*Life After Life,* 1975）という本の影響もあって、「人間の魂は肉体が滅んだ後もそのままの形で残るのではないか」という言説が広まるようになります。そんな魂の不滅を唱える「死後生言説」の蔓延が、先程述べた「生まれ変わり言説」を背後からサポートしたことは言うまでもないでしょう。魂が不滅なのであれば、それがまた現世に戻ってくる可能性はありますからね。

　実際、1970年代から1980年代初頭にかけてのアメリカでは、死後生や生

まれ変わりを信じる人が激増します。たとえば『晴れた日に永遠が見える』(1970) のように、退行催眠によって前世（及び来世）を知った女性（バーブラ・ストライサンド）と、彼女に催眠術をかけた男性教授（イヴ・モンタン）の恋を扱ったラブ・コメディ映画が人気を博したのもこうした事態の反映ですし、また人気女優シャーリー・マクレーンが自らの輪廻転生を綴った『アウト・オン・ア・リム』(*Out on a Limb*, 1983) が大ベストセラーになったのも、このような背景を知れば頷けます。

「言説」から「科学」へ：イアン・スティーヴンソンの登場

　もっとも、1980年代前半までのアメリカにおける生まれ変わり言説／死後生言説は主として体験談的なものが主流であって、非科学的なものに過ぎませんでした。

　ところが1987年、事情はがらりと変わります。この年、イアン・スティーヴンソンが『前世を記憶する子どもたち』という画期的な研究書を出したことによって、生まれ変わり言説は科学的に実証可能な「事実」へと、その装いを一新するんです。

　スティーヴンソンは「ヴァージニア大学精神科主任教授」という肩書を持つ科学者ですが、彼はまだ30代の頃、前世記憶を持って生まれてくる子供が存在するという噂を聞きつけます。それでこの現象に興味を持った彼は、以後四半世紀以上に亘って調査と分析に取り組むこととなった。

　かくしてスティーヴンソンは研究チームを編成し、世界8文化圏での現地調査を行うのですが、調査を始めてびっくり。なんと、前世記憶を持つ子供は世界中に大勢いたんです。

　では、前世の記憶を語る子供とは、一体どのような子供なのか。

　たとえば家族の中で一人の幼児だけが異常に水を怖がり、川に連れて行くと火がついたように泣く、といったようなことがある。で、その子が少し大きくなってから水を怖がる理由を尋ねると、「自分は以前は〇〇という名前で、かつてその川のその辺りで溺死した」などと妙なことを言い出す。で、

調べて見ると、確かに以前、そこでそういう名前の子供が溺死していたことが判明する……まあ、こういうのが生まれ変わり現象の典型例なのですが、同様の例はいくらでもあって、家族の中で一人の子供だけが親兄弟も食べたことのない特殊な麵料理を食べたがるので、調べて見るとその麵料理はその子供が前世で住んでいた地域の名物料理であった、というようなこともあるし、酒好きの男の前世記憶を持つ子供が、2、3歳の頃からしきりに酒を飲みたがって親を困らせた、というような例もある。さらに、これはインドでしばしば見られるのですが、前世でバラモン階級に属していた子供が下位カーストの家に生まれ変わった場合、家人が触った食器を「汚い」と言って手をつけようとせず、あやうく餓死しかけることもあるのだとか。

前世記憶現象は「生まれ変わったから」と考えるのが一番無理がない

　このように前世記憶現象というのは非常に興味深いものなのですが、もちろんイアン・スティーヴンソンは科学者ですから、これらの例からすぐに「生まれ変わりはあり得る」という結論に飛びついたのではありません。集めた膨大な証言の中から信憑性の薄い事例はすべて排除し、信憑性の高い事例に関しても詳細にクロスチェックするなど、調査には慎重を期しています。また前世記憶を持つ理由に関しても、「潜在意識」や「記憶錯誤」、「遺伝」や「テレパシー」、さらには「霊の憑依」といったことまで検討している。**そしてそういう様々な「それ以外の可能性」を厳密に検討した結果、スティーヴンソンは最終的に「前世記憶現象の説明としては『生まれ変わったから』と考えるのが一番無理がない」という暫定仮説にたどり着くんです。**

「生まれ変わり仮説」はなぜ自己啓発思想になり得るのか

　そして、ここが最も興味深いところでもあるのですが、たとえ仮説としてであれ、生まれ変わり現象が実際にあることを認めると、そこに副産物的メリットが生じます。人間に関する様々な特異な事象を簡単に説明できるようになるんです。

たとえば幼児期に「戦争ごっこ」を非常に好む子供がいるとする。その場合、従来の心理学的解釈では「その子供は、自らの攻撃衝動を『戦争ごっこ』という遊びの形で代理的に解消している」というように説明されるわけですが、ここで生まれ変わり仮説を踏まえると、「その子供は前世で兵隊だったから」というシンプルな、しかし非常に説得力のある説明がついてしまう。その他「職業選択上の先天的な志向」や「既視感」、あるいは「左利き」といったことについても、「遺伝説」や「環境説」に代わる第三の観点として、生まれ変わり仮説を導入することができます。「前世でこうだったから、その影響が今生に残ったのだ」と考えると、説明のつくことは沢山ある。

否、それだけではありません。**前世での業が今生に引き継がれるのであれば、今生での行いが来世に引き継がれるということにもなる。**ならば、年老いてからバレエを習い始めることによって、来世では「バレエの天才」として生まれ変わる可能性もあるし、同じく人生の最晩年になってから数学の勉強を始めたことで、来世では「数学の天才」に生まれ変わることもあり得る。人生のどの時点において始めた努力も来世でのメリットにつながるとなれば、「無駄な努力」というものは一切なくなり、それだけ今生での自己改善努力に力が入るということになります。スティーヴンソン自身、「そのように考えると私は、老年になっても、たとえばクラリネットの演奏のような新しい技術を身につけたい気持ちが起こる」と述べていますが、生まれ変わり仮説を受け入れることは、今、人生のどの地点にいるかを問わず、新しいチャレンジへの取り組みを促すことでもあるんですね。その意味で、生まれ変わり仮説は自己啓発に直結します。

このようにイアン・スティーヴンソンの『前世を記憶する子どもたち』は、単に「前世記憶」や「生まれ変わり」といったスピリチュアルな現象を科学的に解明した著作であると同時に、読者を嫉妬から解放し、年老いてもなお人生は有意義なチャレンジに満ちていることを知らしめた、偉大なる自己啓発本の名著でもあるのです。

第4位 エックハルト・トール『ニュー・アース』

「今、ここ」を楽しむことが偉業につながる
エゴを捨てたい人へ

サンマーク出版、2008年
Eckhart Tolle, 1948– *A New Earth: Awakening to Your Life's Purpose*, 2006

エゴとは何か、私とは何か

　580万部の大ベストセラー、『ニュー・アース』は、もうタイトルからしてスピリチュアル系自己啓発本感満載！　**で、実際、そういう側面もありますが、それでも本書が中心的に論じているのは意外に現実的な問題──人間のエゴの問題です。**

　ただ、本書で言う「エゴ」というのは、「我が強い」という意味でのエゴのことではないし、フロイト的なエゴでもなくて、人間の意識的な意識、というような意味合いで使われております。もっと簡単に言うと、通常、人が「私」と思うときの「私」のこと。

　ん？　「『私』と思うときの『私』」？　それなら単に自分自身を指す言葉に過ぎないのでは？　と思うでしょう？　でも、そうではないんですね。トールに言わせれば、我々が普段、何の気なしに使っている「私」という言葉は、「思考上の『私』」を指す言葉であって、本当の「私」、実存在としての「私」のことではないと。

　たとえば普段、我々は死ぬことを「私は命を落とした」と言いますが、それは「私」と「命」は別物であるという前提に立った上での物言いですよね？　主体である「私」が、持ち物としての「命」を取り落とした、だから死んだ、

と。しかし、トールに言わせると、これは言葉の誤用ということになります。なぜなら、本来、私そのものが命なのであって、命が命を落とすことなどできるわけがないから。

　まあ、言われてみれば確かにそうですよね。人が頭の中で「私が……」と思考しているときの「私」は、本当の私ではなくて思考上の「私」、すなわち幻に過ぎないと言われれば、そうなのかもしれない。

　だけど、普通、人はそうは考えないわけですよ。頭の中の「私」が、すなわち私なんだと思っている。で、トール曰く、これこそまさにエゴの仕業であると。

　実際、エゴは「形との同一化」によって人を騙します。思考上の幻である「私」が、実存在の私と同一物であるかのように騙す。そしてその上でエゴの作り出す様々な幻想を、あたかも本当のものであるように思わせようとする。

　たとえば思考上の「私」は、実存在たる私を、様々な抽象概念と同一化しようとします。「私は『男性』だ」とか、「私は『アメリカ人』だ」とかいう具合に。もちろん「私は『白人』だ」とか、「『有能なOL』だ」というような自己規定もそう。あるいは「私は一生懸命勉強して一流の大学を出た」とか「私は会社でいい仕事をし、評価されている」とか、そういう過去や現在の名声とも同一化させようとするし、「いいクルマに乗っている」、「素敵なバッグを持っている」など、所有物との同一化もさせようとする。このように我々は、いわばエゴの差し金で、我々自身のストーリーを作り上げ、またそのストーリーを自ら信じて、「それこそが自分だ」と思ってしまうわけ。

　これが地獄の一丁目なんですね、トールに言わせると。

エゴに操られ、痛みが蓄積される

　と言うのも、エゴが作り出す幻想が自分自身であると思い込んでしまうと、人は様々な苦しみに出会うことになるから。

　たとえば、他人から過小評価された場合、エゴは人を操ってこれに最大限抵抗させようとする。他人の過小評価によって奪われた失地を、是が非でも

回復させようとそそのかすんですね。「オレはこんなにすごい人間なのに、あの野郎、オレのことを馬鹿にしやがって。あの野郎を恨んでやる。そして別な機会に復讐してやる」という具合に。

　で、このような「思考上の『私』を本当の自分であると見なす認識上の誤謬」は、しばしばネガティヴな感情を引き出します。それがいわゆる「不幸感」という奴。そしてこの不幸感は、エゴにさらなるエネルギーを供給することになる。なぜならエゴはネガティヴなものによって増大するから。

　しかも先ほどの例の場合、「私」を馬鹿にした相手もまた、エゴに支配され、エゴの差し金でそういう行動を取るに至っているわけですよ。そしてその結果、その人は相手（＝「私」）から恨まれることになり、これまた不幸になっている。このようにエゴがもたらす不幸は、周囲の人をも巻き込んで、次々と波及していくんですね。

　かくして、人はエゴによって不幸になり、不幸によってさらにエゴを強大化させるという悪循環に陥ることになる。トールはこのようにエゴに操られて日々痛みを蓄積してしまっている人間の状態を「ペインボディ」と名付けます。

　で、今のは個人レベルの話ですけれど、民族単位、宗教単位、国家単位で見ても、まったく同じことが起こっています。要するに「この世の地獄」というのは、人がエゴに支配された状態で生きていることによって生じているのであって、その状態が続く限り、地獄も存在し続けることになると。

　では、この地獄の連鎖からどうやって抜け出すか。

　トールによれば、この地獄を抜け出す方法はただ一つ、一人一人の人間が「気づく」ことしかないと。私というのは、無秩序な思考の流れが作り上げた「私」ではなく、宇宙に存在する万物と根っこを共有する不滅の存在——今、ここにある存在（＝Ｉ ＡＭ）——なのであって、その圧倒的な真実に「気づく」こと、これこそがエゴと決別する唯一の手段なんですね。なぜなら、「エゴ」と「気づき」は両立しないから。人がそのことに気づいた瞬間に、エゴは消滅せざるを得ないんです。

デカルトの罪

　ちなみに自己存在に関する認識の歴史から言うと、今日のエゴ全盛期を作り出す基を築いてしまったのはデカルトであると、トールは指弾してします。

　デカルトは、「存在」の起源をたどって行けば、最終的に「思考する自分」にたどり着くと考えた。その他のものはすべて幻であるとしても、「思考している自分の存在」だけはどうしても疑えない。だから思考こそが人間存在の基準点だと結論し、「我思う、ゆえに我有り」と言っちゃった。

　つまり、デカルトこそが、エゴの作り出す幻想を本物であると誤解した最初の愚かな人だったんですね！

　で、その後、250年くらい経って今度はサルトルが登場する。サルトルは「我思う、ゆえに我有り」というとき、「我思う」の部分、すなわち「あ、オレ、今考え事しているな」ということを観察している自分が存在することに気がついた。つまり、思考に先立って存在する別な「我」がいるはずだ、と考えたわけ。そこで、それをサルトルは「実存」と名付け、実存が思考に先行する、ということを主張した。

　惜しい！　サルトル、めっちゃ惜しい！　せっかくいいところに目をつけたのに、そこから「実存自体には意味がないから、意味を生み出すために自らを投企しなきゃ」とか、変な方に行っちゃった。

　サルトルは実存を発見したところまでは良かったけれども、「それには意味がない」と結論したところがダメなところだと、トールは言います。その実存、つまり「今ここにある私」こそが、すべての意味の収斂するところだ、というところまで行かなくちゃダメだったんですね！

　とにかく、「今ここにある私」こそが、私の、あなたの、本当の姿であって、これに気づけば、エゴは消滅し、この世の地獄も消える。なぜなら、この世とは形の世界だから。

　で、今、まさにこの地球上では、エゴが作り出す幻想の世界におさらばし、本当の自分に気づき始めた人間が次々に生まれていると、トールは指摘しま

す。もちろん、今はまだ小さな波でしかない。だけど、この波はいずれ大きなうねりとなる。そして地球全体が「気づいた人間」だらけになって、この地上に極楽世界が実現する日も近い──と、まあ、これが本書のタイトルである『ニュー・アース』の意味するところだったんですね。

うーん、なんだかこの辺りの記述を読んでいると、先にご紹介したリチャード・モーリス・バックの『宇宙意識』という本の結論に近づいているような気がしなくもない。『ニュー・アース』も『宇宙意識』も、地球規模での人類の革新が近い、ということを獅子吼する本ですからね。

「ニュー・アース」をもたらすもの

さてさて、トールによると、新しい地球の夜明けは近いわけですけれども、ならばその夜明けの到来を加速させるにはどうすべきか。そのことにもトールは言及しているのですが、ここからがいわば、本書の自己啓発的側面になります。

まずね、ニュー・アースの到来を加速させるために重要なのは「受け入れる」ということ。

物事は必然的に起こります。それはもう、避けようがない。だけど、起こった物事に対して、エゴの差し金通り、自己防衛的に反応していたら大変なことになる。だから、そういう反応をしないで、ただ受け入れるってことが重要だと。

で、ここでトールが持ち出してくるのが、意外なことに白隠禅師の逸話です。白隠が評判の説教師として多くの聴衆を集めていた頃、近くに住む家の娘が妊娠し、その娘が「赤ん坊の父親は白隠禅師だ」と周囲に告げた。そこで娘の父親が白隠に詰め寄ったところ、白隠は「ほう、そうか?」と言って否定しなかった。で、父親が生まれた赤ん坊を白隠に押し付け、町の人にもそのことを言いふらしたため、白隠の評判はがた落ち、説教を聞きに来る人もぱったりいなくなってしまいます。ところが白隠はまったく意に介さず、静かに子供を育てた。

それから1年が過ぎた頃、娘が慚愧の念に駆られて、赤ん坊の本当の父親は白隠ではなく、別の若者であると白状するんです。そこで驚いた父親は白隠のもとに駆け付けてこれまでの無礼を詫び、子供を連れ戻したいと希望を述べたところ、白隠は少しも意に介さず、「ほう、そうか？」といって子供を渡した。こうして当該の赤ん坊は、白隠の下で育てられていた時期も、本当の親元に戻った後も、常に愛情深く育てられたと。

で、この逸話を紹介しつつ、「ほう、そうか？」と言って物事を何の抵抗なく受け入れた白隠の生き方こそ、エゴの息の根を止める生き方であるとトールは言うわけ。ううむ、なるほど……。

楽しむということから始める

あと、次々と生起する物事を素直に判断なく受け入れ、その結果にも執着しないということに加え、「楽しむ」ということも重要だ、とトールは言います。

人は現在という時間を、未来を動かすための道具と見なしがちです。しかし「今ここにある私」は、そういうことはしない。だって、人に与えられているのは「今、ここ」しかないのだから、どんな瑣末なことであれ、今やっていることを十分に楽しむしかない。歯を磨いているなら、歯を磨くことを十分に楽しむ。食事をするなら、味覚を研ぎすませ、一口一口の食物をとことん楽しむ。

そして、そういう「今、ここ」を楽しむことを続けていると、やがてそれが情熱に変わることがある。そうなったら、その情熱の示す所に従って思う様やればいい。そうすると、それがいつしか偉業になる。そうやって達成した偉業以外に、人に成し遂げられる偉業というのは存在しない、とトールは言います。それこそが人間にとっての「夢の達成」であると。

ちなみに、このように自然に成された夢の達成と、エゴの差し金で行う夢の達成は全然違います。エゴの差し金による達成というのは、「百万長者になったら、自分は幸せになれる」とか、「社長になったら、自分は幸せになれ

る」とか、「スターになったら、自分は幸せになれる」とか、そういう類いですからね。それは逆に言えば「そうなっていない今、お前は幸せじゃない」ということになってしまう。それに、この種の夢の達成を評価するということは、自分が幸せになるために他の多くの（百万長者になれない、社長になれない、スターになれない）不幸な人の存在が必要になるということでもあるわけですから。

　まあ、本書の内容をざっとまとめると、こんな感じです。

　この本、自己啓発本としてはなかなかいいのではないでしょうか。この世の不幸の在り方を、エゴという概念を使って非常に上手に説明していると思います。そして、そこからの脱出方法の指南も上手いし、理にかなっている。

オプラ・ウィンフリーの秘蔵っ子

　エックハルト・トール（もちろんペンネーム）は、もとはドイツ人です。で、ドイツ人のトールは、若い頃、イギリスに行ってドイツ語教師となり、やがてケンブリッジで大学院生となるも、途中で研究者としてのキャリア形成を放棄している。おそらく彼もまた、この時点で「エリートたらん」という彼自身のエゴと決別したのでしょう。で、その後、自己啓発思想家になり、カナダに渡り、本を出したら、これが現代アメリカ最大のインフルエンサーであるテレビ司会者オプラ・ウィンフリー（Oprah Winfrey, 1954– ）の目に留まってテレビ番組に引っ張り出され、それ以降は出す本すべてが数百万部のベストセラーとなって今日に至っていると。オプラに認められたら自己啓発ライターも勝ち組の仲間入りなのですが、そんなトールの経歴を見ていると、確かにエゴを捨てたらいいことある！……のかもしれませんね。

第5位

小野寺Ｓ一貴
『妻に龍が付きまして…』

日本オリジナル・「神道系自己啓発本」のプラス志向な教え
神社にお参りすることのメリット

東邦出版、2017年
小野寺Ｓ一貴，1974-

日本の神様は、人間が「欲」を満たすことを喜ぶ

　この本は、基本的に神道に基づいた自己啓発本ですので、自己啓発本の本場・アメリカにも例がない、日本オリジナルの「神道系自己啓発本」。

　ちなみに、日本オリジナルの自己啓発本としては、もう一つ「仏教系自己啓発本」というのがあるのですが、「仏教系自己啓発本」と「神道系自己啓発本」は傾向が全然違います。

「仏教系自己啓発本」は、人間が幸福になれない元凶は「欲」にあり、とみなします。ですからこの系統の自己啓発本は、読者に「幸福になりたくば、欲を捨てろ」と指南する。金銭欲、出世欲、色欲、食欲、そういう諸々の欲望があなたの人生を狂わせているのだから、そういうものを全部断捨離しろと。つまり、人生から色々なものを差っ引いていくようアドバイスをする、「マイナス志向」の自己啓発本ということになる。って言うか、そもそも仏教のお寺で「お金が儲かりますように」とか「出世できますように」などと祈ってはいけません。そんなことをしたら、「何を血迷うておる！　煩悩を捨てよ！」と仏陀に叱られますよ！

　一方、「神道系自己啓発本」は仏教系のそれとはまったく逆。日本の神様は、人間が金銭欲・出世欲・色欲・食欲など諸々の欲を満たして幸福になっ

て、あっはっはと大笑いすることが大好き。だから神社にお参りするときに、「お金が儲かりますように」とか、「出世できますように」と祈るのは可であるどころか、むしろそういう風に祈るべき。

とまあ、そのように考えていくと、「神道系自己啓発本」というのは「プラス志向」の自己啓発思想に基づくものとして、アメリカ産の自己啓発本に近いものなんですね。「神道系」などというと、バタ臭いアメリカの自己啓発本から遠く離れているのではないかと思われるかもしれませんが、実は両者は非常に近いっていう。

では、そんな神道系自己啓発本である本書には、一体何が書いてあるのか？

龍神・ガガさん登場

自己啓発本の中には、何らかのグル（超越的指導者）が狂言回し的な役割を担うものとして登場し、主人公（≒著者）がこのグルと対話をすることで、大切な教えを少しずつ理解していく、というパターンのものが少なからずありますが、本書『妻に龍が付きまして…』でその狂言回しを演じるのは、さすがに神道系らしく、龍神です。

本書の著者、小野寺さんの奥さん（ワカさん）は子どもの頃から霊感が強く、自分の守護神たる龍神と会話ができるんですね。実際、ワカさんは自分の守護霊的な龍神に「ガガ」という名前をつけていて、しょっちゅう会話をしている。で、ワカさんを通訳にして龍神ガガと会話ができるようになった小野寺さんも、ガガから様々なことを学ぶのですが、そこで学んだ龍神の「教え」を独り占めにするのはいかにも惜しいということで、それを公開することにした。それが本書『妻に龍が付きまして…』ということになります。

ガガさんが教える「正しいお参りの仕方」

ではその「教え」とは何かと言いますと、たとえば「神社での正しいお参りの仕方」もその一つ。

何しろ龍神から直接指導されるわけですから、これ以上に正しいお参りの仕方はないわけですが、それによると、神社にお参りをする場合は、何かお願いがあって上司の家を訪問するときと同じ心構えになればよい、と。

自分より身分が上の人に頼みごとをしにいくのに、ジャージ／サンダル履きでは行きませんよね？　しかるべく身なりを整え、気持ちも背筋もシャキっとさせて、神妙な心構えで行くはず。だから神社にお参りをするときも、それとまったく同じことをしろと、龍神ガガは言います。上司の家に行く前にシャワーを浴び、歯磨きをするのであれば、神社にお参りする直前には水で手を洗い、口を漱げと。

で、神社にお参りをするということは、何か願い事があって、それをお願いに上がるわけだから、神様に対したら、まずは自分の名前を声に出して名乗り、どういうお願いであるかをちゃんと声に出して言わなければならない。巷間よく言われる「二礼・二拍手・一礼」みたいな形式的なことより、そういうことの方が重要であると。

またガガさんによると、お賽銭というのは、祈る側の気持ちの表れであると言います。「ご縁があるように」とか言って５円玉を賽銭箱に放り込むとか、そういうのではなくて、自分の願い事の大きさに合わせた気持ちをお賽銭に託すべき。またそうとなれば、大きな願いをするときにはしかるべき額のお賽銭を出すべき、ということになる。まあ、言われてみれば当たり前のことですよね。

神様に媚びる

あと、私が本書を読んでいて「なるほど！」と思ったのは、神様にお願いするときは、媚びていいということ。つまり、神様だって可愛い奴を助けたいと思うわけだから、神様に可愛い奴と思われるような頼み方をする方がいい。

要するに、礼儀正しく、かつ、甘える。これが、神社にお参りをするときの正しい在り方、ということになるわけ。

龍神と人間は「ウィンウィン」

　ところで本書の主役たる龍神ですが、ガガさんによると、龍神というのは表向き「神」という字が付いているけれども、本当の神様ではないのですって。眷属、すなわち神の使いなので、言ってみれば狛犬とか稲荷の狐とかと同格。だけど、人間は龍のことを犬・狐以上の存在と見なす傾向があるので、眷属界における龍神の立ち位置はかなり上。だから龍神は、自分のことを偉いと思ってくれる人間が好きなんですね、特に日本人が。

　ちなみに龍神というのは数が多くて、幾千万億位いる。それはもう、うじゃうじゃいるんですって。そしてその龍神は、自分好みの人間に取りつく。で、取りついている人間の行いが良くなると、龍神の位も上がり、うまくすると本当の神様になれる。その龍が神様になった状態が「鳳凰」なんですと。なるほど、神様の世界でも爬虫類が進化して鳥類になるんですね！　それはともかく、だから龍神は好みの人間を探しては指導し、その人間の成長に伴って自らも鳳凰への出世を目指す。その意味で、龍神と人間の関係は常にウィンウィンであると。

　ところで、龍神は前記の通りうじゃうじゃいるんですけど、やっぱり龍だけに水辺は好きらしい。あと、龍神は結びの神様ククリヒメノミコトと仲がいい。ですから、ククリヒメノミコトを祭っている全国各地の白山神社、あそこには結構沢山、龍神が遊びに来ているらしいです。

　それから龍神的観点からすると、個々の人間が抱いている宗教上の差にはあまり興味がないようで、その人が神道の人か、仏教の人か、はたまたクリスチャンか、などということはどうでもいい。ただ人間が自分より大いなるものに頼りつつ、自ら努力して成長しようとする姿勢、つまり「信仰」があるかないかを見るんですって。**重要なのは「宗教」ではなく「信仰」**。ただ龍神は、人間が栄え、喜ぶことを楽しむ傾向があるので、ガチの仏教徒とは気が合わないらしいです。仏教徒の連中はマゾ的な修行とかするので、龍神的にはどうも面白くないらしい。

そ、そうだったのか……。それは知らなかった……。

そう、ことほど左様に、龍神というのは人間の喜びや笑いを重視する。た
とえば仕事をするにも、好きでもない仕事を嫌々しているような人は、その
ことが仕事中に顔や態度に出るわけですよ。で、そういうのを龍神はまった
く好まない。どんな仕事であれ一生懸命打ち込んで、働くことを楽しいと感
じながら働いているような人が好きで、そういう人を応援したくなると。

「なぜそれがしたいのか」という問いを繰り返す

あと、龍神が人間の願いのどこを見るか、というのも非常に面白くて、た
とえば神社とか行って「どうか宝くじで1億円当たりますように」とか祈る
人がいる。だけど、その人の願いというのは、おそらく1億円分の札束の山
ではない、というのですね。で、「じゃあ、なぜ1億円欲しいのか」と問う
と、「世界一周したいから」と答える。さらに「ではなぜ世界一周したいの
か？」と問うと、「色々な場所で色々な人に出会えるから」と答える。で、「で
はなぜ色々な人に出会いたいのか」と尋ねると、「今、友達がいないから」と
答える。

つまり、この人の本当の願いは、「1億円」ではなく「真の友達」だったん
ですね。だから龍神は、その人の本当の願いを実現させることに力を貸す。
**つまり、1億円の当たりくじではなく、真の友達になれるような人との出会
いを恵むと。**

なるほど！ 「なぜそれがしたいのか」という問いを繰り返すことによっ
て、自分の本当の願いを突き止めることができるわけですね。で、龍神に頼
みごとをするならば、その本当の願いについて助力を求めよと。ううむ、納
得。

とまあ、そんな感じで、この龍神ガガさん、なかなかいいこと言っていま
す。そして、ガガさんの言うことを聞いていると、龍神への甘え方も分かっ
てくる。で、龍神に甘えるようなことをすると、それは結局、楽しい人生に
足を踏み出すことと同じだ、ということも。

自分の本当の願いとは何か

　とまあ、本書の内容をかいつまんで説明してきましたが、さすがにベストセラーになるだけあって、実に面白い自己啓発本になっていると思います。**この本を読んだら、誰だって「自分も神社に行って、お参りをしてこよう！」という気になること、請け合いです。**

　その何よりの証拠に、本書を読んで俄に神社信仰に目覚めた私は、たまたま自宅近くに龍神のお友達のククリヒメノミコトを祀った白山神社があったのをいいことに、折に触れてはお参りに行くようになってしまいました。

　で、日常的に神社にお参りに行くようになって、私自身、様々な気づきがありました。

　まず、お参りをする際、本書の（ガガさんの）教えに従って、まずは自分の名前を名乗ってから、願い事をするわけですけれども、「自分の本当の願いって何だろう？」と考えるようになったんですね。

　そうするとね、以前のように「仕事が上手く行きますように」とか「お金持ちになれますように」というようなことを最初に祈ることができなくなりました。そうではなくて、まずは自分の健康と家族の健康、そして親友たちの健康を祈るようになったんです。私と私の愛する人たちが、とにかく健康でいること——これが自分にとっての一番の願いであることに気づいたから。仕事が上手く行くとか、お金持ちになるというのは、そのことに比べたら二の次だということが、私にもようやくわかってきたと。

　そのことだけでも、私は、この本を読んで良かったと思います。

　もっとも、自分と自分に近しい人たちの健康を一通り願った後は、やっぱり「……それで、ついでにお金持ちにもなれますように」と祈ってはいますけどね！

　それからもう一つ、定期的に神社にお参りに行くようになって初めて気が付いたことは、「神社に行く人って、案外多いな」ということ。

　この本を読むまでの私は、お正月の初詣として神社にお参りに行くとか、

旅先の観光地に有名な神社があったから道すがらお参りしていくとか、その程度のことしかしておりませんでした。だから神社に人が大勢いるのは、お正月だから、観光地だから、だと思っていた。

　でも実際にはそうではないんですね。日常的に地元の神社にお参りする人というのは、想像していた以上にいる。実際、私がいつ神社にお参りに行ったとしても、必ず私の前に何人か、私の後に何人か、お参りしようとしている人がいるんです。地元の神社って、そういうものだったんだ、21世紀の今日ですら、日本人は日本の神様に様々なことをお願いに上がっているんだ、ということがようやく私にも分かってきた。

　ところで、日常的に神社にお参りをするようになり、願い事をして、それでご利益はあったのか？　ということですが……ありましたよ！　それがまたびっくりするほど大いに……。

　まあ、その話をし出すと、ちょっと長い話になりそうですので、また別な機会に、ということにしておきましょうかね。

いやはや、この歳まで生きてきて、気づいていないことって沢山あるもんですね！

第 9 章

分類不能、でも面白い！ノンジャンル4選

分類できない存在、唯一無二の魅力

　カテゴリー分けというのは、物事を理解する上で便利なものです。

　たとえば「理系」と「文系」。「社交的」と「人見知り」。「アウトドア派」と「インドア派」。「朝はパン派」と「ご飯派」。「犬派」と「猫派」。「下戸」や「左利き」。誰しも自分がどちらであるかを意識していますし、知り合いがどちらであるかもおおよそ理解していて、それに応じて付き合い方を変えていることも多いでしょう。また一口に「音楽が好き」と言われても、その人の人柄までは分かりませんが、「クラシックが好き」とか「ジャズが好き」、あるいは「ロックが好き」、「K-POPが好き」と言われれば、すぐに「ああ、そういう系統の人ね」と理解できる。同好の士と分かれば、すぐに友達にもなれそうです。

　ですがこの世には、このようなカテゴリー分けを拒むものがある。人もそう。

　たとえばタモリさんのことを考えてみましょう。タモリさんは……何？

　タモリさんは、まず何と言っても面白い人。ビートたけしさんや明石家さんまさんと並び称されるほどに。しかし後の二人と違い、タモリさんは「お笑い系」のタレントではない。

　司会業をされることも多いですが、「アナウンサー」出身でもない。

　地理学に関する広範な知識をお持ちで、東京の坂に関するご著書までありますが、「学者」ではない。

　ジャズ・レコードのコレクターであり、トランペット奏者でもあって、かのマイルス・デイヴィスと対談されたこともありますが、「ジャズマン」ではない。

　海がお好きで、一級小型船舶操縦士免許をお持ちですが、「船乗り」ではない。

　居合道二段の腕前だそうですが、「剣士」ではない。

お若いときはイグアナの形態模写で一世を風靡されましたが、もちろん「イグアナ」ではない。

じゃあ何でしょう？　分からない。分からないのだけれども、とにかく空前絶後の人物。それは誰しも認めるところでしょう。

このように、世の中にはどんなカテゴリーにもしっくりとは収まらず、しかも傑出したもの／人というのが存在するんですね。

自己啓発本にも、この道理が当てはまります。

自己啓発本界のタモリさん

本書ではこれまで、世に数多ある自己啓発本の名著を、その由来や性質によって「自助努力系」「引き寄せ系」「心理学系」「フェミニン系」等々、様々に分類してきました。そのことは、それぞれの本の内容を理解する上で役に立ちますから、それはそれで良かったのだと思っています。

しかし、このようにカテゴリー分けしようとすると、どのカテゴリーにも収まらない自己啓発本というのが必ず出てくるものなんですね。頑張ってその本に合うような特殊なカテゴリーを設定したとしても、今度はその本自体がそのカテゴリーからはみ出してしまったり……。

こういう本は、タモリさんと一緒で、特定のカテゴリーに押し込めようとすること自体、意味がないのでしょう。それでもその本に価値があるのなら、カテゴリー分けはすっぱりあきらめ、「ノンジャンル」としてご紹介するほかない。

ということで、以下、ノンジャンルの自己啓発本を4冊ご紹介していきます。これらは要するに自己啓発本界のタモリさんなんだと思って、お楽しみいただければ幸いです。

第1位 ノーマン・カズンズ『笑いと治癒力』

自己流の治療で難病を克服したジャーナリストによる闘病記
現代医療に一石を投じた本

岩波現代文庫、2001年
Norman Cousins, 1915–90 *Anatomy of an Illness as Perceived by the Patient*, 1979

カズンズ、病に倒れる

　ノーマン・カズンズというのはアメリカの有名な評論誌である『サタデー・レビュー』の編集長を長く務めた人。ですから、アメリカ文学を研究している者にとっては割と親しみのある名前なんですけど、あともう一つこの人が有名なのは、原爆でケロイド状の火傷を負った日本人女性をアメリカに呼んで、その治療に尽力したこと。そういう意味では、日本人としては親しみを持たざるを得ないところがあります。

　そんなカズンズが書いた『笑いと治癒力』とはどういう本かと申しますと、これは一種の闘病記です。

　先に紹介した通り、カズンズは基本的にはジャーナリストなのですが、1960年代の冷戦時代には外交面で暗躍し、非公式な外交官のような立場で米ソ間の核軍縮交渉の地ならしのようなことをしていたんですね。で、米ソの架け橋として両国間を行き来していたカズンズだったのですが、1964年にソ連から帰国した直後、急に体調不良を覚えた。で、調べてみたら深刻な膠原病であることが判明。しかもこのレベルの病状から回復した患者というのは、過去500例に1例程度しかない。当然、カズンズは死の恐怖に陥ります。

第9章　分類不能、でも面白い！ノンジャンル4選

奇跡を目指して独自の研究を始める

が、そこからがカズンズの独壇場。天性のポジティヴ志向から、よーし、それなら一つ、自分がその2番目の回復例になってやるぞ！　と思うわけ。

そうと心を決めてからは、ジャーナリストの本領発揮！　彼は医学雑誌をはじめ、膠原病の治療例を扱った様々な記事をかき集め、独自に研究を始めます。で、ビタミンCがこの種の病気には有効らしいという説を目にするや、自分の判断でビタミンCの大量投与を開始！　さらに「笑い」が免疫を高めると聞けば、著名なコメディアンであるマルクス兄弟のドタバタ喜劇の映画を取り寄せて病室で鑑賞、そして爆笑。さらにE・B・ホワイトだとか、ジェイムズ・サーバーだとか、ベネット・サーフだとか、アメリカの有名なユーモア作家のジョーク集なんかを取り寄せて読み、毎夜、大笑いしながら過ごすことに。

また、当時の病院の入院環境自体が病人をさらに病気にするんじゃないかと考えた彼は、病院ではなくホテルに入居することにしたところ、かえってその方が入院費よりも安くついたと。 幸いなことに、彼の主治医が理解のある人で、この場合、下手に通常の治療を施すより、カズンズのやりたいようにさせて、彼自身の生きることへの欲望を活かした方がいいと考えてくれたんですね。だからカズンズは、思う様、自分で自分を治療できた。

で、そんな感じで好き勝手に自己治療やっていたら、なんと、奇跡的に膠原病が治ってしまったんですね。「ビタミンC」と「笑い」で、カズンズは難病を攻略してしまった。これが彼の闘病の顛末。

と同時に、この「治ってしまった」というところこそ、この本が自己啓発本として読まれる最大の理由です。

本書でも既に何度か言及していますように、自己啓発本、それも特に「引き寄せ系」の自己啓発本は、「人間の強い願いは、すべて実現する」と教えるものなんですね。で、カズンズはまさに「絶対に難病に打ち克ってみせる」という強い願いを実現させてしまった。つまり彼は引き寄せの法則の実効性

を、自らの身体を使って証明したことになるわけ。**ですから本書は、引き寄せ系自己啓発本の一亜種である「精神療法系自己啓発本」として、非常に名高いものとなっているんですね。**

現代医学を否定しているわけではない

とは言え、カズンズはアホじゃないので、このような自身の体験があったからと言って、現代医学の価値を軽んじたりはしません。「絶対治ると思えば、どんな病気も治る」などという盲信的な引き寄せ言説を弄しているわけではない。それどころか、「ビタミンC」や「笑い」が本当に効いたかどうかについても、自ら疑っているところさえあります。結局、彼自身の「生きる意欲」の強さが病に勝っただけで、その意味ではビタミンCを投与しなくても、笑わなくても、治ったかもしれないと思うところもある。つまり、ビタミンCや笑いは単なるプラシーボの役割を果たしただけなのではないかと。

だけど、そうは言っても、現代医学の在り方には反省すべき点は多々あるのではないか、というのが、カズンズの言い分です。

たとえば「薬」への過信がその一つ。もともと特定の病気を治すためだけに作用する薬なんてあるわけはなく、一つの症状の改善にはつながっても、副作用によって身体の別な部分を害してしまうことがある。しかし、そういうことを医者は患者に伝えないので、患者は「薬を出してくれる医者は良い医者」と考え、患者自身も薬に依存するようになってしまう。

また様々な最新医療機器の発達によって、医者がそうした機械に頼りがちになってしまったということも、カズンズが痛烈に批判しているところ。もっともこれは医者が忙しすぎて、直接患者に接する時間がなくなってしまったから、仕方なく機械に頼らざるを得なくなったという側面もあるので、必ずしも医者だけが批判されるべきことではないのですが、とにかく、医者が患者と親しく接して、親身になってその人の具合の悪いところを聞く時間が少なくなったことは、カズンズの言う通り、現代医療の問題点であるのは確かでしょう。

とまあそんな具合で、カズンズは自らの闘病体験を通じて、現代の治療現場の在り方に異を唱えるんですね。医療で本当に必要なのは、自分の具合の悪さを本当に理解し、自分と一緒に闘ってくれる、信頼に足る同志としての医者なのであって、この信頼感こそが、本当に役に立つ医術なのではないかと。無論、こうしたカズンズの一連の主張が、傾聴に値することは言うまでもありません。

西洋医学の盲点を突く

　で、このカズンズの闘病体験は、彼自身の手で記事にまとめられて医学雑誌に発表され、当時の医学界に大きな波紋を投げ掛けることになります。で、それに気をよくしたカズンズは、その後「医療と人間」というテーマのエッセイを、いわばライフワークとして、書き続けることになる。本書後半には、そうしたエッセイが並んでいるのですが、これがまた非常に面白いんです。

　たとえばアフリカのランバレネという町に医院を開いて現地の人々の病気治療に身を捧げたアルベルト・シュバイツァー博士に取材したエッセイも、私には非常に面白かった。このエッセイによると、博士は、現地の患者に最新の西洋医学による治療を施しただけでなく、当該の患者が望めば、呪術師による伝統的な施術（＝要するに「まじない」）を受けることも大らかに認めていたというのですね。**つまり、西洋医学的にはまったく意味がない呪術的施術も、患者本人の「生きる意欲」を高めるという点で決して意味がなくはないということを、博士はよく知っていたと。**このエッセイは、先の闘病記と同じく、人間の持つ自然治癒力の不思議さに目を向けさせている点で、現代（西洋）医学の盲点を突くようなものであると言っていいでしょう。

　それから、現代アメリカでは「鎮痛剤」が万能薬のように用いられ、「痛み」を忌避する風潮が強いけれども、本来痛みというのは、人間にとって非常に有意義なものなのだ、ということを、ハンセン氏病の治療に活躍されたポール・ブランド博士の体験から説き起こしたエッセイもとても面白かった。

　そして、最後の最後、かつて自分に死の宣告をしたある医者とカズンズが

ニューヨークの街角で偶然出くわしたときのことを語るエッセイで本書は終わるんですけど、このエッセイがまたね、すごく良いんです。迫力ありますよ！ カズンズと元担当医、この二人の仇敵同志の間でどんな会話が交わされたか……それは実際に本書を手に取って読んでみて下さい。

　というわけで、本書は、「信念の力で病気を治す」ことをめぐる精神療法系自己啓発本として、大きく分類すれば「引き寄せ系自己啓発本」に分類される本ではありますが、そうしたレッテルを無視したとしても面白く読める本だと思います。一読をおすすめしておく所以です。

第2位 アーサー・ヤノフ『原初からの叫び』

神経症は「叫び」で治る？
ジョン・レノンにも影響を与えた治療法

講談社、1975年（絶版）
Arthur Janov, 1924–2017　*The Primal Scream*, 1970

ジョン・レノンが患者だった

　第2位に位置づけたのはアーサー・ヤノフの書いた『原初からの叫び』という本。

　ヤノフという人は、「原初療法」の創始者としてその筋では知られているのですが、この人についてよく言われるのは、かのジョン・レノンが彼の患者だったという話。実際そうだったようで、レノンはヤノフの原初療法を体験していました。レノンの「Mother」という曲を聞き、かつ、ヤノフの『原初からの叫び』を読むと、レノンがこの曲の中で歌っていることの意味が明確に分かります。

　では、そもそも原初療法とは何なのか。

　ヤノフは原初療法の創始者ではありますが、彼がこの療法を思いついたのは、偶然です。

　そもそもヤノフはフロイト的な透察療法を行う臨床心理学者でした。ところがあるとき、若い男性の診療をしていて、面白いことが起こった。

　その若い男性は、ロンドンで変わった舞台を見ていたんです。その舞台では、ある役者がおしめを身につけ、哺乳瓶からミルクを飲みながら、「お父さん！　お母さん！」と叫びまわり、観客にも同じことをさせようとしていた。

いわゆる「前衛的」な舞台だったのでしょう。

　で、滔々とその舞台の話をする若い男性の様子に何かを感じとったヤノフは、彼に「お母さん！　お父さん！」と叫ぶよう指示してみた。で、男性は最初のうちこそ恥ずかしがっていたのですが、不承不承「お母さん！　お父さん！」と絶叫し始めたら、もう止まらなくなってしまって、ほとんど気絶するほど絶叫したと。で、その断末魔のような絶叫の直後、その若い男性は、「やった！　感じることができるようになった！」と有頂天になったそうです。それまで彼は、自分自身の感情というものをしっかり把握することが出来ず、悩んでいたのですけれども、それが一気に治ってしまったんですね。

　で、そのときの彼の異様な叫び声の印象がまだ去らないうちに、ヤノフはまた別な患者を相手にまったく同じような体験をする。その患者も、「お母さん！　お父さん！」と叫んでいるうちに、地獄の底から湧き上がるような絶叫をし始め、それでそれまでの悩みから解放されてしまったと。

　立て続けに同じような体験をしたヤノフは、「これは一体どういうことか？」と考え始めます。そしてその結果、ある理論を導き出した。

「偽物の自分」を解放する

　現代社会において神経症に悩む人は大勢いますが、神経症になる人の多くが原初的な苦痛を共有していることにヤノフは気づきます。**ではその原初的な苦痛とは何かというと、幼児期に親から受けた仕打ちのこと。**

　幼児期というのは、結局、要求の塊です。それもそのはず、なんとなれば、要求しなければ赤ん坊は死んでしまうのだから。だから赤ん坊は要求しまくる。しかし、この要求に親が上手に対応していれば、何ら問題はありません。お腹が空いているときにお乳を、おむつが汚れたときに新しいおむつを与え、不安を抱いているときに優しく抱いてやれば、赤ん坊は健康に育つ。

　ところが、世の中の親御さんの中には、赤ん坊が発するこれらの待ったなしの要求に即座に応えない人もいるんですね。で、その場合、赤ん坊の方としては少しずつ「あれ？　飛んできてくれないの？」という思いを蓄積して

いくことになる。もちろん、この「あれ？」は、不満であり、不安です。

　だけど、ちょっとくらいの「あれ？」なら大したことはないんです。そんなことはよくあることですから。でもこの「あれ？」がかなりの頻度で溜まっていくとなると、これは大問題。

　この「あれ？」が溜まって、溜まって、溜まりまくると、いつかは限界がくる。で、その限界を一歩でも超えると、ちょうど限界まで重荷を負ったラクダの背に一本の藁を置くだけでその背骨を折ってしまうごとく、幼児に決定的な影響を与えることになります。これがヤノフのいう「原初的大情景」というもので、これを体験すると、幼児は「自分はありのままでは親の愛を受けられないんだ……」という確信を抱いてしまう。

　でも、その確信はあまりにも辛いため、幼児の側に「防衛的機制」が働き始めます。ありのままでは愛情を受けられないことがハッキリしたので、自分の要求を押し殺し、親の愛情を受けられる自分という、別人格を育て始める。こうすれば親は喜び、自分のことを受け入れてくれる（だろう）と予想する行動をとり始める。たとえば妙にいい子に振る舞うとか。

　とはいえ、そうした行動は自分の感情や要求から出た自然な行為ではありません。それはもう「偽物の自分」を演じて生きていると言うほかない。でも一旦その偽物の自分、別人格の自分を演じる習慣がつくと、その人はその後、ずっと本当の自分ではなく、自分が育てた別人格として生きることになる。このように偽物の自分になりきったまま大人になったとき、その人は神経症を発症することになります。というか、神経症の原因はすべてこれだとヤノフは言います。

絶叫こそが治療法になる

　だからこそ、神経症の人間を治療するとなったら、記憶をどんどん遡って原初的大情景のところまで戻らないといけないわけ。そうして、決定的に親から見放されたと確信したその瞬間に戻り、そのときに思った本当の自分の心を吐き出すしかない。

と、当然、「お母さん！　何でありのままの僕のことを愛してくれない
の！」とか、「お父さん！　どうして僕のことをちゃんと見てくれない！」
とか、そういう不満の爆発になる。実際、それは、本当に絶叫になるそうで
す。原初療法がしばしば絶叫療法と呼ばれるのは、ここに理由があります。
治療者の側が「絶叫しろ」と命じるわけではなく、患者の自然な反応として、
結果的に絶叫になってしまうんですね。先程述べたジョン・レノンの
「Mother」という曲、あの曲の最後で、レノンが何度も何度も「お母さん！」
と絶叫するのは、そういう理由です。

　ともかく、こうして患者が原初的大情景まで戻って絶叫し、それまで心の
うちに溜めてきた親への不満を爆発させると、もうその後は、神経症はキレ
イに治ってしまって、後戻りはしないそうです。もちろん、その後の人生に
おいてだって、嫌な思いをすることはいくらでもあるでしょうが、神経症だ
った時代のように別人格として自分を押し殺すことはもうなくなり、人間と
して自然な反応をするだけなので、新たに神経症を発症することはない。だ
から絶叫こそが原初療法のアルファであり、オメガなのであって、治療法と
しては実に単純であり、かつ効果的なんですね。そして本書は、特に神経症
に悩む人たちにとっては、その苦しみから解放してくれる画期的な方法を伝
授する自己啓発本であったわけ。

　本書が出版されたのは1970年。今から見れば半世紀以上も前に出た本であ
り、その後、原初療法が臨床心理学の中でどのような評価を受け、現在もな
お使われているのかどうかは、素人の私には分かりません。**しかしジョン・
レノンが実際にこの治療法を試したということからも明らかなように、ビー
トルズ世代、すなわちアメリカのベビー・ブーマー世代の間では、かなり大
きな影響力を持った一つの自己啓発思想であったことは確か。**

　そういうものとして、この時代の時代精神を追っている私にとっては非常
に興味深い本であり、また神経症ないしうつ病が国民病の一つになりつつあ
る現代日本の読者にとっても、一度読んで損はない本なのではないかと思う
のです。

第3位 レオ・バスカーリア『葉っぱのフレディ』

死とは、命が消えてなくなることではない
生と死について考えるための絵本

童話屋、1998年
Leo Buscaglia, 1924–98　*The Fall of Freddie the Leaf,* 1982

日本でも話題となった絵本

『葉っぱのフレディ』は、「フレディ」という名の葉っぱを主人公にした絵本です。この絵本、日本でも一時期相当評判になったので、既に読んだことがあるという方も多いかもしれませんが、一応、あらすじをご紹介しておきましょう。

「フレディ」という名の葉っぱが、とある春、とある木の枝に生まれます。で、彼は同時期に生まれた他の葉っぱたち、すなわちアルフレッドやベンやクレアと一緒に育ち、少し先輩で物知りのダニエルから色々な知恵を授かりながら成長していきます。

特に、春や夏は葉っぱたちにとっては元気盛りの季節ですから、この間、フレディとその友人たちは、そよぐ風や降り注ぐ雨などを心地よく身に受け、また太陽や月や星の動きを眺めながら、葉っぱらしい経験を楽しく積み重ねていきます。またその木の下で憩う人間たちを見下ろしながら、彼らのために木陰を作ってあげられることに使命感を抱き、満足を得ます。

そして、秋がやってくる。秋の到来と共に、フレディもアルフレッドも、ベンもクレアも、そしてダニエルも皆、紅葉していきます。葉っぱですからね。今までは皆、同じような緑色だったけど、紅葉してみると赤くなるのも

あり、黄色くなるのもあり、紫っぽくなるのもあり。不思議に思ったフレディは、物知りのダニエルに「どうしてそうなの？」と尋ねる。

　するとダニエルは、「同じ葉っぱでも生まれた場所やそれまでに個々が経てきた経験によって、それぞれ変わっていくんだよ」と答える。一枚一枚の葉っぱに、多様な個性があるのだと。

　しかし、いつしか秋が終わると、冬がやってきます。これまで優しかった風が急に他人行儀になり、葉っぱはその冷たい風によって、一枚、また一枚と吹き飛ばされていく。中には木にしがみついたりする者もいるけれども、結局、皆、散り散りになってしまう。

　で、仲間たちが次々に落葉していく様子を見て恐怖に駆られたフレディは、物知りのダニエルに、「みんな、『引っ越していった』というような言い方をするけれども、本当は死ぬんでしょ？　僕も死ぬの？」と問います。フレディは、生まれて初めて、死の恐怖に怯えるわけ。

　この問いに対し、ダニエルは、「確かに死ぬということは、初めての経験だから怖いかも知れない。しかし、万物はすべて変化していくのだ。死ぬというのも、その変化の一つに過ぎないんだよ。だから怖がらなくてもいいんだ」と答えます。そして自らも散っていく。

　かくして独りぼっちになってしまったフレディですが、そのフレディにもいよいよ最期のときが訪れる。

　ある雪の朝。なんの痛みもなく、フレディは地面に積もった雪の上に落ちます。寒さは感じません。そして地面に落ちたフレディは、そのとき初めて、それまで自分がその一部だった木を見上げるんですね。そしてその逞しさに見とれながら、自分が死んでもこの木は当分、生き続けるんだろうなと思う。そして、それと同時に「永遠」ということに思いを馳せる。

　そしてやがて春が来て、落ち葉となったフレディは、次の命を育てるために土に溶け込んでいき、その永遠の変化の設計図に組み込まれましたとさ。

　……みたいな話。

　基本、絵本ですからね。大人であれば、3分で読み終わります。2分かな。

368

第 9 章　分類不能、でも面白い！ ノンジャンル 4 選

教育学者・バスカーリアについて

さて、ここでこの絵本の作者たるレオ・バスカーリア（本人は「ブスカーリア」と発音したとのこと）のことにちょっと触れておきましょう。

バスカーリアは、アメリカの教育学者です。ウィキペディアによると、彼はイタリア系移民の子として生まれ、名門・南カリフォルニア大学で教育学を学び、ロサンゼルス郊外の瀟洒な町パサディナの公立学校で、主に学習障害のある子供たちの教育に携わっていたのだそう。ところがその後、教え子の一人が自殺するということがあって、これがバスカーリアにとっては相当ショックだった。**で、このときの経験を契機として、彼は命の大切さを説く「いのちの教育」に深く関わっていくことになると。**

そういう風に言われると、『葉っぱのフレディ』という絵本が、絵本というジャンルには珍しく、「死」というものを扱っていることにも納得がいきます。

ところで、『葉っぱのフレディ』が死を扱った絵本だということになりますと、当然、この絵本の（と言うか、著者バスカーリアの）死生観というものがいかなるものか、知りたくなってくるわけですが、一言で言いますと、この絵本が伝えようとしているのは、「トランスパーソナル心理学」の死生観です。では、そのトランスパーソナル心理学とは一体何なのか？

死は「無に帰すること」ではない

普通、我々は、死というものを「無」と同意なものとして捉えています。死ねば、自分という存在はこの世から消え失せ、また形としての存在が消えるのと同時に、自分が存在したことの意味もまた消失すると思っている。そう思っているからこそ、人は自分の死を恐れ、他人の死を悲しむわけです。

しかし、トランスパーソナル心理学では、死を「無に帰すること」とは考えていないんですね。では、どのように考えているのか？

トランスパーソナル心理学で言う「トランスパーソナル」というのは、「個人を超えたもの」という意味。ですから、トランスパーソナル心理学では、

369

ものごとを見る視点を人間界の外側に置きます。比喩的に言えば、お空の上、悠久の大宇宙の視点から人間世界を見下ろすような、そんな視点から人間世界のことを考える。

　視点を一人の人間の内側ではなく、悠久の大宇宙に据えて、そこから人間界を見下ろしてみる。すると、そこから見下ろした一人の人間の命なんてものは、ほんの一瞬の時間でしかありません。しかし、それにもかかわらず、その命というのは、大宇宙の大計画の中に組み込まれたものであって、その命の一瞬の輝きがなければ全宇宙の進行が止まってしまうような類の、まさにかけがえのないものであると。

　そういう、人間を超越したものの視点から人間の命というものを眺めてみれば、一人ひとりの人間にそれぞれ宇宙から与えられた何らかの役割があって、各人が自分の生を生きることによってその役割を果たしていることが分かってくる。無論、一人ひとりの人間の役割は、大宇宙の観点からすればすごく小さなものかもしれないけれども、しかし、それでもやはりなくてはならないものでもあるということが分かってくる。

　そして命というものをそのように捉えていくと、その命の役割が終わることにもまた意味があるのが分かります。人は死ぬことによって、生きていたときの役割は終えるわけですけれども、そこでその人の存在が無になるわけではない。そうではなくて、今度はまた別の役割を与えられるんですね。存在の形態と役割が変わるだけで、その人の存在意義は失われないんです。その意味で、人間の魂というのは、不滅です。変化はするけれども、なくなるものではない。

　で、そのことは、単に人間の命だけに限られたことではありません。この地上のありとあらゆるものが、人智を超えた大宇宙の視点からすれば、不可欠なものである。地球上に数多ある木々の、そのうちの一本がまとった葉っぱの一枚一枚ですら、落ち葉になった後も堆肥となり、次の世代を育てる養分となって、別な形で存在し続ける。やはり変化はするけれども、なくなるわけではないんです。

だから……？

だから、死ぬことは、決して恐ろしいことではない——トランスパーソナル心理学は、死をそのように捉えています。

『葉っぱのフレディ』は誰のための絵本なのか？

つまり、バスカーリアの書いた『葉っぱのフレディ』という絵本は、「死ぬことは、決して恐ろしいことではないんだよ」ということを伝えるための絵本なんですね。命は変化するだけ、なくなるわけではないと。

で、死は恐ろしいことではないと知れば、この命のある限りはその役割を全うし、精いっぱい命を楽しみ、そしていざ死ぬとなったならば泰然と死のう、っていう気にもなる……でしょ？

だから『葉っぱのフレディ』という絵本は、充実して生きよう、そして泰然として死のう、ということを、メッセージとして伝えようとしているわけ。

誰に対して？

もちろん、学齢期前の子供たちに、ではないでしょう。彼らはそんなことを教わらなくても、充実した生を日々、生きているのだから。

そうじゃなくて、そろそろ死にそうな人に、ですよね！　そろそろ死にそうな人に、死ぬのは怖くないよ、あなたの生は素晴らしいものだったし、たとえ死んだとしても、あなたの存在は形を変えるだけで、無になるわけじゃない、だからぜんぜん怖くないよと。

というわけで、レオ・バスカーリアの『葉っぱのフレディ』は、世に数多ある自己啓発本の中でも非常に特殊なジャンル、すなわち、人間の死をめぐる自己啓発本だったんですね。実際、死の恐怖に慄きながら人生の最晩年を歩んでいる人たちにとって、その怯えた心を癒し、慰めてくれる（絵）本として、非常に優れたものであるばかりでなく、死ということの意義を確かめた上で、現在の生を精一杯充実させようと考えている人にとっても、考えるヒントを沢山くれる本になっていると思います。

第4位 ロバート・M・パーシグ『禅とオートバイ修理技術（上巻・下巻）』

自分を変えようとしたとある男の数奇な人生
記憶を失う前の自分と和解する、旅物語

ハヤカワ・ノンフィクション文庫、2008年
Robert M. Pirsig, 1928–2017　*Zen and the Art of Motorcycle Maintenance*, 1974

著者パーシグの数奇な人生

　この本を取り上げるかどうか、相当迷ったのですが、ロバート・M・パーシグが書いた奇書『禅とオートバイ修理技術』を、ノンジャンルの掉尾（ちょうび）をかざる4位にランクインさせました。そうでないと、この本のことを覚えている人も少なくなっていくだろうと思ったもので。この本は、忘却の彼方に消えるまま放置するには、あまりにも惜しい本なんです。

　さて、本題に入る前にまずは著者パーシグの数奇な人生について触れておきましょう。

　本書の著者パーシグは、IQが170もあり、15歳でミネソタ大学に入学するほどの神童でした。当時彼が専攻していたのは生化学。ところが生化学の分野では、一つの仮説を証明する度にさらなる仮説が増えるばかりで、一向に最終的な解決に向かわない。そのことに絶望したパーシグは、大学2年のときにドロップアウトしてしまいます。

　その後、陸軍に入隊し、韓国に駐留。除隊後、インド留学を経てシカゴ大学大学院で哲学の学位を取ろうとするのですが、途中で断念し、ミネソタ大学に戻ってジャーナリズムの学位を取得すると、それをひっさげてイリノイ大学やモンタナ大学で教鞭を執ることに。その間、1954年に結婚して二児を

もうけたものの、モンタナ大学時代、精神を病んで入院を繰り返し、その際、当時の精神病治療のスタンダードであった「電気ショック療法」を受けている。

ところが、これが良くなかった。**電気ショック療法を受けたことによって、パーシグはそれ以前の記憶をほぼ、失ってしまうんです。**

記憶を失い、大学で教えることができなくなった彼は、一時期、技術的な本のマニュアルを作るライターになって糊口をしのぐのですけれども、そんな頃、1968年に、彼は11歳になっていた長男クリスを連れ出して、オートバイによる長旅に出る。本書『禅とオートバイ修理技術』は、そのオートバイ旅行の記録です。

が！

もちろん、本書は単なる旅行記・紀行文ではありません。この旅行中、パーシグは様々な難問に直面することになるんですね。

記憶を失う前の自分と、今の自分

まず問題となるのは、旅の相棒である息子のクリス。11歳という年齢からして、そういう年頃の子供特有の扱い難さというのがある。調子のいいときはいいのだけど、何か思い通りにならないことがあるとすぐにふてくされる。そういう扱いの難しい子を敢えて連れ出したのには、もちろんパーシグなりの理由があるわけですが、それにしても、やっかいな相棒に振り回されることもある。その意味で、本書は父と息子の対決の記録でもあります。

しかし、パーシグにとって息子クリスよりもっと扱いが難しいのは、自分自身です。**何しろ当時の彼は、電気ショック療法を境に「過去の自分」と「今の自分」に分裂していますからね。**その二人の自分を一つにくっつけなければならない。で、その二つに分裂した自分に折り合いを付ける作業が非常に難しいものになるであろうことは、当然、予想がつきます。

ちなみにパーシグは、電気ショック療法で記憶をなくす前の自分自身のことを「パイドロス」と名付けていました。で、パーシグには自分がパイドロ

スであった頃の記憶はほとんどないのですけれども、パイドロスが書き残した文章の断片は読んでいるので、そういった断片から少しずつパイドロス時代のことを思い出していくんです。とは言え、何しろパイドロスは成功者というよりは挫折者。挫折した自分を掘り起こすわけですから、この作業自体、なかなかに辛い。

そこでパーシグが持ち出すのが「シャトーカ（chautauqua）」というもの。これは19世紀後半から20世紀初頭くらいにかけてアメリカで流行した巡回講演会みたいなもので、地方の人々の啓蒙と娯楽を兼ねて実施される教育的な催し物のことなんですけど、オートバイでアメリカの田舎道をブッ飛ばしつつ、パーシグは頭の中で「ひとりシャトーカ」を行い、過去の自分の頭の中を探っていくことをする。「過去の自分」であるパイドロスを一旦突き放し、あたかも赤の他人であるようなふりをして、そのパイドロスがどんな人間だったのかを第三者に説明する体で探っていくという、極めて回りくどい方法を取るわけ。

つまりパーシグとクリスの父子旅は、一面、実際の旅でありつつ、もう一つの側面では、パーシグが自分の頭の中を経巡る旅でもあるんですね。

はい、ここまでが本書の外枠の概要。ここから先が内容の説明。すなわち、パイドロスが一体どんな人間で、彼は何を考え、何を摑んだ（と信じた）のか、という説明になります。

が！

これが難しい！　何しろIQ170の人が必死に考えた哲学的な思考を、私のような凡才が正確に跡付けられるわけがないのですから。

クオリティとは何か

ということで、ここから先はひょっとして的外れなまとめになってしまうかもしれませんが、それは勘弁していただくとして、ともかく私なりに理解したところによりますと、若い頃のパーシグ、すなわちパイドロスが追求した主題は、「クオリティとは何か」ということでした。

第 9 章　分類不能、でも面白い！ノンジャンル 4 選

　ではなぜその主題が出てきたのかと言いますと、それはパイドロスがモンタナ大学で教鞭を執っていたときに遡ります。

　モンタナ大学でパイドロスはライティングの授業を担当していました。ですから、そこに出席している学生たちは、パイドロスに「文章の書き方」を習いに来ているわけ。

　ところが、パイドロスはそれを教えないんですね。ただ「書きたいことを書きたいように書け」と命じるだけ。しかも、彼は学生が提出した文章に成績をつけることすら拒否します。

　それはパイドロスの信念に基づく行動でした。彼は大学が「ノウハウを教わる場所」になっていることが気に食わず、また学生の方でも「適当にいい点をとって卒業できればいい」くらいに考えていることに絶望していた。だからそうした時流への彼なりの反逆として、成績を出すことを拒否するんです。成績をつけないという方針にすれば、学生は「いい点を取るため」ではなく、本当の意味での学問をするために大学に来るようになるだろうし、単なるノウハウでない何かを学ぶことができるだろうと考えたわけ。

　しかし、もちろんパイドロスのこのような教育方針は大学執行部から猛烈な批判を受けます。しかし、それ以上にパイドロスを参らせたのは、学生からも批判されたこと。学生としては、うまく文章を書くコツみたいなものを教えてくれて、頑張れば A をくれる普通の先生の方がいいのであって、パイドロスのような理想主義の先生には困惑しか感じなかったんですね。

　しかし、パイドロスに言わせれば、いい作文とはどういうものかなんて、教わらなくても分かる。実際、学生に文章を書かせ、その中から良い物と悪い物を抽出して読み比べれば、どんな愚鈍な学生だってどちらが良いか瞬時に分かるわけです。つまり、作文における「クオリティ」の上下は誰にでも瞬時に区別がつく。

　で、そういうもんだよ、とパイドロスは学生を諭していたのですが、そうこうしているうちにパイドロス自身、なぜ「クオリティ」の差が誰にでも分かるのか、分からなくなってくる。また、それ以前の問題として、そもそも

「クオリティ」とは何か？　という根源的な問いに、彼は囚われてしまう。

　で、ここからパイドロスの「クオリティとは何か」ということにまつわる探求が始まるんですけど、その探求は、ヒュームだ、カントだ、インド哲学だ、禅だ、ギリシャ哲学だ、っていう話になっていくので、難解すぎてよく分かりません。**だけど、とにかく「クオリティ」というのは、何かがあって、それに「クオリティ」が付随するのではなく、事実はその逆、まず「クオリティ」があって、その結果、世界が存在できるのだろうと、彼は考えるようになる。**そしてそうしたクオリティの性質は、難しい思想上の問題というのでは必ずしもなくて、むしろ日常生活の中の事象にも表れているだろうとパーシグは思い至るんです。

オートバイ修理とフロー

　たとえばオートバイを修理するにしても、修理する自分がいて、修理されるオートバイがあるという状況、すなわち主体と客体が分かれているような状況では、きちんとした修理はできない。そうではなくて、オートバイ修理に熱中するあまり、主体も客体もなくなるような状況が生じたときこそ、「クオリティを見つめている」状態なのだとパーシグは考えるんですね。また、一人の人間がクオリティを見出すことによって、それが積み重なって世界を変えることにもつながると。ここにおいてパイドロスのクオリティの概念は、第4章第2位で扱ったミハイ・チクセントミハイの「フロー」概念に限りなく近づいていきます。

　かくしてパイドロスは、実はクオリティこそがこの世で一番重要な概念なのではないか！　という直感的な確信を摑むわけ。で、当時シカゴ大学の大学院に在籍していた彼は、自分の摑んだクオリティ概念を引っさげて高名なギリシャ哲学の先生方に議論をふっかけたりするのですが、そうした彼の行為を煙たがった邪悪な教授連によって、今で言うアカハラ的なことが彼に向けられるようになっていきます。で、その結果、精神的危機に陥ったパイドロスは、先にも言ったように、電気ショック療法を受けることとなり、記憶

第 9 章　分類不能、でも面白い！ノンジャンル4選

を失い……という流れになっていく。

　とまあ、そういうパイドロスの在りし日の格闘を、このオートバイ旅を通じてパーシグは完全に思い出します。そしてそれはある意味、パーシグが過去と和解し、再び自分自身を取り戻して、癒えていく過程でもあった。

　で、最後の最後、息子クリスとの決裂寸前の親子喧嘩の後、どうやら二人の関係が修復するようなことがほのめかされて、この長い長い旅の物語は終わります。

121人の編集者から出版を断られても諦めなかった

　で、旅から戻ったパーシグは、その経験を元にこの本を書き上げたのですけれども、本を書き上げてから出版に至るまでの道のりがまた遠かった。何しろ121人もの編集者から出版を断られたというのですから、しかし、そこがパーシグのド根性というのか、諦めずに出版社を探し続けたところ、ある出版社がこの本の出版を引き受けることになります。それも、「価値があると思うから出すけれども、多分売れないよ」というそっけない予測付きで。**ところが1974年に本書が実際に出版されると、じわじわと評判を呼び、最終的には世界で500万部が売れる大ベストセラーになってしまった。**

　ちなみに、私はかつてこの本を、大学時代の恩師である大橋吉之輔先生からすすめられたのですが、先生の話によると、ちょうどこの本が出た頃に先生はシカゴ大学で在外研究をされていて、その頃、シカゴ大学内で会う人毎にこの本をすすめられたそうです。少なくともアメリカのアカデミックな社会では、それだけこの本が話題に上がっていたということなのでしょう。

旅によって生まれ変わる

　さて、ではこの本の何が自己啓発的なのか。

　実は私にもよく分かりません（爆！）。

　でも、やはりここにはパーシグが、自分の現状を変えようとして苦闘した、その足跡があるように思うんです。彼がオートバイの旅に出たのも、そうし

377

た苦闘の一側面ですからね。そして、パーシグはその旅を通じて、自分を苦しめていた過去の記憶に対して自分なりの落とし前をつけ、今の自分にとっての問題である息子との関係を立て直した。つまり、このままじゃいけないと思っていた自分の姿を、曲りなりにも変えることに成功した。そしておそらくはこの旅の後、彼の全生活は変わっただろうと思います。

つまり、自分が変わることによって、彼をとりまくすべての世界が一変した。そこが、自己啓発的なわけですよ。だからこの本は、一人の男の自伝であると同時に、自己啓発本にもなっていると。

本作で描かれるオートバイの旅は1968年に行なわれたわけですが、1968年と言えば、かのSF映画の傑作『2001年宇宙の旅』が公開された年。『2001年宇宙の旅』は、木星への旅を通じて一人の男（ボーマン船長）が進化を遂げ、それが地球規模での新人類誕生の契機となるまでを描いた壮大な旅物語^{オデッセイ}であって、その意味で『禅とオートバイ修理技術』と『2001年宇宙の旅』は、共に「旅によって生まれ変わる物語」だったと言っていい。

そして、アメリカの1968年と言えば、カウンター・カルチャーの全盛期でもあって、特に西海岸・サンフランシスコ界隈に跋扈したヒッピーの群れがアメリカの既存の社会体制に揺さぶりをかけていた丁度その頃。個人はもとより、アメリカという国自体が何らかの形で変わらなければならないという気分が、アメリカ社会に蔓延していた。だからこそ、「新人類の誕生」を描く『2001年宇宙の旅』が熱狂的に受け入れられていたのですが、『禅とオートバイ修理技術』という本もまた、そうした歴史的・社会的うねりの中に置いてみると、一層、その意味と価値が明らかになるような気がします。

とまあ、観念的なことを言い出すとなんだか難しい話になってしまうのですが、そういうことは別にしても、『禅とオートバイ修理技術』は、なぜか人を惹きつけてやまない不思議な本。一読をおすすめする次第です。

本書で紹介した自己啓発本リスト

これだけ読んでおけば間違いなし！　必読自己啓発本10選

第 1 位　マルクス・アウレーリウス『自省録』…… 8

第 2 位　ナポレオン・ヒル『新・完訳　成功哲学』…… 14

第 3 位　スティーブン・R・コヴィー『完訳　7つの習慣』…… 20

第 4 位　岸見一郎・古賀史健『嫌われる勇気』…… 27

第 5 位　矢沢永吉『新装版　成りあがり』…… 32

第 6 位　ヘンリー・デイヴィッド・ソロー『森の生活（上・下）』…… 38

第 7 位　サミュエル・スマイルズ『自助論』（『西国立志編』）…… 44

第 8 位　ノーマン・ヴィンセント・ピール『積極的考え方の力』…… 50

第 9 位　M・スコット・ペック『愛と心理療法』…… 56

第 10 位　中村天風『中村天風の生きる手本』…… 62

これぞ王道！　自助努力系自己啓発本10選

第 1 位　ベンジャミン・フランクリン『フランクリン自伝』…… 70

第 2 位　アンドリュー・カーネギー『カーネギー自伝（新版）』…… 77

第 3 位　新渡戸稲造『修養』…… 82

第 4 位　デール・カーネギー『人を動かす　改訂文庫版』…… 89

第 5 位　松下幸之助『道をひらく』…… 95

第 6 位　ラッセル・コンウェル『ダイヤモンドを探せ』…… 101

第 7 位　水野敬也『夢をかなえるゾウ』…… 107

第 8 位　トム・ピーターズ『エクセレントな仕事人になれ！』…… 112

第 9 位　アンソニー・ロビンズ『運命を動かす』…… 116

第 10 位　K・ブランチャード&S・ジョンソン『1分間マネジャー』…… 120

アメリカ独自の自己啓発思想!　引き寄せ系自己啓発本10選

第 1 位　ラルフ・ウォルドー・エマソン『自己信頼』…… 129

第 2 位　ジェームズ・アレン『「原因」と「結果」の法則』…… 136

第 3 位　ウィリアム・W・アトキンソン『引き寄せの法則』…… 143

第 4 位　ウォレス・ワトルズ『富を「引き寄せる」科学的法則』…… 149

第 5 位　チャールズ・F・ハアネル『ザ・マスターキー　成功の鍵』…… 155

第 6 位　C・H・ブルックス&エミール・クーエ『自己暗示(新版)』…… 161

第 7 位　マクスウェル・マルツ『自分を動かす』…… 169

第 8 位　ジョセフ・マーフィー『眠りながら成功する』…… 173

第 9 位　ブルース・リプトン『思考のすごい力』…… 179

第 10 位　ロンダ・バーン『ザ・シークレット』…… 185

学術的な根拠あり!　心理学系自己啓発本10選

第 1 位　アブラハム・マズロー『改訂新版　人間性の心理学』…… 194

第 2 位　ミハイ・チクセントミハイ『フロー体験　喜びの現象学』…… 202

第 3 位　エリザベス・キューブラー・ロス『死ぬ瞬間　死とその過程について』…… 207

第 4 位　ウェイン・W・ダイアー『自分のための人生』…… 212

第 5 位　マーティン・セリグマン『オプティミストはなぜ成功するか』…… 216

第 6 位　マーカス・バッキンガム&ドナルド・O・クリフトン
　　　　　『さあ、才能に目覚めよう』…… 222

第 7 位　ケリー・マクゴニガル『スタンフォードの自分を変える教室』…… 227

第 8 位　ダニエル・ゴールマン『EQ』…… 233

第 9 位　バーバラ・フレドリクソン『ポジティブな人だけがうまくいく3:1の法則』…… 239

第 **10** 位　リチャード・ワイズマン『運のいい人、悪い人』…… 245

修行の果てに見えてくるもの！　マスタリー系自己啓発本3選

第 **1** 位　ジョッシュ・ウェイツキン『習得への情熱』…… 252

第 **2** 位　ジョージ・レナード『達人のサイエンス』…… 256

第 **3** 位　リチャード・バック『かもめのジョナサン』…… 262

身体改善から精神改善へ！　フィジカル系自己啓発本3選

第 **1** 位　貝原益軒『養生訓』…… 272

第 **2** 位　パトリシア・キャリントン『悩んだら、タッピング』…… 276

第 **3** 位　ゲイル・シーヒー『沈黙の季節』…… 281

女性の、女性による、女性のための自己啓発！　フェミニン系自己啓発本5選

第 **1** 位　ベティ・フリーダン『増補　新しい女性の創造』…… 290

第 **2** 位　アリシア・ベイ゠ローレル『地球の上に生きる』…… 298

第 **3** 位　アリアナ・ハフィントン『サード・メトリック』…… 303

第 **4** 位　キャサリン・ポンダー『「宇宙の力」を使いこなす方法』…… 308

第 **5** 位　ジェニファー・スコット『フランス人は10着しか服を持たない』…… 314

信じる者は救われる!?　スピリチュアル系自己啓発本5選

第 **1** 位　マリアン・ウイリアムソン『愛への帰還』…… 322

第 **2** 位　リチャード・モーリス・バック『宇宙意識』…… 328

第 **3** 位　イアン・スティーヴンソン『前世を記憶する子どもたち』…… 336

第 **4** 位　エックハルト・トール『ニュー・アース』…… 341

第 **5** 位　小野寺S一貴『妻に龍が付きまして…』…… 348

分類不能、でも面白い！　ノンジャンル4選

第**1**位　ノーマン・カズンズ『笑いと治癒力』…… 358

第**2**位　アーサー・ヤノフ『原初からの叫び』…… 363

第**3**位　レオ・バスカーリア『葉っぱのフレディ』…… 367

第**4**位　ロバート・M・パーシグ『禅とオートバイ修理技術（上巻・下巻）』…… 372

●写真クレジット
　P132　エマソンの「透明な眼球」：MS Am 1506, Houghton Library, Harvard University

●本書の元となった研究は JSPS 科研費20K00387（「アメリカ及び日本における自己啓発本出版史の研究」）の助成を受けて遂行したものである。

[著者紹介]

尾崎俊介（おざきしゅんすけ）

1963年生まれ。慶應義塾大学大学院文学研究科英米文学専攻後期博士課程単位取得。愛知教育大学教授。専門はアメリカ文学。アメリカン・ペーパーバック出版史を論じた『紙表紙の誘惑』（研究社、2002年）でデビューして以来、一貫してアメリカ大衆文学研究をライフワークとしている。「女性向けロマンス小説」の文学的価値を再評価した『ホールデンの肖像』（新宿書房、2014年）、『ハーレクイン・ロマンス』（平凡社新書、2019年）の二書を著した後、現在はアメリカ発祥の文学ジャンルである「自己啓発本」の研究に鋭意取り組んでおり、2023年に『14歳からの自己啓発』（トランスビュー）を、また2024年に『アメリカは自己啓発本でできている』（平凡社）を上梓したほか、今後続々と研究成果を世に問う予定。大学時代の恩師の思い出を綴った『S先生のこと』（新宿書房、2013年）で第61回日本エッセイスト・クラブ賞を受賞するなど、エッセイストとしての顔もあり、また八光流柔術五段（師範）の腕前を持つ武道家でもある。

装丁	小口翔平＋嵩あかり（tobufune）
本文デザイン	トモエキコウ（荒井雅美）
イラスト	カラシソエル
DTP	キャップス

大学教授が解説　自己啓発の必読ランキング60
自己啓発書を思想として読む

2025年1月29日　初版発行

著　者	尾崎俊介
発行者	山下直久
発　行	株式会社KADOKAWA
	〒102-8177　東京都千代田区富士見2-13-3
	電話 0570-002-301（ナビダイヤル）
印刷・製本	大日本印刷株式会社

本書の無断複製（コピー、スキャン、デジタル化等）並びに無断複製物の譲渡及び配信は、著作権法上での例外を除き禁じられています。また、本書を代行業者等の第三者に依頼して複製する行為は、たとえ個人や家庭内での利用であっても一切認められておりません。
●お問い合わせ
https://www.kadokawa.co.jp/（「お問い合わせ」へお進みください）
※内容によっては、お答えできない場合があります。
※サポートは日本国内のみとさせていただきます。
※ Japanese text only
定価はカバーに表示してあります。
© Shunsuke Ozaki 2025 Printed in Japan
ISBN 978-4-04-115327-7 C0030